आमिर खान

आमिर खान

प्रदीप चंद्र

भूमिका

रजत शर्मा

प्रकाशक

प्रभात पेपरबैक्स

4/19 आसफ अली रोड, नई दिल्ली–110002

फोन : 23289555 • 23289666 • 23289777 ❖ फैक्स : 23253233

इ–मेल : prabhatbooks@gmail.com ❖ वेब ठिकाना : www.prabhatbooks.com

संस्करण

प्रथम, 2017

अनुवाद

नितिन माथुर

मूल्य

तीन सौ रुपए

अ.मा.पु.स. 978-93-5266-106-0

मुद्रक

आर–टेक ऑफसेट प्रिंटर्स, दिल्ली

AAMIR KHAN

by Pradeep Chandra

Published by **PRABHAT PAPERBACKS**
4/19 Asaf Ali Road, New Delhi-110002
by arrangement with Niyogi Books

ISBN 978-93-5266-106-0

₹300.00

यह पुस्तक

मेरे भाई-बहन

शिवचंद्र, गीता, शीला, वीना

को

समर्पित है।

बांद्रा में अपने घर पर विश्राम करते आमिर; पृष्ठभूमि में सलमान खान द्वारा उपहार में दी गई पेंटिंग।

अनुक्रम

भूमिका

आमिर खान : एक जुनून

आमिर खान के साथ मेरी पहली मुलाकात मेरे द्वारा होस्ट किए जा रहे टेलीविजन शो 'आपकी अदालत' के दौरान हुई। यह वर्ष 1998 की गरमियों की बात है। उनकी फिल्म 'गुलाम' हाल ही में रिलीज हुई थी। वह चुस्त बनियान, चमड़े की जैकेट और बाइकर्स दस्ताने पहने हुए टपोरी (आवारा) के रूप में आए। शो के दौरान दर्शकों के कहने पर उन्होंने 'आती क्या खंडाला' गीत गाया। बाद में इसी गाने ने देश भर में तहलका मचा दिया। उन्होंने स्टूडियो में मौजूद हर व्यक्ति को इस फिल्म से जुड़ा वह किस्सा सुनाकर स्तब्ध कर दिया, जिसमें एक स्टंट के दौरान उनकी जान भी जा सकती थी। उस दृश्य को वास्तविक बनाने के लिए वह एक चलती ट्रेन के आगे कूद गए थे। आमिर ट्रेन के नीचे आने से केवल कुछ सेकंड से ही बचे। वह अपने काम के प्रति इस हद तक जुनूनी हैं।

जब प्रदीप चंद्र ने मुझे बताया कि वो आमिर पर एक कॉफी-टेबल बुक लिख रहे हैं तो मुझे यह कार्य बहुत चुनौतीपूर्ण लगा। आमिर का जीवन इतनी विविधता से भरपूर है कि उसे एक ही पुस्तक में समेटना लगभग असंभव है। लेकिन साथ ही, मुझे प्रदीप की क्षमता पर भी पूरा भरोसा था। मैं प्रदीप को तीस से अधिक वर्षों से जानता हूँ। मेरे पास उनके साथ काम करने की खूबसूरत यादें मौजूद हैं। जब मैं 'ऑनलुकर' का संपादक था, तब वह मेरे सबसे चहेते फोटोग्राफर थे।

वर्ष 1980 में जब हमने अमिताभ बच्चन पर एक कवर स्टोरी की, तब प्रदीप ने उसके लिए न केवल बेहतरीन तसवीरें खींची, बल्कि सुपर स्टार के जीवन से संबंधित कई दिलचस्प कहानियाँ भी एकत्रित की थीं। कुछ वर्षों बाद मैं धीरूभाई अंबानी और नुस्ली वाडिया संबंधी एक कवर स्टोरी पर काम कर रहा था। तब इन दोनों दिग्गजों के बीच द्वेषपूर्ण युद्ध जारी था। मेरे पास इन दोनों की कोई भी अच्छी तसवीर मौजूद नहीं थी और ये दोनों ही किसी भी फोटोग्राफर को अपने नजदीक फटकने नहीं देते थे। मैंने

इस पर कवर स्टोरी तैयार कर ली। प्रदीप आधी रात तक मेरे साथ ऑफिस में थे; लेकिन हमारे पास कवर पेज पर लगाने के लिए कोई निर्णायक तसवीर नहीं थी। मुझे अगले दिन सुबह लंदन जाना था। प्रदीप ने मुझसे कहा, ''सर, आप चिंता मत कीजिए। आप जाइए, मैं तसवीर का इंतजाम कर लूँगा।'' अपनी बात पर कायम रहते हुए वो धीरूभाई और वाडिया की एक शानदार तसवीर ले आए।

जून 1985 में मैंने चंद्रास्वामी पर एक कवर स्टोरी की। यह पहला स्टिंग ऑपरेशन था, जिसमें चंद्रास्वामी के एक आम आदमी होने का खुलासा होना था। स्पष्ट है, चंद्रास्वामी गुस्से में पागल हो रहे थे। मुझे पता चला कि वो मुंबई में कुछ प्रतिष्ठित व्यक्तियों से मिलने आए हैं। मैंने एक फॉलोअप स्टोरी की योजना बनाई, जिसके लिए मुझे तसवीरों की आवश्यकता थी। लेकिन मेरे रिपोर्टर और कैमरामैन को उनके आस-पास जाने की भी इजाजत नहीं थी। एक बार फिर प्रदीप मेरे तारणहार बने। उन्होंने चंद्रास्वामी की तसवीर लेने के अलावा फिल्मी सितारे राज बब्बर और स्मिता पाटिल को विवादित तांत्रिक से भेंट करते हुए कैमरे में कैद कर लिया। उस तसवीर में दिख रहा था कि राज व स्मिता चंद्रास्वामी के लिए टिफिन लाए हैं।

मैं जानता हूँ कि प्रदीप को चुनौतियों से प्यार है। वह अपने कैमरे के प्रति आसक्त हैं और उनकी तसवीरें उनका जीवन हैं। इसी कारण उनकी तसवीरें सब से हटकर होती हैं। उनकी हर तसवीर किसी सच्ची कहानी को बयाँ करती है।

मैं यह भी जानता हूँ कि आमिर ने कभी भी खुद से जुड़े समाचारों और तसवीरों की परवाह नहीं की। वो शायद पहले व्यक्ति हैं, जिन्होंने मैडम तुसाद म्यूजियम में अपना मोम का पुतला लगवाने के लिए पोज देने से मना कर दिया था। टेलीविजन पर अपने पहले रिएलिटी शो 'सत्यमेव जयते' द्वारा हमारे समाज में गहरे छुपी बुराइयों के खिलाफ मुहिम छेड़ने पर लगभग 100 करोड़ रुपए के विज्ञापन खोने का साहस केवल आमिर ही दिखा सकते हैं। आमिर की यही बात उन्हें औरों से अलग करती है। वह निश्चित रूप से सबसे सफल फिल्मी सितारों में से एक हैं, लेकिन वह कभी भी किसी सुपर स्टार जैसा व्यवहार नहीं करते। वो लोगों तक संदेश पहुँचाने में अपने कलात्मक कौशल का पूरे उत्साह से उपयोग करते हैं। बावजूद इसके, वह अपने स्टारडम का उपयोग राजनीति में जाने या पूर्णकालिक सक्रियतावादी बनने में नहीं करना चाहते। आमिर अपनी सोच में सबसे विलक्षण हैं और उनका व्यक्तित्व सबसे अनूठा है।

मुझे उनके द्वारा सुनाई 'लगान' के बनने के दौरान घटी घटना अभी भी याद है। उन्होंने मुझे बताया कि कैसे जावेद अख्तर ने उन्हें इस तरह की फिल्म बनाने के विचार को आत्मघात बताया था। जावेद के पास आमिर फिल्म के लिए गाने लिखवाने गए थे। पटकथा देखने के बाद जावेद ने उनसे कहा कि यह एक नाकाम फिल्म बनाने की

सुनिश्चित विधि है। आमिर ने जवाब दिया, ''जावेद साहब, मैं यह फिल्म बनाऊँगा, क्योंकि मेरा दिल ऐसा कह रहा है। यदि आप इसके लिए नहीं लिखना चाहते तो कोई बात नहीं। मुझे बुरा नहीं लगेगा।'' जावेद ने कहा, ''यदि तुमने हारा-कीरी (आत्मघात) का फैसला कर ही लिया है तो मुझे भी इसमें शामिल होने दो।'' 'लगान' सुपर हिट हुई। लेकिन ऐसा केवल 'लगान' के साथ ही नहीं हुआ। आमिर जब भी किसी नई फिल्म की हामी भरते तो उनका कोई-न-कोई करीबी उनसे कहता कि वो अनर्थकारी साबित होगी। जब आमिर ने 'रँग दे बसंती' पर काम शुरू किया तो उनकी बहन ने उन्हें इसी तरह की चेतावनी दी थी। उनकी बहन ने कहा कि भगत सिंह पर चार फिल्में पहले ही बन गई हैं। इसी विषय पर एक और फिल्म बनाना व्यर्थ होगा। आमिर ने इस बात पर कोई ध्यान नहीं दिया। 'रँग दे बसंती' को बहुत बड़ी सफलता मिली।

जब आमिर ने अपने मित्रों को 'तारे जमीं पर' के विचार से अवगत कराया तो हर किसी ने उनसे यही कहा कि ये डिस्लेक्सिया पर बनी किसी डॉक्यूमेंट्री जैसी लग रही है। उन्होंने कहा, ''इस बार तुम जरूर डूब जाओगे।'' बाद में यह फिल्म आमिर और उनके विश्वास की सच्ची जीत के रूप में सामने आई।

आमिर सफल हुए, क्योंकि उन्हें खुद पर विश्वास था। वह अपने दिल से सोचते हैं, लेकिन काम अपने दिमाग से करते हैं। जब वो किसी योजना पर कार्यरत होते हैं तो उसमें पूरी तरह डूबकर दुनिया से बिल्कुल कट जाते हैं। 'गजनी' में हर पंद्रह मिनट में अपनी स्मृति खो देनेवाला किरदार निभाने के बाद आमिर ने मुझे बताया कि इसे करने के कुछ दिनों बाद तक वह सच में लोगों के चेहरे और घटनाएँ याद नहीं रख पाते थे। 'आपकी अदालत' के वर्ष 2013 के एक एपिसोड के दौरान आमिर ने बताया कि 'लगान' में भुवन का किरदार निभाने के बाद वह कई दिनों तक फिल्म के भुवन की ही तरह सिर ऊँचा, छाती बाहर और अपने दोनों पैरों पर पूरे शरीर का भार डालकर खड़े होते थे।

आमिर को चौवालीस वर्ष की उम्र में '3 ईडियट्स' के कॉलेज जानेवाले लड़के का किरदार निभाता देख मैं दंग रह गया। उस दौरान वह बहुत नियंत्रित भोजन लेते और घंटों जिम में गुजारते। इस तरह उन्होंने अपने दिमाग को एक टीनेजर जैसा महसूस करवाया। मैं यह देखकर हैरान था कि उन्होंने बिना अपने चेहरे की चमक खोए अपना वजन कम किया है। उनमें ऊर्जा का स्तर बहुत अधिक है। मैंने आमिर से इसका रहस्य पूछा तो वह मुझे मुंबई स्थित अपने खान-पान विशेषज्ञ डॉ. विनोद ए. धुरंधर के पास ले गए। कुछ जाँच करने के बाद डॉक्टर साहब ने मुझे जो सलाहें दीं, वे बहुत कठिन थीं। उन्होंने मेरा कैलोरी सेवन बहुत घटा दिया और इसके अलावा, वह चाहते थे कि मैं हर दो घंटे में स्वास्थ्य के लिए हितकर भोजन करूँ, जिसमें अंडे, बिस्कुट, फल, कार्बोहाइड्रेट्स और सब्जियाँ शामिल हों। मेरे लिए यह बहुत जटिल था। आमिर मुझे

अपने घर ले गए, जमीन पर बैठे और कुछ ही मिनटों में एक विस्तृत आहार योजना बना डाली। मैं उनकी दरशाई सहानुभूति और निजी सरोकार को कभी नहीं भूल पाऊँगा। यकीनन, उस आहार योजना ने काम किया और मैंने चार महीने में अपना वजन दस किलो घटा लिया। मैं इसके लिए आज भी आमिर का ऋणी हूँ।

अपने मित्रों पर मेरे भरोसे ने हमेशा मेरी सहायता की है और मुझे विश्वास है कि आमिर खान पर प्रदीप की यह पुस्तक अन्य कॉफी-टेबल पुस्तकों से बहुत अलग होगी।

—रजत शर्मा

(लेखक इंडिया टी.वी. के प्रधान संपादक हैं)

लेखकीय

जब मैं आमिर खान जैसे विचारशील अभिनेता पर अपने विचार लिखने बैठता हूँ, तो मुझे लगता है कि मेरा उनसे कोई बहुत पुराना संबंध है और यह पुस्तक लिखना मेरी नियति है।

दशकों पहले जब मैं पढ़ ही रहा था, मेरी मुलाकात राज खोसला से हुई, जो उस समय फिल्म 'दो रास्ते' बना रहे थे और उन्हें अपने स्टिल फोटोग्राफर के साथ कुछ समस्या हो गई थी। उन्होंने मेरे द्वारा खींची गई राजेश खन्ना की तसवीरें देखीं और मुझसे पूछा कि क्या मैं उनकी फिल्म के लिए स्टिल फोटोग्राफी कर सकता हूँ। उन्होंने मुझे अपना 2.8 एफ लेंस सहित 120 एम.एम. वाला रोलीफ्लेक्स कैमरा दिया और मुझे अगले दिन महबूब स्टूडियो आने को कहा, जहाँ राजेश खन्ना एवं मुमताज पर एक गीत 'छुप गए सारे नजारे ओए क्या बात हो गई' फिल्माया जाना था।

कुछ समय बाद उनके भतीजे बोलू खोसला को अहसास हुआ कि मेरे पास प्रिंट करने की कोई व्यवस्था नहीं है। इसपर खोसला बंधुओं ने राजजी के मरीना अपार्टमेंट्स स्थित गैरेज में मेरा डार्करूम बनवा दिया—आमिर बचपन से इसी बिल्डिंग में रहते थे। अपनी खोज के दौरान मुझे पता लगा कि राजजी की पुत्री रीना खोसला बचपन से ही आमिर की बहुत अच्छी मित्र हैं। राजजी कभी-कभी मुझे ड्रिंक लेने अपने घर बुला लेते थे, जिसका समापन हारमोनियम पर के.एल. सहगल के गीत गाते हुए होता। एक दिन उन्होंने मुझसे पूछा, "क्या तुम लिख सकते हो?" और इसी के साथ उन्होंने मुझे महिलाओं की पोशाकों पर लिखी एक पुस्तक दिखाई। उन्होंने मुझे कहा कि मुझे देश भर में घूमकर महिलाओं द्वारा पहनी जानेवाली विभिन्न पारंपरिक पोशाकों की तसवीरें खींचने के साथ ही उसपर नोट्स बनाकर उसे एक पुस्तक की शक्ल देनी चाहिए। वह पहली बार था, जब किसी ने मुझसे पुस्तक लिखने के लिए कहा और आज जब मैं भारतीय सिनेमा के इस महान् अभिनेता के बारे में लिख रहा हूँ, तो मुझे राजजी की वह भविष्यवाणी याद आ गई। यह एक खूबसूरत संयोग है कि मैं यह पुस्तक उनकी बेटी

के बचपन के सबसे अच्छे मित्र आमिर खान पर ही लिख रहा हूँ। इस तरह यह पुस्तक मुझे सबसे पहले काम देनेवाले राज खोसला, जिनके साथ मैंने 'दो रास्ते' और 'मेरा गाँव मेरा देश' के कुछ हिस्से पर काम किया था, को मेरी श्रद्धांजलि है।

मैंने फिल्मों से अपने कॅरियर की शुरुआत की और मेरी सबसे पहले छपी तसवीर अभिनेत्री वहीदा रहमान की थी। इसके बावजूद, मैं यह स्पष्ट कर देना चाहता हूँ कि मैं न तो कोई फिल्म पत्रकार हूँ और न ही फिल्म फोटोग्राफर। मैंने हमेशा 'दि इंडियन एक्सप्रेस', 'दि टाइम्स ऑफ इंडिया ग्रुप', 'द फ्री प्रेस जर्नल', 'दि इंडिपेंडेंट', 'दि इलस्ट्रेटेड वीकली ऑफ इंडिया', 'द वीक' और ऐसे ही कुछ अन्य समाचार-पत्रों व पत्रिकाओं में काम किया है।

मैंने आमिर की पहली तसवीर उनकी डेब्यू फिल्म 'कयामत से कयामत तक' के दौरान और सबसे ताजा तसवीर वाई.आर.एफ. स्टूडियो में हुए 'धूम-3' के संगीत लॉन्च पर खींची। बीते वर्षों में मैंने जिन विभिन्न प्रकाशनों के लिए काम किया, उनके लिए मुझे बहुत बार आमिर के फोटो खींचने और उनसे संक्षिप्त बातचीत करने का मौका मिला।

जब मैं 'दि इंडियन एक्सप्रेस' में काम करता था तो स्क्रीन के लिए काम कर रहे मेरे एक सहकर्मी ने मुझे बताया कि 'क्रिकेट क्लब ऑफ इंडिया' (सी.सी.आई.) में देव आनंद अपनी फिल्म 'अव्वल नंबर' की शूटिंग कर रहे हैं। मैं फौरन वहाँ पहुँच गया। देव साहब ने आमिर से मेरा परिचय करवाया। देव साहब मुझे कई दशकों से जानते थे। उनके साथ मेरे गहरे संबंध थे। मैंने आमिर और देव आनंद की बहुत सी तसवीरें खींचीं, जो बाद में 'दि इंडियन एक्सप्रेस' ने छापीं।

पुराने दिनों में फिल्मों की शूटिंग के दौरान प्रेस प्रतिबंधित नहीं होता था और वहाँ फोटोग्राफरों व पत्रकारों का हमेशा स्वागत था। उन दिनों मैंने 'लव लव लव', 'दिल', 'दीवाना मुझ सा नहीं', 'दौलत की जंग', 'आतंक-ही-आतंक', 'दिल है कि मानता नहीं' और 'बाजी' जैसी कई फिल्मों के सेट पर आमिर की बहुत सी तसवीरें खींचीं। उस समय के निर्माता व निर्देशक बहुत खुशी से अदाकारों के फोटो खिंचवाने के लिए पोज देते। अब वह प्रवृत्ति नहीं रही। आज फिल्म के अदाकारों के स्वरूप को छिपाए रखने के लिए बिल्कुल गुप्त रीति से फिल्मांकन किया जाता है और फिल्म के रिलीज हेतु तैयार होने पर प्रचार कार्यक्रमों में मीडिया को आमंत्रित किया जाता है।

एक बार जब मैं सुबह होने से कुछ पहले जुहू बीच पर एक साइकिल रेस को कवर करने पहुँचा तो वहाँ आमिर खान को देखकर हैरान रह गया। वहाँ वह किसी आम आदमी की तरह अपनी साइकिल लिये जुहू से बांद्रा के आर्ट्स क्लब तक होनेवाली साइकिल रेस में शामिल होने की तैयारी कर रहे थे। वह ऐसा अपनी आनेवाली फिल्म 'जो जीता वही सिकंदर' के प्रचार के लिए कर रहे थे। यह फोटो फीचर भावना सोमैया

द्वारा संपादित 'जी' पत्रिका में छपा। दुर्भाग्य से उनमें से कोई भी तसवीर अब मेरे पास नहीं है, लेकिन उस सीरीज की जो भी तसवीरें मैं ढूँढ़ सका, उन्हें इस पुस्तक में स्थान दिया गया है।

जनवरी 1991 में जब मैं प्रीतीश नंदी द्वारा संपादित 'दि इलस्ट्रेटेड वीकली ऑफ इंडिया' में कार्यरत था, आगामी अंक में कवर पर किसकी तसवीर छापी जाए, इस पर चर्चा जारी थी। चूँकि हम राजनीतिक कवर स्टोरी पहले ही बहुत कर चुके थे, इसलिए इस बार फिल्म बिरादरी में से किसी को चुनना चाहते थे। नंदी ने कहा, ''आमिर खान, कूल''; और यही पंक्ति बाद में उस स्टोरी का शीर्षक भी बनी। 'दि इंडियन एक्सप्रेस' के खेल संवाददाता संदीप बमजई हमसे हाल ही में जुड़े थे। उन्हें यह स्टोरी करने की जिम्मेदारी सौंपी गई। संदीप बोले, ''सर, मैं? मैं तो खेल संवाददाता हूँ'' इसपर नंदी ने जवाब दिया, ''कुएँ का मेढक मत बनो। तुम ये कर सकते हो! चूँकि तुम फिल्मों पर नहीं लिखते, इसलिए तुम इसपर बिल्कुल नए दृष्टिकोण से लिखोगे।'' इस अवसर पर मेरी एक बार फिर आमिर खान से मुलाकात हुई।

एक अन्य घटना में, जब रऊफ अहमद 'फिल्मफेयर' के संपादक थे और मैं 'द वीकली' में था, उन्होंने मुझसे पूछा कि क्या मैं ताहिर हुसैन और आमिर की एक साथ फोटो खींचना चाहूँगा? मैं रऊफ को उन दिनों से जानता था, जब मैं उनके द्वारा संपादित फिल्मी पत्रिका 'सुपर' में काम करने पहली बार मुंबई आया था और इसके बाद मैं आई.बी.एच. समूह की पत्रिका 'मूवी' में चला गया था। वो अकसर मुझे फोटो खींचने के फ्रीलांस मौके देते रहते थे। रऊफ उन बहुत थोड़े से संपादकों में हैं, जिनका दृश्य-बोध बहुत उत्तम है। इसलिए मुझे उनके लिए फोटो खींचने में बहुत आनंद आता था।

मैं ताहिर हुसैन से मिलने उनके घर पहुँचा। उन्होंने मेरा स्वागत किया। जब हम दोनों बातचीत कर रहे थे, आमिर खान वहाँ प्रविष्ट हुए। उनकी कमीज पैंट में खोंसी हुई थी, बाल अच्छे से बने थे। वह मुसकराते हुए बहुत ताजा लग रहे थे। उन्हें देखकर मुझे देव आनंद की याद आ गई। मैंने कुछ तसवीरें लीं, जो ग्लैमर से परिपूर्ण न होकर भावपूर्ण थीं। हमने उनके घर के अंदर, आस-पास और उनकी कार के पास कुछ तसवीरें खींचीं। तभी एक युवा लड़की वहाँ आई और उसने आमिर के साथ फोटो खिंचवाने की इच्छा प्रकट की। आमिर ने हामी भर दी और मैंने उन दोनों की भी कुछ तसवीरें खींचीं। वो फोटो शूट बहुत संतोषजनक रहा।

'गुलाम' की शूटिंग के दौरान आमिर के पीआर का काम देख रहे राजेंद्र राव ने मुझे 'फैंटेसी लैंड', अँधेरी (पूर्व) में फिल्माए जानेवाले गीत 'आती क्या खंडाला' की कुछ तसवीरें खींचने को आमंत्रित किया। मैंने पूरी रात वहाँ उस गीत के फिल्मांकन की तसवीरें खींचने में गुजारी, जो 'बॉम्बे टाइम्स' के कवर पेज पर प्रकाशित हुईं; बल्कि मैंने उनमें

से एक तसवीर में इतनी ट्रांसपैरेंसी रखी कि उसने फिल्म के पोस्टर में भी जगह बनाई।

'डी.एन.ए.' में काम करने के दौरान भी मेरी आमिर से कई मौकों पर मुलाकात हुई। वो मुझे बहुत जिंदादिल व्यक्ति लगे। मैंने 'डी.एन.ए.' के प्रथम पृष्ठ के लिए नासिर हुसैन के बँगले पर उनकी और इमरान खान की तसवीरें खींचीं। मैंने मुंबई पर एक स्टोरी के लिए फेमस स्टूडियोज में उनका एक फोटो शूट किया, जिसमें वह एक पुस्तक पढ़ते हुए सीढ़ियों पर बैठे कटिंग चाय पीने के साथ ही वड़ा पाव खा रहे हैं। मैंने उनसे कैमरा में देखने के लिए कहा, जिस पर वो बोले, ''यह बहुत अजीब लगेगा कि मैं किताब पढ़ते हुए उसी समय कैमरे को भी देख रहा हूँ।'' यहाँ मैं यह बताना चाहूँगा कि उन्हें वड़ा पाव खाना बहुत पसंद है और उस शूट पर जाने से पहले मैं ही उनके लिए चाय के एक गिलास के साथ वड़ा पाव लेकर गया था। उनके खार स्थित ऑफिस पर हुए एक और शूट के दौरान मैं एक लिफ्ट में उनसे टकरा गया, जहाँ वह बहुत मजे लेकर सैंडविच खा रहे थे। मेरे संपादक अयाज मेमन ने मुझे उनके द्वारा हस्ताक्षरित 'गजनी' का पोस्टर लाने को कहा। यह तसवीर भी 'डी.एन.ए.' के प्रथम पृष्ठ पर छपी।

आमिर फोटोग्राफरों के साथ हमेशा सहयोग करते हैं। 'कयामत से कयामत तक' की 25वीं सालगिरह मनाने के लिए उन्होंने फिल्म सिटी में एक प्रेस कॉन्फ्रेंस रखी, जहाँ उन्होंने एक छोटा सा केक भी काटा। आमिर ने एक फोटोग्राफर प्रदीप बांदेकर को स्टेज पर बुलाया और उनके साथ मिलकर केक काटा। बांदेकर उनसे कई वर्षों से जुड़े थे और सभी महत्त्वपूर्ण अवसरों पर वही उनकी तसवीरें खींचते हैं। उनका यह भाव इस अदाकार के संवेदनशील पहलू को दरशाता है।

इस पुस्तक की रचना के पीछे लंबी और बेहतरीन यात्रा रही, जिसमें मुझे इस अभिनेता तथा उनकी प्रतिष्ठित छवि के पीछे के इनसान को समझने का मौका मिला।

पुस्तक की पृष्ठभूमि

पापा कहते हैं बड़ा नाम करेगा,
बेटा हमारा ऐसा काम करेगा
मगर ये तो कोई न जाने
कि मेरी मंजिल है कहाँ···

आज भी विभिन्न रोल और रीलों पर अपने प्रगति पथ को अंकित करनेवाले भारतीय मेटिनी स्टार आमिर खान नाम के ब्रांड को किसी भी तरह संक्षिप्त रूप में व्यक्त नहीं किया जा सकता। वह केवल एक सुपर स्टार ही नहीं हैं, बल्कि सुपर अदाकार और बारीकी से देखा जाए तो इन दोनों का मिला-जुला रूप हैं। वो अपने को किसी आतंकवादी (फना) से कॉलेज के छात्र (3 इडियट्स) और उससे कला शिक्षक (तारे जमीं पर) में बदल सकते हैं और हर रोल में अपनी छाप छोड़ जाते हैं। आपका ध्यान आमिर की स्टार छवि से हटकर उनके द्वारा निभाए जा रहे किरदार पर केंद्रित हो जाता है। आमिर शायद हिंदी फिल्म उद्योग के ऐसे एकमात्र सितारे हैं, जिनका बॉक्स ऑफिस पर ट्रैक रिकॉर्ड पिछले करीब एक दशक से 100 फीसदी रहा है। आप उन्हें मनमौजी कहें या मार्केटिंग का पुरोधा, लेकिन यह तथ्य तटस्थ रहता है—ब्रांड आमिर खान का मतलब है सफलता। वो निर्माता व निर्देशक दोनों के तौर पर दक्ष हैं। वह सुन त्जु की 'दि आर्ट ऑफ वॉर' में बताए तरीकों में माहिर

दादासाहब फाल्के (1870–1944), भारतीय फिल्म उद्योग के पितामह।

हैं। वह जानते हैं कि मौका मिलने पर अपने सभी विरोधियों को चित करने से पहले कैसे रुककर प्रतीक्षा करनी है।

भारतीय सिनेमा में पिछले 100 वर्षों के दौरान हुए विकास में, हर सदी के लगभग चौथाई हिस्से में, एक अकेला व्यक्ति इतने दम-खम के साथ उभरता है कि वो फिल्म उद्योग की पूरी परिपाटी को बदल देता है। फिर चाहे इस बदलाव के पीछे फिल्म निर्माता दादासाहब फाल्के हों या परदे की त्रिमूर्ति दिलीप-राज-देव की छवि हो या राजेश खन्ना और अमिताभ बच्चन का असाधारण उदय रहा हो।

अमिताभ बच्चन, सामने के पृष्ठ पर : धूम-3 के पहले गाने के लॉञ्च पर आमिर।

इनमें से हर व्यक्ति ने फिल्म इतिहास बनाने में अपना योगदान देने के साथ ही एक नवीन युग की शुरुआत की है। भारतीय सिनेमा के पिछले दशक के अंतिम चौथाई भाग में आमिर खान अपनी विशिष्ट पहचान और संपूर्ण खूबियों के बल पर इसे नए आयाम में ले गए। शुरुआती चौथाई हिस्से ने गायक-अभिनेता का उदय देखा था। अगले हिस्से में निपुण अदाकारों ने अभिनेता व निर्माताओं के तौर पर राज किया। इसके बाद के हिस्से में वे सुपर स्टार उभरे, जिनका विशिष्ट फैन क्लब रहा। अब अभिनेता सिर्फ कलाकार और निर्माता ही नहीं हैं, वे जनता के सामने बने रहने के नित नए माध्यम खोज रहे हैं। अब सितारे उपभोक्ता उत्पादों का विज्ञापन करते हैं और टेलीविजन पर आने के साथ ही विदेशों में स्टेज शो भी कर रहे हैं।

'कयामत से कयामत तक' में किशोर दिलों की धड़कन बनने के अपने शुरुआती दिनों से अब तक के पच्चीस वर्ष के फिल्मी कॅरियर में आमिर खान ने कड़ी मेहनत द्वारा खुद को अन्य कई माध्यमों में पेश करने की योग्यता हासिल की है। आमिर आज उस वृहद्-अश्वशक्ति के रूप में उभरे हैं, जिसके बल पर फिल्म उद्योग, दुनिया भर में फैले अपने दर्शकों को खुद से जोड़े रखने के लिए, अपने फलक को एक नए परिप्रेक्ष्य में ढालने को तैयार है। वह ऐसे दुर्जेय खान हैं, जिन्होंने अपनी उपस्थिति अभिनेता, निर्माता, निर्देशक और टेलीविजन पर समाज-सुधारक के रूप में पेश करने के साथ ही अतुल्य भारत का चेहरा बनकर दर्ज कराई है। वह पुरस्कारों से मिले प्रशंसा के भाव से कहीं ऊपर हैं। उन्हें सुपर स्टार माननेवाले फैंस की विशाल संख्या से पर्याप्त पुरस्कार मिल जाता है। अपनी फिल्मों का प्रचार करने की उनकी बाजार नीति हमेशा सफल रही है।

यहाँ हमने एक ही पीढ़ी के विभिन्न उम्र के लोगों का आइकॉन रही इस साहसी

और जोशीली आत्मा की रुपहली दुनिया के सफर को पेश किया है। वह निस्संदेह मुंबई महानगर के बांद्रा के लड़के हैं। आमिर खान जो भी करते हैं, उसमें उनकी ईमानदारी व पूर्णता की प्रशस्ति दिखाई देती है। बाल्यावस्था से ही उनकी फिल्मी वंशावली ने उन्हें गहरे में प्रभावित किया। भारतीय स्वतंत्रता संग्राम के दिनों से ही उनका भारतीय राजनीति से दूर का तथा स्थायी संबंध रहा है। वो स्वतंत्रता सेनानी मौलाना अबुल कलाम आजाद के वंशज हैं। पाली हिल, बांद्रा पश्चिम (भारत का बिवरले हिल्स) में रहते हुए उन्होंने अपनी योग्यता का प्रदर्शन महाराष्ट्र राज्य स्तर पर एक टेनिस खिलाड़ी के रूप में भी किया।

आमिर ने आठ वर्ष की आयु में नासिर हुसैन की फिल्म 'यादों की बारात' में बाल कलाकार के रूप में अपना पहला रोल निभाया।

हालाँकि सिनेमा के प्रति इनका प्रेम कहीं अधिक प्रबल है। इन्होंने आठ वर्ष की आयु में अपने चाचा विख्यात फिल्म निर्माता नासिर हुसैन की फिल्म 'यादों की बारात' (1973) में बाल कलाकार के रूप में अपना पहला रोल निभाया। वह 'मंजिल मंजिल' और 'जबरदस्त' फिल्मों के सेट पर अपने चाचा के सहायक रहे और अपने डेब्यू के पूर्व सन् 1984 में अपने मित्र केतन मेहता की फिल्म 'होली' में छोटा सा रोल किया। उन्होंने हिंदी सिनेमा के सबसे सफल व लोकप्रिय अभिनेता के जहाज में सवार होने के पूर्व फिल्म निर्माण से जुड़े सभी संभावित कार्यों और छोटी-मोटी बातों को सीखना बेहतर समझा। आमिर ने अपनी पहली फिल्म 'कयामत से कयामत तक' (1988) से करोड़ों दिलों को जीत लिया। इस फिल्म को 'फिल्म इतिहास वार्षिकी' में श्रेष्ठतम माना गया है। आमिर का 'चॉकलेट बॉय लुक' उनके फिल्मों में बने रहने का साधन बन सकता था। लेकिन कुछ फिल्मों के लगातार फ्लॉप होने के कारण उन्होंने अपनी सफल हीरो बने रहने की तरकीब संबंधी रणनीति को फिर से गढ़ा। अकसर 'भारत के टॉम हैंक्स' के नाम से पुकारे जानेवाले आमिर ने हर तरह की फिल्म में सफलतापूर्वक कार्य किया। उनकी हर आनेवाली फिल्म दुनिया भर के दर्शकों में अपने नजदीकी सिनेमाघर में पहुँचने का रुझान पैदा कर देती है।

इस विचारशील लोगों के 'मिस्टर बॉलीवुड' ने हिंदी फिल्म उद्योग में प्रवेश करने के साथ ही अपना प्रबल प्रभाव बनाए रखा। वो जानते हैं कि आज उनके नाम का क्या महत्त्व है और वो इतने जिम्मेदार भी हैं कि अपनी महानता के दबाव के अनुरूप कार्य

कर सकें। उनके शुरुआती वर्ष बहुत प्रभावपूर्ण रहे, क्योंकि इसी से उनके व्यक्तित्व को आकार मिला। कुछ महिलाओं ने उनकी पूर्णता की खोज में बदलाव किया। लेकिन यह सब बहुत निजी रहा। उन्होंने खुद के सामाजिक आचरण पर प्रभाव डालनेवाली महिलाओं के विचारों से शक्ति हासिल की। इसमें कोई हैरत की बात नहीं कि टेलीविजन पर शुरू हुए उनके महान् धर्म-युद्ध का पहला एपिसोड कन्या भ्रूण-हत्या से ही जुड़ा था। इस तरह उन्होंने अपने जीवन में निजी और सामाजिक दोनों स्थानों पर योगदान देनेवाली विभिन्न महिलाओं के प्रति आभार प्रकट किया।

एक अभिनेता के तौर पर आमिर ने विभिन्न शैलियों में हाथ आजमाए और अपनी जोखिम उठाने की स्वयं की क्षमता से अपनी बहुमुखी प्रतिभा को साबित किया। पिछले कुछ दशकों में उन्होंने घोर पूर्णतावादी रुख बनाए रखा। चाहे वह 'मंगल पांडे' या 'लगान' जैसी ऐतिहासिक फिल्में हों अथवा 'दिल चाहता है' या 'गजनी' जैसी समकालीन फिल्में और या फिर 'रंगीला' व 'गुलाम' में उनके निभाए टपोरी रोल—इन सब की प्रस्तुति में वह वास्तविक रहते हुए भी अलग दिखे। उन्होंने डिस्लेक्सिया (तारे जमीं पर) और वर्तमान शिक्षा-प्रणाली (3 ईडियट्स) जैसे संवेदनशील मुद्दों को सफलतापूर्वक उठाया, जो आगे चलकर भारतीय फिल्मों की सर्वाधिक कमाई करनेवाली फिल्में साबित हुईं।

'कयामत से कयामत तक' में जूही चावला के साथ अपने डेब्यू से आमिर ने करोड़ों दिलों को जीत लिया।

उन्होंने 'पीपली (लाइव)' जैसी अच्छी कहानी वाले नए फिल्मकारों को, जिन्हें अपनी कहानी सुनाने के लिए मंच की आवश्यकता थी, एक निर्माता के तौर पर पूरी सहायता की। इससे पहले ऐसे बहुत कम सुपर स्टार रहे हैं, जिन्होंने किसी अन्य फिल्मकार की कोशिशों में इस तरह से समर्थन दिया हो। एक निर्माता के तौर पर आमिर के कॅरियर में नया मोड़ तब आया, जब उन्होंने नई शैली की फिल्म 'दिल्ली बेली' पेश की। टेलीविजन पर 'सत्यमेव जयते' के रूप में गंभीर मुद्दों को संवेदनशील विधि से उठाने के उनके पहले प्रयास की खूब सराहना हुई।

वर्ष 2001 में आमिर की फिल्म 'लगान' को भारत की ओर से ऑस्कर पुरस्कारों की 'सर्वश्रेष्ठ विदेशी फिल्म' के रूप में नामित किया गया। वर्ष 2010 में मेलबॉर्न फिल्म फेस्टिवल के दौरान उनकी फिल्म 'पीपली (लाइव)' के प्रदर्शन के दौरान उन्हें 'बॉलीवुड के जॉनी डेप' की उपमा दी गई। उन्होंने कहा, "भारतीय फिल्म उद्योग को दुनिया भर में सबसे श्रेष्ठ होना चाहिए और अपने सार्थक सिनेमा के माध्यम से मैं इसी लक्ष्य को प्राप्त करना चाहता हूँ।" आमिर ने कई विदेशी विश्वविद्यालयों में भारतीय फिल्मों पर अपने विचार व्यक्त किए हैं।

उनकी शुरुआती असफल फिल्मों ने उन्हें जीवन का यह सबसे बड़ा सबक सिखाया कि बॉक्स ऑफिस पर सबकुछ स्वीकार्य नहीं होता। आमिर खुद के पुनर्निर्माण की कला में माहिर हैं। वह अपनी शर्तों पर काम करते हैं और बिजनेस में नए नियम बनाते चलते हैं। अब वह प्राय: अपने हर प्रयास में सफल रहते हैं। जहाँ अन्य हीरो एक बार में कई फिल्मों में काम करते हैं, वहीं आमिर एक बार में सिर्फ एक ही फिल्म पर अपना पूरा ध्यान लगाते हैं। उन्होंने सीमित संख्या में पटकथाएँ स्वीकारने का नियम बनाया है। उनका स्वस्थ व ताजा रूप अन्य नायकों को जिम जाकर छह या आठ-पैक ऐब्स बनाने को मजबूर कर देता है। उन्होंने पुरस्कार स्वीकार न करने का भी चलन स्थापित किया। अब और भी कई अदाकार ऐसा कर रहे हैं; लेकिन इस लीक को तोड़ने का श्रेय आमिर को ही मिलेगा। इतने वर्षों बाद आज भी वह अपने पुरस्कार स्वीकार न करने के रुख पर कायम हैं।

अभिनय में पुरानी पद्धति को अपनाने के उनके विचार, संदेह व तर्क से उनके सह-कलाकार अकसर खीज जाते हैं। उन्होंने किसी भी फिल्म के वास्तविक नायक यानी लेखकों को महत्त्व दिए जाने का मुद्दा भी उठाया। उन्होंने साफ तौर पर कहा, "मेरी इच्छा लेखकों के लिए एक स्कूल खोलना है, जहाँ उन्हें अपनी कला व कल्पना को व्यक्त करने की पूरी आजादी हो। मेरी चिंता का कारण यह है कि लेखकों को दबाने तथा उनका शोषण करने से वे आधे मन से काम करते हैं, जिसका नतीजा एक आत्मा-विहीन बुरी फिल्म के रूप में प्राप्त होता है।"

'इनोवेशन फॉर इंडिया अवॉर्ड्स, 2008' के दौरान श्रोताओं को संबोधित करते आमिर।

आज आमिर खान को केवल गंभीर अभिनेता और भरोसेमंद निर्माता ही नहीं, बल्कि एक प्रभावशाली सार्वजनिक हस्ती माना जाता है। उन्होंने अपने प्रेरणादायक स्वभाव का उपयोग सिनेमा की दुनिया के इतर भी पूरी कुशलता से किया है। एक विश्वसनीय स्टार होने के नाते लोगों पर असर डालनेवाले मुद्दों को उठाने में अपने ब्रांड का उपयोग कर उसका मूल्य संवर्धित किया। उन्होंने खूब सोच-विचार व मंत्रणा के बाद मेधा पाटेकर को समर्थन देते हुए खुद को 'नर्मदा बचाओ आंदोलन' का हिस्सा बनाया। इस टीम के साथ अपना नाम जोड़ने एवं समर्थन देने से पहले उन्होंने इस समस्या और परिस्थिति का पूरी तरह से अध्ययन किया। इस कार्य के लिए उनकी कटु आलोचना हुई और गुजरात में उनकी फिल्म 'फना' के प्रदर्शन पर रोक लग गई। यहाँ तक कि वरिष्ठ अदाकारा और सक्रियतावादी शबाना आजमी ने भी उनकी निंदा की। जब उनके पुतले जलाए जा रहे थे, तब भी फिल्म उद्योग के किसी भी व्यक्ति ने प्रतिवाद नहीं किया। लेकिन तत्कालीन प्रधानमंत्री डॉ. मनमोहन सिंह ने उनका समर्थन करते हुए उनका बचाव किया। अन्ना हजारे द्वारा पेश किए गए जन लोकपाल बिल का आमिर मौन समर्थन करते रहे; जबकि अन्य सुपर स्टार देश को पीड़ा देनेवाले इन ज्वलंत मुद्दों पर चुप्पी साधे रहे। ऐसे समय में आमिर ने पूरे विश्वास के साथ आगे बढ़ने की हिम्मत दिखाई।

वह किसी कल्याणकारी कार्य में सिर्फ 'दान हेतु मनोरंजन शो' करके गायब होनेवालों में से नहीं हैं। वह सक्रिय रूप से शामिल होकर नेतृत्व करते हैं। उन्होंने जितने भी लोकोपकारी कार्यों को समर्थन दिया, उस सभी में उपयोगी सार्वजनिक हस्ती के रूप में पूरी सच्चाई से श्रम भी किया है।

मई 2013 में 'टाइम' पत्रिका ने विश्व के 100 सबसे प्रभावशाली व्यक्तियों

'गुलाम' के लिए आधी रात को शूट हुए एक गाने के दौरान।

वर्ष 2013 में आमिर को 'टाइम' पत्रिका के मुख पृष्ठ पर विश्व के 100 सबसे प्रभावशाली व्यक्तियों में से एक के रूप में दरशाया गया।

की अपनी वार्षिक सूची में आमिर खान को शामिल किया। अपने दसवें वर्ष में दाखिल हुई इस सूची से समाज-सेवा, नव-परिवर्तन और उपलब्धि पानेवाले व्यक्तियों को पहचान मिलती है। 'टाइम' के प्रबंध संपादक रिचर्ड स्टेंगल कहते हैं, ''टाइम की 100 लोगों की यह सूची विश्व के सबसे ताकतवर लोगों की सूची नहीं है और न ही यह विश्व के सबसे तीव्र बुद्धि लोगों की सूची है; बल्कि इस सूची में विश्व को प्रभावित करनेवाले लोग शामिल हैं। इन लोगों में वैज्ञानिक, विचारक, दार्शनिक, नेता, आइकॉन, कलाकार और दूरदर्शी हैं। ये वे लोग हैं, जिन्होंने अपने विचारों, दृष्टिकोण एवं कार्यों का उपयोग विश्व को बेहतर बनाने में किया और जिसका प्रभाव लोगों की बड़ी आबादी पर हुआ।'' आमिर का नाम अमेरिकी प्रधानमंत्री बराक ओबामा और हॉलीवुड के मशहूर अदाकारों के साथ विश्व के 'कौन क्या है' (हू इज हू) में शामिल हुआ। 23 अप्रैल को लिंकन सेंटर, न्यूयॉर्क में 'टाइम' द्वारा आयोजित कार्यक्रम में हॉलीवुड के कुछ अदाकारों ने शिरकत की। उनमें तीन बार के एकेडमी अवॉर्ड विजेता अदाकार डेनियल डे-लुइस भी थे। उन्हें स्टीवन स्पीलबर्ग की वर्ष 2012 में प्रदर्शित हुई फिल्म 'लिंकन' में मुख्य भूमिका निभाने के लिए पुरस्कार मिला था।

प्रसिद्ध व्यक्तियों के व्यक्तिगत जीवन की जानकारी पाने की उत्सुकता हमेशा से रही है। आमिर भी इससे अलग नहीं हैं। उनकी निजता से बारंबार अफवाहों का बाजार गरम होता रहा। उन्हें भी मीडिया में अपने अच्छे व बुरे दिनों का पूरा हिस्सा मिला; लेकिन वह इसकी परवाह न करते हुए लगातार आगे बढ़ते रहे। इस पागल दुनिया में आमिर सराहनीय रूप से उन्नति करते रहे और यह कार्य उनके उस आत्मविश्वास ने संभव बनाया, जो उन्हें मित्रों के साथ या उनके बिना ही बुलंदियों पर ले गया। दो विवाह से तीन संतान होना उनके लिए कभी खेदपूर्ण नहीं रहा। यह उनका निजी मसला है, जिस पर सार्वजनिक बहस की कोई गुंजाइश नहीं। उनके हीरो के रूप में डेब्यू के पूर्व रीना दत्ता से हुआ उनका प्रथम विवाह पूरी तरह से गुप्त रखा गया। उनपर विवादों का कोई असर नहीं होता, फिर वह मामला चाहे उनके छोटे भाई फैजल के संरक्षण का हो,

'3 ईडियट्स' के गीत 'आल इज वेल' का एक शॉट।

उनके दिवंगत पिता ताहिर हुसैन के साथ उनका मन–मुटाव हो या कुछ अन्य करीबी सह–कलाकारों से अलग होना हो। आज तक उन्होंने किसी भी पत्रकार के साथ अपने निजी मामलों पर अपना दिल नहीं खोला है।

आमिर अपनी सामाजिक छवि की पूरी सुरक्षा करते हैं और आवश्यकता होने पर धीरे–धीरे चीजें सामने लाते हैं। वह निपुण मार्केटिंग गुरु हैं। हिंदी सिनेमा के पिछले कुछ वर्षों में उनके जैसा कोई नहीं हुआ। उन्होंने अपने रोल मॉडल के स्वरूप को बहुत सँभलकर तराशा है। परिश्रमी कलाकार के रूप में उनकी लगन की सराहना केवल उनके प्रशंसक ही नहीं करते, बल्कि इसका सम्मान उनके सहकर्मी, नवोदित कलाकार और उनके कुछ प्रतिस्पर्धी भी करते हैं। यह व्यवस्थित कलाकार बहुधा किसी के बारे में बात नहीं करता, लेकिन जब वह किसी प्रतिस्पर्धी कलाकार के काम पर टिप्पणी करते हैं तो उस संबंध में अपना दृष्टिकोण भी अवश्य बताते हैं। जैसे कई चीजें लाल कालीन के नीचे छिपा दी जाती हैं, वैसे ही उनकी बच्चों जैसी मुसकान उनकी बहुत सावधानी से गढ़ी गई छवि को चोटिल करनेवाले संभावित विवादों से उनका बचाव करती है। सार्वजनिक मंच पर आमिर के खिलाफ जब भी कुछ बोला जाता है तो वह उसका जवाब जरूर देते हैं; ऐसे मामलों में वह चुप्पी साधकर नहीं बैठते। आमिर खान अपने कुछ निजी व सामाजिक मामलों पर रहस्यपूर्णता की हद तक चुप्पी बनाए रखते हैं।

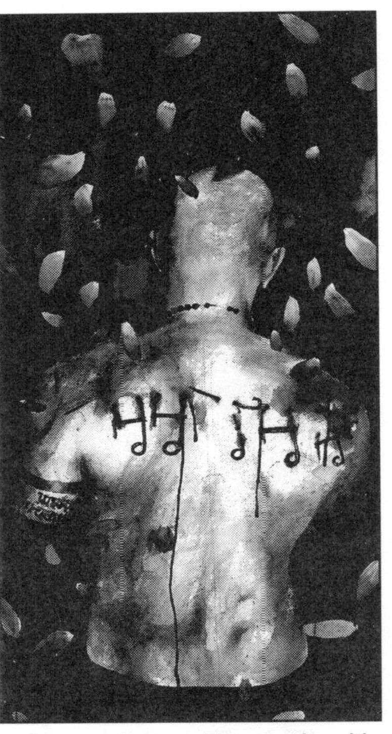

समीर मंडल की एक पेंटिंग, जिसमें उन्होंने आमिर के 'गजनी' लुक का चित्रण किया है।

लेकिन इस बात से कोई इनकार नहीं कर सकता कि आमिर दूरदर्शी हैं और उनका ब्रांड बिना किसी प्रयास के विकसित होता जा रहा है। यही बात उनकी फिल्म '3 ईडियट्स' के इस गीत में भी है—

मुरगी क्या जाने अंडे का क्या होगा,
अरे लाइफ मिलेगी या तवे पे फ्राई होगा।...
कोई न जाने अपना फ्यूचर क्या होगा।...

होंठ घुमा, सीटी बजा
सीटी बजा के बोल
भैया ऑल इज वेल...ऑल इज वेल।

आमिर खान को आप चाहे राज या भुवन जैसे उनके परदे के नाम से बुलाएँ या 'मिस्टर परफेक्शनिस्ट', 'कूल कस्टमर' या 'द गोल्डन किड' जैसे नामों से बुलाएँ, लेकिन बात जब उनके अपने जीवन की हो तो वह कोई नौसिखियापन नहीं करते। क्या वह वाकई इतने एकांतप्रिय हैं, जैसा वह दरशाते हैं? वह गंभीर व्यक्ति हैं या मौज से भरपूर? उनपर अभी भी उनके बचपन के प्रभाव क्यों दिखाई देते हैं? वो बड़े हो गए हैं या अभी दिल से बच्चे ही हैं? आनेवाले पृष्ठों में हम इस विश्वसनीय खान के कुछ ऐसे ही गुप्त रहस्यों पर से परदा उठाएँगे। यह एक अभिनेता, निर्माता, निर्देशक, आइकॉन, अंशकालिक सक्रियतावादी और ब्रांड एंबेसडर के कमाल के मिश्रित पैकेज का सम्मान है। वह अप्रत्यक्ष व प्रत्यक्ष तौर पर उन्हीं रास्तों पर चलते हैं, जिन पर कोई न चला हो। यह पुस्तक हमारे समय के सबसे चहेते सुपर स्टार के लिए 'यादों की बारात' पेश करने का केवल एक प्रयास भर है।

आभार

इस पुस्तक में जिस सामग्री और जिन तसवीरों का उपयोग किया गया है, वे विभिन्न स्रोतों, साक्षात्कारों और संदर्भ-सामग्री पर आधारित हैं, जो मेरे हाथ आ सके। फिल्म बिरादरी के विभिन्न क्षेत्रों से आनेवाले लोगों ने मेरा काफी सहयोग किया।

प्रस्तावना लिखने और आमिर के विषय में छोटी-छोटी व्यक्तिगत जानकारियाँ साझा करने के लिए मैं रजत शर्मा का आभारी हूँ। मैं सभी मेहमान लेखकों—रऊफ अहमद, मयंक शेखर, नरेंद्र कुसनूर और विकास चंद्र सिन्हा का उनके मूल्यवान योगदान और जानकारियों के लिए धन्यवाद देना चाहता हूँ। इस अभिनेता पर सुंदर सी कविता लिखने के लिए रैना का शुक्रिया।

मैं बालकृष्णा पिल्लई (स्पिन कम्यूनीक) का उनकी मूल्यवान टिप्पणियों के लिए आभारी हूँ। इस पुस्तक की रचना में संपादकीय सहयोग और सहायता के लिए मैं प्रियंका चंद्र सिन्हा का भी आभार जताना चाहूँगा।

मैं गुलशन ग्रोवर, पब्लिसिटी डिजाइनर आत्मानंद (स्टूडियो लिंक) स्तंभकार अयाज मेनन, चित्रकार जे.पी. सिंघल, फैशन डिजाइनर दिनेश सिंघल और चित्रकार समीर मोंडल का ऋणी हूँ, जिन्होंने अभिनेता आमिर के विषय में मुझे कई नई बातें बताईं।

मेरे फोटोग्राफर मित्रों—अमोल कांबले, बिदिशा रॉय, दुर्गा प्रसाद, हेमंत रावत, सचिन गोखले (फर्स्टपोस्ट.कॉम), उमेश गोस्वामी, स्पाइस पी.आर., दिनोदिया फोटो एजेंसी, महिंद्रा एंड महिंद्रा और द वीक के अलावा फिल्म इतिहासकार एस.एम.एम. ओसजा का अपनी आर्काइव्स से तसवीरें देने के लिए ऋणी हूँ। अशोक दभाड़े और मिथुन सिंह को उनकी कला सामग्री के लिए मेरी ओर से हृदय से आभार।

इस पुस्तक के लिए आमिर की विशेष तसवीरें पेंट करने के लिए मैं कलाकार पार्थो चटर्जी और राजेश श्रीवास्तव की सच्चे मन से सराहना करता हूँ।

आखिर में, लेकिन पूरी ईमानदारी से मैं अपनी पत्नी वीणा चंद्र के प्रति आभार जताना चाहूँगा, जो लंबे समय तक आमिर खान को लेकर मेरे जुनून को झेलती रहीं।

पाली हिल
मुंबई का बिवर्ले हिल्स

‘यहाँ लचीलापन है,
सौहार्द है। यह बाहर से जितनी कठोर है,
अंदर से उतनी ही नरम है।’

—आमिर के शब्दों में मुंबई

'रँग दे बसंती' के एक प्रचार कार्यक्रम में आमिर।

दिलीप कुमार, राज कपूर व देव आनंद।

मुंबई भारत की सिनेमा राजधानी के रूप में सामने आती है। यह वो शहर है, जहाँ आधुनिक सिनेमा के जनक दादासाहब फाल्के के समय से ही कुछ बहुत यादगार फिल्मों का निर्माण हुआ। आज भारतीय सिनेमा अपने 100 वर्ष पूरे कर चुका है। अभिनेता, निर्माता, संगीतकार और फिल्म लेखक बनने का अपना सपना सच करने के लिए समय-समय पर बहुत से लोग इस शहर में संघर्ष करने आए। तब इसे 'बॉम्बे' के नाम से जाना जाता था। यहाँ ऐसे बहुत से खंड या इलाके थे, जहाँ फिल्मी सितारों ने अपनी निजता को बनाए रखने के लिए ऊँची दीवारों से घिरे आरामदेह बँगले बनवाए। अंत में ये खूबसूरत मकान अजनबियों, फैंस और स्थानीय लोगों के लिए इस क्षेत्र में रास्ता पहचानने की निशानी बन गए। सुपर स्टारों द्वारा बसाई गई सबसे पहली कॉलोनी पश्चिमी बांद्रा का पाली हिल थी। पश्चिम में अरब सागर के किनारे बहुत से सितारों ने अपने शानदार घर बनवाए।

वह जगह उनके स्टारडम को बनाए रखने के लिए बहुत अच्छी थी। बड़े और आलीशान बँगले और माउंट मेरी बेसिलिका, यूनियन पार्क व कार्टर रोड के आस-पास का धब्बेदार पहाड़ी इलाका, जहाँ से खार, पाली नाका तक का सीधा रास्ता है। दिलीप कुमार वह पहले स्टार थे, जिन्होंने सन् 1953 में यहाँ अपना पत्तेदार रास्ते वाला विशाल घर तैयार करवाया। उनके बाद देव आनंद, मधुबाला, राजेंद्र कुमार और सुनील दत्त जैसे सितारे यहाँ आ बसे। बाद में रीना रॉय, प्राण और विनोद मेहरा ने भी इस इलाके को

दिलीप कुमार और सायरा बानो के बँगले का प्रवेश द्वार।

अपना निवास-स्थान बनाया। आज उपनगरों की रानी बांद्रा में भारत के तीन सुपर स्टार खानों के बँगले हैं। आमिर खान ने हाल ही में अपने शो 'सत्यमेव जयते' में कहा, ''ये बांद्रा जैसा इलाका सुरक्षित माना जाता है। मैं आपको याद दिला दूँ कि बांद्रा वो जगह है, जहाँ तीनों 'खान' रहते हैं। एक दिलवाला है (शाहरुख खान), एक रंगीला है (आमिर खान) और एक बॉडीगार्ड है (सलमान खान)।'' ये सभी प्रसिद्ध लोग एक-दूसरे के इतने करीब रहने के बावजूद अपने वैभवपूर्ण आवासों के एकांत में आनंद से रहते हैं।

दिलीप कुमार ने सबसे पहले पाली हिल को अपनी रिहाइश के लिए चुना।

वर्ष 1954 में महबूब खान ने हिल के दूसरी ओर प्रसिद्ध महबूब स्टूडियो का निर्माण करवाया, जो इस जगह की एक और पहचान बना। जब आमिर के पिता और चाचा इस शहर में आए तो उन्होंने भी बांद्रा में ही अपना घर बनाने का फैसला किया। दिलीप कुमार के घर के

बड़े दिलवाले व हँसमुख सलमान खान।

पास ही नासिर हुसैन ने पुराने ढंग का बँगला बनवाया, जो सन् 1962 के बाद आज भी वैसा ही है। दोनों भाई नासिर हुसैन और ताहिर हुसैन हिंदी फिल्मों में अपना नाम बनाने के लिए बंबई आए थे और यहाँ के महत्त्वपूर्ण निवासियों के कारण यह स्थान इसका सक्रिय केंद्र बन गया था। वर्ष 2012 में नासिर हुसैन के नाती अभिनेता इमरान खान ने इस प्रतिष्ठित बँगले की मरम्मत करवाई और इसमें रहने आ गए। आमिर खान ने अपने बेटे आजाद का पहला जन्मदिन इसी जगह पर पूरे परिवार के साथ मनाया। आमिर अभी भी इसी हाउसिंग कॉम्प्लेक्स में रहते हैं।

ताहिर हुसैन और राज खोसला (मशहूर निर्माता-निर्देशक) इसी बिल्डिंग में पड़ोसी थे। एक चौकस बालक होने के कारण आमिर ने यहाँ रहते हुए विभिन्न तरह की सिनेमाई प्रवृत्तियाँ आत्मसात् कीं। गुलजार और आनंद बख्शी जैसे लेखकों तथा प्यारेलाल जैसे सितारों, निर्माताओं एवं संगीतकारों का निवास-स्थल होने के कारण इस जगह को पहले ही 'मुंबई का बेवर्ले हिल्स' होने का तमगा मिल चुका है। समुद्र के नजदीक बना मुख्य मार्ग का गौरव स्वर्गीय राजेश खन्ना का घर 'आशीर्वाद' कार्टर रोड की मशहूर पहचान है। इसी इलाके में रहनेवाले प्रसिद्ध संगीत निर्देशक नौशाद के देहांत के बाद इस सड़क का नाम 'नौशाद अली मार्ग' कर दिया गया। कार्टर रोड पर रहनेवाली अन्य प्रतिष्ठित शख्सियतों में 'ट्रेजेडी क्वीन' मीना कुमारी के अलावा 'जुबली स्टार' राजेंद्र कुमार और किशोर कुमार से विवाह के पहले अभिनेत्री लीना चंद्रावरकर भी शामिल थी।

आप शायद सोच रहे होंगे कि फिल्मी सितारों पर पाली हिल में रहने का जादू क्यों सिर चढ़कर बोलता था? क्योंकि यह समृद्धि के अतिरिक्त अद्वितीयता का प्रभामंडल भी प्रदान करता था। वर्ष 1950 के शुरुआती दौर में सितारे यहाँ आने लगे, ताकि वे शहर के शोर-शराबे से दूर रह सकें। किले जैसे भवनों में वे अपने परिवार के साथ पूरी गोपनीयता से रहते। फिल्मी सितारों को थिएटरों में उमड़ने वाली भीड़ पसंद है, जहाँ लोग उनकी फिल्में देखने के लिए जमघट लगाते हैं। लेकिन जब बात एकांतवास व शांति की आती है तो वे रहने के लिए निर्जन स्थलों को ही चुनते हैं। शादी से पहले अदाकारा नीतू सिंह पाली हिल में रहती थीं और अपने सह-कलाकार ऋषि कपूर से विवाह के

मुंबई के परेल स्थित आई.टी.सी. ग्रैंड सेंट्रल में आमिर।

बाद भी उनका निवास-स्थल वहीं रहा। अब वे यहाँ एक विशाल बँगले में रहते हैं, जिसे ऋषि कपूर की माँ के नाम पर 'कृष्णा राज' कहा जाता है। उनके पुत्र व अभिनेता रणबीर कपूर भी उनके साथ यहीं रहते हैं। अभिनेत्री बहनों करिश्मा और करीना कपूर के सी-फेसिंग अपार्टमेंट भी इसी इलाके में हैं। महबूब स्टूडियो के निकट रहनेवाली अन्य प्रमुख फिल्मी हस्तियों में अभिनेत्री रेखा, बॉलीवुड के बादशाह शाहरुख खान, वरिष्ठ अभिनेत्री वहीदा रहमान, बिग बॉस सलमान खान, अभिनेता जैकी श्रॉफ और निर्माता-निर्देशक सुभाष घई हैं।

इस इलाके में फिल्म उद्योग के कई नए चेहरे केवल इस उम्मीद में रहने आ जाते हैं कि वे भी स्टारडम और निर्जनता का आनंद ले सकें। जिस उपनगर में आमिर ने अपने परिवार का भाग्य बनता व बिगड़ता देखा, वहीं निवेश करने की चाहत इस बात का प्रमाण है कि स्टारडम में बोझ और शोहरत एक साथ मिलते हैं। यह अभिनेता हमेशा ही इस खूबसूरत उपनगर में रहनेवाला प्रसिद्ध निवासी रहेगा। इस स्थान की ख्याति उनके होने से है या बॉलीवुड की रियल एस्टेट के इस क्षेत्र का हिस्सा होना उनके लिए सौभाग्य की बात है, यह बात हमेशा विवाद का विषय रहेगी। अधिकांश फिल्मी परिवार कुछ निश्चित स्थलों, निवासों और अंकों के चयन में हमेशा अंधविश्वास बरतते रहे हैं। जैसे कि फिल्मी दुनिया के कुछ लोग आनंद रिकॉर्डिंग स्टूडियो को खुद के लिए भाग्यशाली मानते हैं। आमिर भी शायद उन्हीं में से एक हैं। लेकिन इस सुपर स्टार के लिए यह

केवल ठेठ 'बांद्रा का लड़का' होने से कुछ अधिक मायने रखता है। अभी उन्हें और अधिक ऊँचाइयों को छूना है। अभी उनके ब्रांड के विकास की शुरुआत ही हुई है। उन्होंने अपनी विरासत बनानी शुरू कर दी है।

आमिर का पाली हिल स्थित वर्तमान निवास-स्थान 'बेला विस्टा' एक प्रसिद्ध स्थल है। पुराने समय में किसी को दिशा बताने में दिलीप कुमार का बँगला पहचान होता था। वर्ष 2009 में ध्वस्त किए जाने से पहले तक उनके घर को बांद्रा के बीते युग की पारंपरिक संपत्ति माना जाता था। अब वो बांद्रा के निष्ठावान् निवासी की तरह अपनी पत्नी सायरा बानो के साथ उसी सड़क पर बने नसीम बानो के मकान में रहते हैं।

आमिर का जन्म हिल रोड पर बने होली फैमिली अस्पताल में हुआ। उन्होंने अपनी शुरुआती स्कूली पढ़ाई अवाबाई पेटिट स्कूल से की, जिसके बाद वो सेंट एनीज स्कूल चले गए। विवाह के बाद वह इसी इलाके में रहते और काम करते थे। उनकी दो सबसे अधिक सफल फिल्मों 'तारे जमीं पर' और 'गजनी' की साउंड मिक्सिंग आनंद रिकॉर्डिंग स्टूडियो में

आमिर के परदे के आदर्श, सदाबहार स्टार देव आनंद।

उत्साहित व चमकते हुए शाहरुख खान।

हुई, जो उनके घर से फर्लांग भर की दूरी पर है। यह स्टूडियो उनके परदे के आदर्श देव आनंद का है, जिनके साथ उन्होंने फिल्म 'अव्वल नंबर' में काम किया था। अब उनके पेंटाहाउस के स्थान पर ऊँची बिल्डिंग बन गई है। आमिर को देव साहब की शिष्ट शैली और अनुशासन हमेशा से पसंद था। इस इलाके में यथेष्ट मात्रा में सभी धर्म के लोग रहते हैं। इस मायने में यह 'बांद्रा का लड़का' उस महानगरीय समाज से आता है, जहाँ सभी प्रगतिशील कैथोलिक, पारसी, मुसलिम और हिंदू परिवार मेल-जोल से रहते हैं।

□

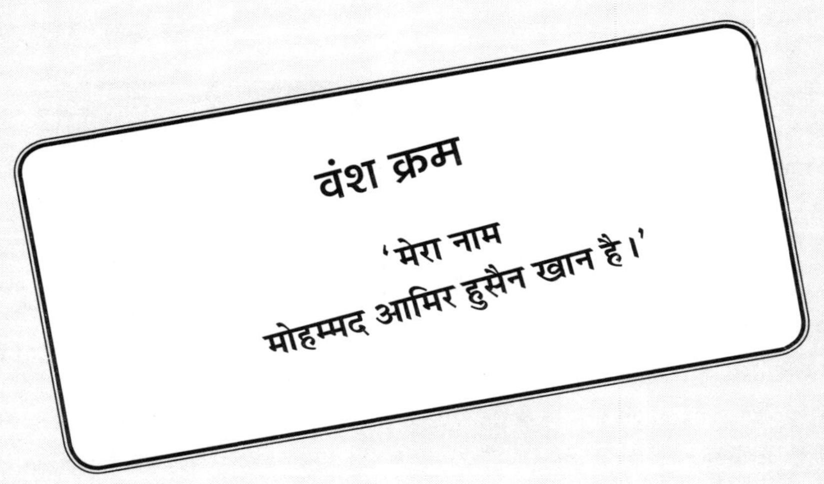

एक व्यक्ति की शख्सियत को आकार देने में उसके जीवन के अनुभवों एवं नजदीकी लोगों के प्रभाव का बड़ा हाथ होता है। यह प्रभाव प्रेरणादायक हो भी सकते हैं और नहीं भी। इसके अलावा, व्यक्ति के रक्त संबंध भी उसके आकर्षण को बढ़ाते हैं। आमिर खान की वंशावली के निशान राजनीति और सिनेमा की दो भिन्न दुनियाओं में मिलते हैं। उनकी प्रभावशाली राजनीतिक वंशावली ब्रिटिश राज के दौरान क्रांतिकारी रहे मौलाना अबुल कलाम आजाद से शुरू होती है। वहीं उनकी कलात्मक विरासत परिवार में उनके पिता ताहिर हुसैन और चाचा नासिर हुसैन द्वारा आगे बढ़ी। फिलहाल खानों के इस समूह में आमिर एवं उनके भाई फैजल तथा बहनें निखत व फरहत के साथ उनके सबसे प्रिय चचेरे भाई मंसूर खान और उनकी बहन नुजहत शामिल हैं। आमिर खान अपने पिता ताहिर हुसैन व माँ जीनत की दूसरी संतान एवं पहले पुत्र हैं। हालाँकि आमिर के मौलाना अबुल कलाम आजाद से संबंधों के बारे में बहुत अधिक जानकारी नहीं मिलती, लेकिन फिर भी, उन्हें अपने इस जुड़ाव पर बहुत नाज है।

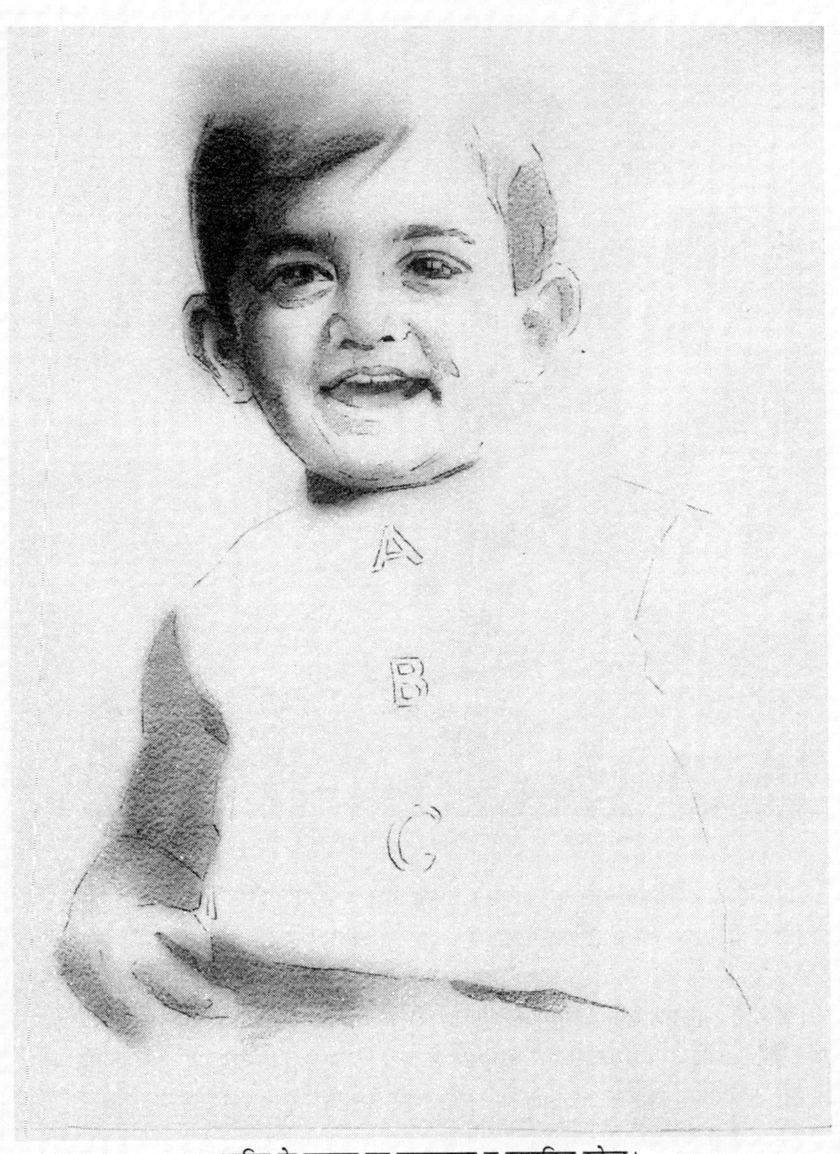

आमिर के बचपन का मुसकराता व खुशदिल स्केच।

अपनी माँ जीनत हुसैन के साथ बालक आमिर।

आमिर व किरण राव का अपने पुत्र का नाम इन्हीं बुजुर्ग के नाम पर 'आजाद राव' रखना इसी तथ्य को प्रमाणित करता है। अपनी बहन निखत के पचासवें जन्मदिन पर किए आमिर के इस कार्य से उनकी अपने परिवार व जड़ों के प्रति वचनबद्धता झलकती है। उन्होंने भारतीय राष्ट्रीय अभिलेखागार से प्राप्त मौलाना साहब के पाँच भाषणों की प्रति के रूप में अपनी बहन को अमूल्य भेंट दी। तब पहली बार था, जब उनके भाई-बहनों ने मौलाना साहब की आवाज सुनी, जिसे सुनकर उनकी आँखों में आँसू आ गए। अपने परिवार के प्रति सच्चा प्रेम रखनेवाले आमिर के कारण ही यह संभव हो सका।

इस दिलकश खान परिवार की यात्रा अफगानिस्तान के हेरात से शुरू हुई। वे सिनेमाई क्षेत्र में काम करते और उसी के लिए जाने जाते थे। आमिर खान के पिता ताहिर हुसैन के पाँच भाई-बहन थे। जनवरी 2011 में 'ओपन' पत्रिका से साक्षात्कार के

दौरान आमिर ने खुलासा किया, ''मेरा पूरा नाम मोहम्मद आमिर हुसैन खान है।'' लेकिन स्क्रीन के लिए उन्होंने छोटा और सरल नाम 'आमिर खान' चुना। मशहूर अफगानी पठान का वंशज होने से उनमें काम करने में ठेठ पठानी विशिष्टता दिखाई देती है। उन्हें यह कहने से कभी गुरेज नहीं हुआ कि खान एक 'जनजाति' है और उन्हें अपने वास्तविक मूल के बारे में कोई जानकारी नहीं है। वह कहते हैं कि यदि उपनाम को देखा जाए तो सभी खान पठान ही होंगे। लेकिन चूँकि न तो उनका जन्म अफगानिस्तान में हुआ और न ही वह वहाँ की स्थानीय भाषा पश्तो बोल पाते हैं, इसलिए वह खुद को 'बांद्रा का लड़का' मानते हैं, जो मुंबई में पैदा हुआ और यहीं पला-बढ़ा।

मौलाना अबुल कलाम आजाद से जुड़ी है आमिर खान की वंशावली।

इस अभिनेता की माँ जीनत का जन्म बनारस में हुआ, जबकि उनके पिता भोपाल से लखनऊ आए थे। जीनत भी फिल्मी परिवार से ताल्लुक रखती हैं। मशहूर फाजली बंधु उनके चाचा हैं। जब आमिर '3 ईडियट्स' के प्रचार के लिए बनारस गए तो वहाँ उन्होंने अपनी माँ का घर खोजने का प्रयास किया। उन्होंने गुप्त रूप से तेलिया नाला की यात्रा की, जहाँ उनकी माँ ने अपने शुरुआती दिन बिताए थे। आमिर ने एक बार कहा था कि यदि उन्हें मौका मिले तो वह समय में पीछे जाकर अपने परदादा के आम के बागानों की ऊर्जा अपने भीतर महसूस करना चाहेंगे। उनका पैतृक घर उत्तर प्रदेश के हरदोई के नजदीक शाहाबाद में स्थित है। वो वहाँ कभी नहीं गए, कभी जरूरत भी नहीं हुई, क्योंकि उनका परिवार पहले लखनऊ और फिर क्रमश: वर्ष 1940-50 के अंत में बंबई आ गया था। लेकिन उनके लिए अपने परदादा की जमीन का भावनात्मक मूल्य बहुत अधिक है, इसलिए उन्होंने उसे खरीद लिया।

आमिर ने वर्ष 2012 में एक साक्षात्कार के दौरान बताया, ''यह एक भावुक फैसला था। मैं शायद ही कभी शाहाबाद में रहा हूँ; लेकिन वह मेरा पैतृक निवास है, इसलिए

मेरा उससे जुड़ाव है। जब भी मैं यह सुनता हूँ कि मेरा कोई परिजन अपना घर इसलिए बेचना चाहता है कि अब वह उसे छोड़ना चाहता है तो मैं उनसे उसे खरीदने की इच्छा जता देता हूँ। मैं पहले भी यह बात कह चुका हूँ और आज फिर कह रहा हूँ कि मैं किसी दिन कृषि में हाथ अवश्य आजमाऊँगा। यह जमीन खेती के लिए बहुत उम्दा है और मैं चाहता हूँ कि मैं शाहाबाद जाकर कृषि कार्य करूँ।''

'जो जीता वही सिकंदर' के प्रीमियर पर अपने चाचा नासिर हुसैन के साथ आमिर।

आमिर के अलावा, यह जमीन उनके भाई फैजल और उनकी दो बहनों के नाम है। इस बात की पुष्टि करते हुए आमिर कहते हैं, ''मैंने ऐसा इसलिए किया, क्योंकि मैं चाहता था कि मेरे भाई–बहनों का घर मेरे पास ही हो। मैं नहीं जानता कि ऐसा कब होगा, लेकिन मैं चाहता हूँ कि हम चारों भाई–बहन एवं मेरी माँ उस पैतृक घर में एक साथ कुछ समय जरूर बिताएँ। शायद मेरे सभी चचेरे भाई–बहनें एवं उनके बच्चे भी हमारे साथ शामिल होना चाहेंगे। वह हमारे परिवार के पुनर्मिलन के लिए सबसे बढ़िया स्थान है।''

राजनीति से रक्त संबंध होने के बावजूद इस अभिनेता का झुकाव हमेशा सिनेमा की ओर ही रहा। इसका कारण उनके पिता और चाचा हैं, जो वर्ष 1950 के अंत से हिंदी फिल्म इंडस्ट्री से सक्रिय रूप से जुड़े हुए थे। वर्ष 1940 के अंत में उनके चाचा उत्तर प्रदेश के लखनऊ से बंबई आ गए। अपनी लिखने की योग्यता के कारण सबसे पहले उन्होंने ही फिल्मी दुनिया में अपनी जगह बनाई। लगभग चार दशक से अधिक

तक उन्होंने रॉक एंड रोल से भरी संगीतमय गाथा, रहस्य-रोमांच, रोमानी शरारतें और एक्शन से भरपूर फिल्मों का निर्माण किया। एक निर्माता-निर्देशक के रूप में उन्होंने अपने समय की बेहतरीन फिल्में बनाईं और अपने भतीजे आमिर समेत बहुत से लोगों के कॅरियर की शुरुआत की। उन्होंने इस बात का श्रेय कभी नहीं लिया कि शम्मी कपूर और आशा पारेख जैसे सुपर स्टार उन्हीं के प्रोडक्शन हाउस की देन हैं।

'कयामत से कयामत तक' के निर्माण के दौरान मंसूर खान अपने हिल रोड स्थित ऑफिस में।

जब नासिर साहब ने आमिर को लॉञ्च किया तो उन्होंने एक विज्ञापन मुहिम छेड़ी, जिसमें उन्होंने बिलबोर्ड पर लोगों से पूछा, "आमिर खान कौन है ?" और "यह पड़ोस में रहनेवाला लड़का कौन है ?" इस समय वह खुद भी यह नहीं जानते थे कि उनके परिवार में ही एक स्टार मौजूद है। नासिर हुसैन की फिल्मों में आमिर खान बतौर सहायक काम करते थे। स्पष्टतया आमिर अपने पिता से अधिक अपने चाचा के नजदीक थे। वह उन्हें 'चचाजान' कहते थे। चाचा और भतीजे के बीच एक विशेष समीकरण मौजूद था। आमिर हमेशा उन्हें अपने गुरु के रूप में देखते। एक बार शिक्षक दिवस की पूर्व संध्या पर उन्होंने कहा, "मेरे चाचा नासिर साहब मेरे गुरु थे, क्योंकि मैंने उनके साथ चार साल बतौर सहायक निर्देशक काम किया। यहाँ तक कि बाल कलाकार के रूप में मेरा डेब्यू भी उन्हीं की फिल्म 'यादों की बारात' में हुआ था।"

आमिर स्वनिर्मित होने का दावा कर सकते हैं, लेकिन राजवंशीय प्रभाव ने उनके व्यक्तित्व को बनाने में बड़ी भूमिका निभाई। इस अभिनेता-निर्माता ने हमेशा कहा है कि

उन्हें साहसी व शक्तिशाली लोगों से प्रेरणा मिलती है। इसके बावजूद उनके प्रीति पात्रों की सूची में उनके चाचा, उनकी माँ और उनकी चचेरी बहन तथा भाई नुजहत व मंसूर खान हैं। उनकी डेब्यू फिल्म 'कयामत से कयामत तक' में उन्हें लॉञ्च करनेवाले अपने चचेरे भाई से उनका विशेष लगाव है। बचपन में वे दोनों अच्छे मित्र रहे और बड़े होने पर उन्होंने साथ मिलकर वे फिल्में बनाईं, जिन पर उन्हें भरोसा था। आमिर की पहली फिल्म के अलावा उन दोनों ने दो और फिल्मों में साथ काम किया—'जो जीता वही सिकंदर' (1992) और 'अकेले हम अकेले तुम' (1995)। इन दोनों के बीच इतने गहरे संबंध हैं कि जब आमिर '3 ईडियट्स' में अपने किरदार के लिए प्रेरणा तलाश रहे थे तो उन्होंने मंसूर के पुत्र पाब्लो को मॉडल के रूप में चुना।

वर्षों पहले मंसूर स्थायी रूप से कुनूर में बस गए, जहाँ वे कृषि व लोकोपकार के कार्यों में व्यस्त हो गए। उन्होंने फिल्मों की उन्मत्त दुनिया से दूर रहने का फैसला किया, जिसका आमिर आज भी हिस्सा हैं। आमिर ने अपने चाचा की कई बातों को आत्मसात् किया, जिनमें से एक पारिवारिक रिश्तों को बनाए रखना है। उन्होंने अपने चाचा के पदचिह्नों पर चलते हुए नुजहत के पुत्र, अपने भानजे इमरान खान को लॉञ्च किया। उन दिनों आमिर 'तारे जमीं पर' में व्यस्त थे, इसलिए उन्होंने मंसूर से मुंबई लौटकर इमरान की पहली फिल्म 'जाने तू···या जाने न' (2007) का प्रोडक्शन देखने को कहा। उनके बीच के पारिवारिक रिश्तों ने मंसूर को वापस प्रोडक्शन में लौटने के लिए मजबूर कर

अपनी बड़ी बहन निखत और पिता ताहिर हुसैन के साथ आमिर।

दिया। फिल्मों में बतौर अभिनेता शामिल होकर इमरान अपने परिवार की अगली पीढ़ी का प्रतिनिधित्व कर रहे हैं। उनकी फिल्म का बॉक्स ऑफिस ने स्वागत किया। आमिर ने अपने परिवार में बड़े होने का फर्ज निभाते हुए इमरान के विवाह समारोह में प्रमुख भूमिका निभाई। इस बात में कोई आश्चर्य नहीं कि इमरान अपने महान् मामू (माँ के भाई) के पद-चिह्नों पर चल रहे हैं। इमरान व्यावसायिक व निजी कारणों से भी अपने मामू की बहुत इज्जत करते हैं। जिंदगी एक बार फिर वहीं आ पहुँची, जब आमिर के पुत्र जुनैद ने अपने पिता की विरासत को आगे बढ़ाने का फैसला किया। वह लेखक-निर्देशक राजकुमार हिरानी की फिल्म 'पी.के.' में सहायक रहे।

आमिर के पिता का जन्म भोपाल में हुआ और सन् 1955 में अपने बड़े भाई नासिर के पीछे बांबे आने से पहले वो लखनऊ में रहते थे। उन्होंने अपने भाई के सहायक के रूप में शुरुआत की और इसके साथ ही कुछ फिल्मों में अभिनय भी किया। अंत में, वह निर्माता बन गए। इसके बाद भी ताहिर ने अपनी पहचान बनाने के लिए बहुत संघर्ष किया। उन्होंने रीना रॉय, राकेश रोशन और संगीतकार बप्पी लाहिड़ी के कॅरियर की सफलतापूर्वक शुरुआत की। राकेश रोशन ने एक बार कहा था कि "ताहिर हुसैन हिंदी फिल्म उद्योग के सबसे प्रतिष्ठित निर्माताओं में से एक हैं।" जब राकेश का एक अभिनेता के तौर पर खराब समय चल रहा था, तब उन्होंने अपनी फिल्मों 'मदहोश' (1974) और 'जख्मी' (1975) के लिए उन्हें साइन किया, जिसके लिए राकेश आज भी

अपने बांद्रा स्थित निवास पर आमिर को एक चुटकुला सुनाते ताहिर हुसैन।

उनका आभार मानते हैं। राकेश मानते हैं कि ताहिर हुसैन ने फिल्म उद्योग को कुछ बहुत बेहतरीन अदाकार दिए। उन्होंने मेहुल कुमार को, जिन्हें आज उनकी फिल्मों 'क्रांतिवीर' (1994) और 'मृत्युदाता' (1997) के लिए जाना जाता है, अपनी बतौर निर्माता डेब्यू द्विभाषीय (हिंदी-गुजराती) फिल्म 'फिर जनम लेंगे हम' (1977), जिसका एक नाम 'जनम-जनम ना साथ' भी था, निर्देशक के रूप में ब्रेक दिया।

यद्यपि ताहिर हुसैन का कॅरियर मध्यम दरजे का ही रहा, लेकिन उन्होंने 'हम हैं राही प्यार के' (1993), 'तुम मेरे हो' (1990), 'जख्मी' (1975), 'अनामिका' (1973) और 'कारवाँ' (1971) जैसी कुछ उल्लेखनीय फिल्मों का निर्माण किया। उन्हें नए लोगों के साथ काम करने में आनंद आता था और उन्होंने इंडस्ट्री में बहुत से लोगों के जीवन में सकारात्मक बदलाव किए। उनकी फिल्म 'दूल्हा बिकता है' (198 2) में अभिनय करनेवाली नवोदित अभिनेत्री अनीता राज उन्हें सिद्धांतवादी व्यक्ति के रूप में याद करती हैं। वह उन पहले निर्माताओं में से थे, जिन्होंने अपनी फिल्मों में दहेज जैसी समस्या को उठाया। यह फिल्म बनाने में उनकी गंभीरता की सराहना करते हुए इसे टैक्स-फ्री कर दिया गया। आमिर ने अपने पिता से विरासत में मिली इस विशेषता को आत्मसात् कर लिया। एक निर्माता के तौर पर ताहिर हुसैन की फिल्म इंडस्ट्री में बहुत अच्छी साख रही। 2 फरवरी, 2010 को जब उन्होंने अंतिम साँस ली तो उन्हें श्रद्धांजलि देने जुटे शोकाकुल व्यक्तियों में बहुत से उनके पुराने परिचित भी शामिल रहे। स्पष्ट है कि वे लोग भूले नहीं थे कि ताहिर अपने आप में बड़े स्वप्नदर्शी थे। इस शोक दिवस पर उनके भाई की खोज आशा पारेख ने उनके बारे में कहा, "वो बहुत अच्छे व्यक्ति थे और उनकी खूब मजाक करने की आदत थी। मैंने उनके साथ 'कारवाँ', 'हमारा खानदान' और 'जख्मी'—ये तीन फिल्में की थीं। मेरे उनसे बड़े पुराने संबंध थे। मैं उनके विवाह में शामिल हुई और उनके बच्चों को बड़ा होते भी देखा है। वह हमारे 'मूवी जैम' नाम के फिल्म वितरण बिजनेस में भी भागीदार थे।" उनके कॅरियर की ऊँच-नीच उनके बेटे के लिए उदाहरण बनी।

आमिर अपने पिता के फिल्में बनाने के समय को बहुत दुःख के साथ याद करते हैं। उन्हें यह स्वीकार करने में कोई संकोच नहीं होता कि उनके पिता उनके चाचा जैसे सफल निर्माता-निर्देशक नहीं रहे। ताहिर हुसैन को अपनी फिल्मों के लिए धन प्राप्त करने में बहुत मशक्कत करनी पड़ती थी। उस समय के सितारे तारीखों और पैसों को लेकर हमेशा उन्हें तंग करते थे। जब उनकी फिल्म असफल हो जाती तो उधार देनेवाले पैसे वापस माँगने के लिए उनके दरवाजे पर आ धमकते। इन सब घटनाओं ने आमिर के नन्हे मन पर बहुत असर डाला। उन्हें याद है कि उनका व फैजल का नाम स्कूल के नोटिस बोर्ड पर फीस न देने के कारण छह से सात बार लिखा गया। इस दौरान उनकी

माँ को भी बहुत कुछ सहना पड़ा। वो उनकी स्कूली पोशाक उनके वर्तमान नाप से तीन गुना बड़ी बनातीं, ताकि वह लंबे समय तक उपयोग में आ सके। आमिर अपना व्यक्तिगत व पेशेवर खर्च न निकाल सकनेवाला निर्माता होने के जोखिम को समझते थे। जब उनसे पूछा जाता है कि उन्होंने निर्माता बनने में इतनी देर क्यों लगाई, तो वह अपने पिता के संघर्ष को याद करते हैं। वर्ष 2011 में 'द टेलीग्राफ' के परिशिष्ट 'टी 2' को दिए एक साक्षात्कार में आमिर ने कहा, "मेरे लिए यह निर्णय लेना बहुत कठिन था। निर्माता के रूप में अपने पिता की हालत देखने के बाद मैंने यह निर्णय लिया था कि मैं फिल्मों में केवल अभिनय ही करूँगा, कभी निर्माता नहीं बनूँगा। इसलिए, यदि कभी आप मेरे पुराने साक्षात्कार पढ़ेंगे तो आप देखेंगे कि मैंने हमेशा कहा है कि मैं फिल्म निर्माता नहीं बनना चाहता।" आमिर स्पष्ट करते हैं, "ऐसा नहीं है कि मेरे पिता सफल निर्माता नहीं रहे। वो 'कारवाँ', 'अनामिका' और 'लॉकेट' जैसी फिल्मों के निर्माता रहे हैं। ये फिल्में सफल रहीं। लेकिन चूँकि मेरे पिता पक्के व्यापारी नहीं थे, इसलिए वो इनसे उतना पैसा नहीं बना सके, जितना वो कमा सकते थे। उन्हें फिल्में बनाना पसंद था और वो बेहद साहसी निर्माता थे। उन्होंने बहुत से कलाकारों को ब्रेक दिया, लेकिन वो कभी भी चतुर व्यापारी नहीं रहे, इसलिए आर्थिक तौर पर कभी चोटी पर नहीं पहुँच सके।" इस अभिनेता ने एक बार कहा था, "यह एक अलाभकारी काम है, क्योंकि पूरी यूनिट को काम देने के बाद कुछ भी गलत होने पर नुकसान आपका ही होता है। और जब फिल्म हिट हो जाती है तो उसका सारा श्रेय फिल्म के रचनात्मक टैलेंट को मिल जाता है, न कि निर्माता को।" वो आगे कहते हैं, "जबकि सच्चाई यह है कि यदि निर्माता नहीं होता तो रचनात्मक टैलेंट को अपना कार्य प्रदर्शित करने का मौका कभी नहीं मिल पाता।"

जयंतीलाल गडा के साथ।

अपने पिता के साथ भावुक संबंधों के चलते इस अभिनेता ने अपने पिता की फिल्मों के सर्वाधिकार हमेशा के लिए—अपने पति की परेशानियों की अकेली व मूकदर्शक रहीं—अपनी माँ को उपहार में दे दिए। अपने दिवंगत पति के साथ अब उनका यही इकलौता नाता बचा है। उन्हें यह सभी ग्यारह फिल्मों

अगले पृष्ठ पर : अपने पुत्र आजाद राव खान के साथ मुंबई एयरपोर्ट पर आमिर।

को प्राप्त करने में बहुत समय लगा। जब आमिर ने अपने पिता द्वारा निर्मित सभी फिल्में खरीदने का मन बनाया तो उन्होंने इस संबंध में 'पेन इंडिया' के सी.एम.डी. जयंतीलाल गडा से मदद माँगी। ताहिर ने इन फिल्मों के नेगेटिव हिंदुजा बंधुओं के पास गिरवी रखे थे और वह इन्हें कभी छुड़ा नहीं सके। हिंदुजा बंधुओं ने इसके अधिकार 'शीमारू' को बेच दिए, जिनकी लाइब्रेरी में 400 से अधिक फिल्में शामिल हैं। जयंतीलाल ने 'शीमारू' के रमन मारू से मुलाकात की और उनसे इन फिल्मों के अधिकार आमिर को लौटाने

की बात की। शुरुआत में वो झिझके, पर बाद में शीमारू ने सज्जनता दिखाते हुए वे सभी फिल्में आमिर को उसी कीमत पर लौटा दीं, जिस पर उन्होंने हिंदुजा बंधुओं से उन्हें खरीदा था। इस तरह, अपने पिता को खो देनेवाले बेटे की यह भावुक इच्छा पूरी हो गई। ताहिर हुसैन के संघर्ष का उनके बेटे पर बहुत असर हुआ और आज वे जो कुछ भी हैं, उसमें इस बात की भी आंशिक भूमिका है।

आज आमिर अपने परिवार की समस्याओं के पीछे रहे कारणों से परिचित हैं। उनके समक्ष फिल्म बिजनेस की अस्थिरता का खुलासा बचपन में ही हो चुका है। उन्होंने एक बार कहा था कि उनके पिता नहीं चाहते थे कि उनकी कोई भी संतान फिल्मों में काम करे। आमिर याद करते हैं कि उनके पिता की फिल्म 'लॉकेट', जिसमें जितेंद्र और रेखा थे, कई कारणों से ठप हो गई थी। अगले पाँच सालों तक फिल्म के फाइनेंसर लगभग हर रोज फोन करके अपने पैसों का तकाजा करते। इसका असर उनके पारिवारिक जीवन पर भी हुआ। उन्होंने बताया कि एक बार उनके पिता आधी रात को अचानक उठे और पागलों की तरह अपना स्नातक का सर्टिफिकेट ढूँढ़ने लगे। उन्होंने सोचा कि अब कोई नौकरी करने से ही उनके परिवार को सहारा मिल सकेगा। वर्ष 1980 में उनके पिता पूरी तरह कंगाल हो गए थे और वह समय आमिर की स्मृति में आज भी बसा है। बहुत लंबे समय तक उनके पास कोई काम नहीं था। इससे यह समझा जा सकता है कि क्यों वे फिल्म उद्योग के अस्थिर जीवन से अपने बच्चों को बचाना चाहते थे।

सिनेमा ताहिर हुसैन की आत्मा थी और भाग्य ने उन्हें निर्माता-निर्देशक के रूप में

अपनी मित्रों के साथ रीना दत्ता (बिल्कुल बाएँ) और आजाद को लिये किरण राव।

सामने के पृष्ठ पर : एक फुटबॉल मैच के दौरान आमिर (बाएँ) और उनकी बेटी इरा (दाईं ओर हाथ में बैग लिये)।

एक और मौका दिया। उन्होंने 1990 में अपने पुत्र आमिर और जूही चावला अभिनीत फिल्म 'तुम मेरे हो' से वापसी की। फिल्म बॉक्स ऑफिस पर कुछ खास नहीं कर सकी, लेकिन इससे उन्हें प्रोडक्शन में वापस लौटने का हौसला मिला। कुछ वर्षों बाद 1993 में उन्होंने महेश भट्ट के निर्देशन में इसी प्रसिद्ध जोड़ी को लेकर अपनी नई फिल्म 'हम हैं राही प्यार के' रिलीज की, जो सुपर हिट हुई। जूही बहुत उत्साह से उन्हें याद करती हैं। अपनी संवेदना व्यक्त करते हुए उन्होंने कहा कि वो उनके लिए पिता जैसे थे। जब वो नवोदित अभिनेत्री थीं तो उन्होंने जूही को अपने परिवार का हिस्सा होना महसूस करवाया।

अपनी उम्र के सत्तरवें वर्ष में आमिर के पिता ने अपने बेटे की बतौर अभिनेता सफलता देखी। उन्हें अपने पुत्र पर गर्व था। जब आमिर विदेश गए थे, तब दिल का दौरा पड़ने से उनके पिता का देहांत हो गया। उन्हें उनकी ईमानदारी व सिद्धांतों के लिए हमेशा याद किया जाएगा; क्योंकि उनके ये गुण उनके सुपर स्टार पुत्र में भी मौजूद हैं। बड़ा पुत्र होने के नाते आमिर ने परिवार की देख-रेख की जिम्मेदारी खुद पर ली। आमिर की तीन संतानें हैं—पहली पत्नी रीना दत्ता से पुत्र जुनैद एवं पुत्री इरा और दूसरी पत्नी किरण राव से एक पुत्र आजाद। वो फिलहाल किरण और आजाद के साथ मुंबई में रहते हैं। पिता की यादें और पुराने समय में उनकी बनाई फिल्में आज भी आमिर का साथ देती हैं। ☐

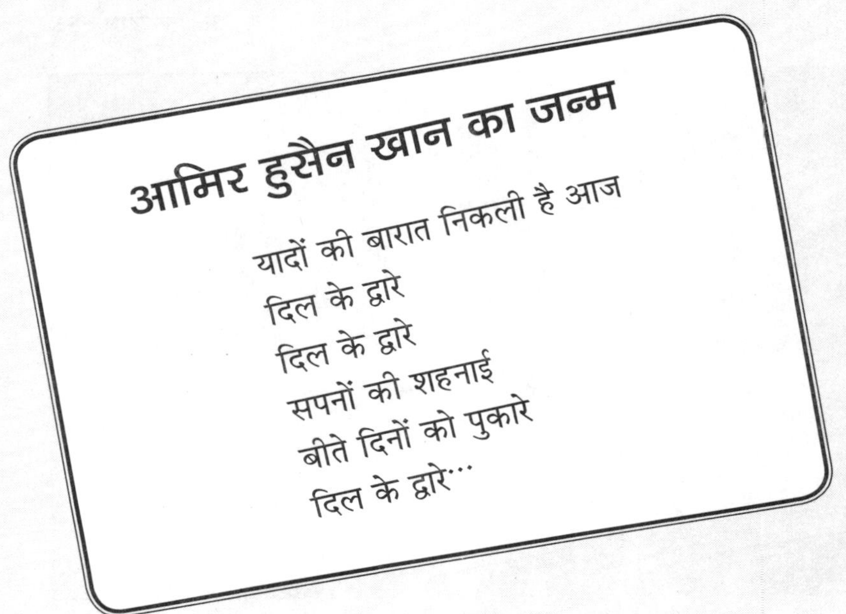

फिल्म 'यादों की बारात' का यह दृश्य, जिसमें आमिर ने काम किया था, उनके बचपन की यादों और सपनों के बारे में बताता है। बचपन के सपनों में एक मासूमियत होती है, जिसकी तुलना जवानी में की गई कल्पनाओं से नहीं हो सकती। बचपन में जड़ जमाए विश्वास समय के साथ धूमिल हो जाते हैं। लेकिन तीन बातें हैं, जो इस असाधारण इनसान के जीवन से आज भी जुड़ी हैं। पहली, वो जिस भी चीज से जुड़ते हैं, उसके बारे में पूरी जानकारी हासिल करना। दूसरी कोई निर्णय गलत हो जाने के बाद भी अपने सिद्धांतों पर अडिग रहना। तीसरी और सबसे महत्त्वपूर्ण बात, अपने मित्रों के प्रति निष्ठा और पारिवारिक जिम्मेदारियों के लिए प्रतिबद्धता। उनके लिए जीवन का अर्थ केवल अच्छे ग्रेड लाना और शिक्षकों से शाबाशी लेना ही नहीं, बल्कि

अपने पिता के साथ बांद्रा के अपने घर में बातचीत करते आमिर।

इससे कहीं अधिक है।

हालाँकि आमिर का प्यारे व उत्साही बच्चे का जीवन रुपहले परदे पर पहले ही दिखाया जा चुका है, फिर भी उनके बचपन के बारे में जानने को अभी भी बहुत कुछ है। शायद उनके चाचा अपने छोटे से करिश्माई भतीजे का भविष्य गुप्त रूप से जानते थे। डाई तैयार थी। इस बच्चे को उसके चाचा ने सन् 1973 में रिलीज हुई अपनी एक्शन व ड्रामा से भरपूर हिट फिल्म 'यादों की बारात' में बाल कलाकार के रूप में पेश किया। धर्मेंद्र अभिनीत यह फिल्म अपने गानों और शीर्षक गीत के कारण जनता के बीच शीघ्र ही लोकप्रिय हो गई।

फिल्में देखना, पटकथा पढ़ना, कहानी सुनना उनके परिवार की दिनचर्या में शामिल था। फिर भी, आठ वर्ष के आमिर के लिए यह समझना बहुत कठिन था कि क्या वाकई प्रशंसा पाना ही उनके जीवन का ध्येय है? वो सबसे अलग किस्म के बालक थे। एक ऐसा बच्चा, जो संवेदनशील होने के साथ ही चीजों को बहुत ध्यान से देखता था। वो फिल्म देखते या पुस्तक पढ़ते हुए रोने लगता। उन्होंने अपने जीवन की पहली फिल्म 'लॉरेल एंड हार्डी' देखी, जिसे देखकर वह रो पड़े। वो एक मजाकिया फिल्म थी, लेकिन वह बच्चा यह सोचकर घबरा गया कि अब उन किरदारों को अपनी शरारतों के लिए पकड़ लिया जाएगा। अपने भाई फैजल से खूब लगाव रखनेवाले आमिर फिल्म

'प्यार का मौसम' के एक दृश्य में अपने छोटे भाई को आग की चपेट में आया देख इतना चीखे कि उन्हें सिनेमा हॉल से बाहर ले जाना पड़ा। वो उन बातों को कभी नहीं भूले, जिन्होंने कभी भी उनके भीतर के संवेदनशील तारों को छुआ हो। उन्हें आज भी याद है कि जब उन्होंने पटरी पर रहनेवाले एक लड़के को अपने जमा किए थोड़े से भोजन को दूसरे बच्चे से बाँटते देखा तो उन्हें कैसा लगा था। वो जिस काम से भी जुड़ते हैं, उसमें उनकी बारीकी में जाने की प्रवृत्ति स्पष्ट दिखती है। दशकों बाद जब आमिर ने निर्देशक डेब्यू 'तारे जमीं पर' निर्देशित की तो इसमें किसी को आश्चर्य नहीं हुआ। लेकिन आगे बढ़ने से पहले फ्लैश बैक में चलते हैं और देखते हैं कि उनकी परवरिश और युवावस्था कैसी बीती!

एक फिल्म निर्माता का पुत्र होने के नाते आमिर ने बॉक्स ऑफिस की हर हिट व फ्लॉप फिल्म के साथ अपने परिवार के बदलते हालात देखे। उन्होंने कभी अमीरी और कभी गरीबी के झटके तथा उत्साहवाली अनिश्चित जीवन-शैली से जीवन के बहुत शुरू में ही सामंजस्य बैठा लिया। लेकिन इसी के साथ उन्हें वह दृढता भी प्राप्त हुई, जो आगे चलकर उनके जीवन की विशेषता बन गई। 14 मार्च, 1965 को पैदा हुए आमिर बचपन में बहुत गोरे, प्यारे व गोल-मटोल थे, जो फिल्म उद्योग की मशहूर हस्तियों के नजदीक रहते थे।

आमिर के पिता ने उनके जन्म से पहले ही उनका नाम सोच लिया था। अपने दूसरे बच्चे के लिए उनका सोचा हुआ नाम था—'आमिर', अर्थात् नायक; एक ऐसा व्यक्ति, जिसे अपने हर कार्य में सफलता हासिल हो। वो बचपन में बहुत शरमीले और मनमौजी थे। अपनी माँ के अधिक नजदीक होने के कारण इस बच्चे की परवरिश मुक्त कल्पनाओं में हुई। उनकी माँ उन्हें ऐसे बच्चे के रूप में याद करती हैं, जो किसी से मदद लेने की जगह अपने जूते के फीते खुद ही बाँधना या बटन खुद लगाना पसंद करता था। वो उन बच्चों से बिल्कुल अलग थे, जो

वाई.बी. चव्हाण सेंटर, मुंबई में अभिनेता देव आनंद का अभिनंदन करते आमिर।

आमिर द्वारा निर्देशित डेब्यू 'तारे जमीं पर' का एक दृश्य।

अपने छोटे-छोटे कामों के लिए अपने माता-पिता को तंग करते हैं, फिर चाहे यह कितना ही बुरा लगे। चार साल की छोटी उम्र में ही वो आवश्यक व अनावश्यक वस्तुओं को पहचानने लगे थे। वाई.बी. चव्हाण सेंटर, मुंबई में देव आनंद के अभिनंदन में आयोजित समारोह में भाषण के दौरान आमिर ने बताया था कि जब भी उनकी माँ उनके जूते के फीते ठीक से बँधे हुए और कमीज को ठीक से खोंसे हुए देखतीं तो वो समझ जातीं कि आज उन्होंने देव आनंद की फिल्म देखी है।

बचपन से ही आमिर में असाधारण व्यक्ति होने के लक्षण दिखने लगे थे। यह बच्चा बाहरी लोगों से अधिक मित्रवत् नहीं था, लेकिन अपने सगे व चचेरे भाई-बहनों के साथ बहुत निश्चिंत रहता और एक गहरा रिश्ता महसूस करता। इनकी माँ जीनत याद करती हैं कि उनका यह सबसे बड़ा पुत्र लगभग हर पारिवारिक चर्चा में अपना प्रभाव दिखाता और वो दूसरों से अपनी बात मनवाने में भी सक्षम था। चतुर व हाजिर जवाब होने के कारण यह बच्चा हर कार्य अपने तरीके से करता। छोटे भाई फैजल और बहन फरहत आमिर के लिए तब तक दौड़-दौड़कर कार्य करते रहते, जब तक वो यह नहीं समझ जाते कि उन्हें बुद्धू बनाया जा रहा है। उनकी माँ ने आमिर के बचपन के कुछ ऐसे ही अन्य किस्से भी सुनाए। वो जैम व सैंडविच लेकर घंटों तक अपने कमरे में बैठे कॉमिक्स पढ़ते रहते थे। वो अपने भाई-बहन का बीच-बचाव करते हुए उनसे अपने लिए पानी मँगवाते रहते। लेकिन कुछ समय बाद दोनों भाई-बहन समझ गए कि उन्हें केवल पानी लाने के लिए इस्तेमाल किया जा रहा है। तब आमिर अपने पिटारे से कोई

साइना नेहवाल के साथ खार जिमखाना में बैडमिंटन खेलते हुए।

नई तरकीब निकालते और उन्हें पट्‌टी पढ़ाकर फिर अपने कामों के लिए दौड़ाने लगते।

ताहिर हुसैन ने अपने पुत्र के बचपन के शौक के बारे में कुछ मनोरंजक बातें बताईं। ताहिर ने अपने पुत्र के टेनिस के प्रति अगाध प्रेम के बारे में बताया कि एक समय पर सभी यह मानते थे कि आमिर इस खेल के पेशेवर खिलाड़ी बनेंगे। आमिर खार जिमखाना में प्राय: पाँच घंटे तक खेला करते। उन्होंने इस संबंध में कोल्हापुर से पुणे तक खूब यात्राएँ कीं और लॉज में कुछ अन्य खिलाड़ियों के साथ कमरा बाँटा तथा चौदह वर्ष से कम आयु वर्ग में टेनिस की राज्य स्तरीय चैंपियनशिप जीती। उनके पिता का मानना था कि टेनिस से उनके स्कूल के ग्रेड प्रभावित हो रहे थे और उन्होंने आमिर से टेनिस छोड़ देने को कहा। आमिर याद करते हुए कहते हैं, ''स्कूल में मेरी जो स्थिति (शैक्षिक) थी, वही रही, लेकिन मेरा टेनिस छूट गया।'' उनके पास अपने उन दिनों की कई खूबसूरत यादें मौजूद हैं। एक बार जब वो टेनिस मैच जीतकर अपने घर लौटे थे तो उनकी माँ ने उनसे पूछा कि वो जीते हैं या हारे? चूँकि उनका खेल दूसरों से कहीं बेहतर था, इसलिए स्वाभाविक रूप से हमेशा वो ही जीतते थे। लेकिन जब उनकी माँ ने हारनेवाले लड़के के बारे में पूछा तो वह सोच में पड़ गए। उन्होंने इस दृष्टिकोण से कभी विचार ही नहीं किया था। इस बात से उनकी मानसिकता में परिवर्तन हुआ और वह समझ गए कि हर परिस्थिति के कई पहलू होते हैं। अब वह हर परिस्थिति का अन्य लोगों की दृष्टि से भी विश्लेषण करने लगे।

उनमें अपनी क्षमताओं को हर कोण से विकसित करने की अतृप्त चाह है। किशोरावस्था में इस अभिनेता की जिस क्षेत्र में दिलचस्पी होती, वहाँ वे सबसे बेहतर रहते। उनके पिता जानते थे कि उनका भाग्य चाहे जैसा भी रहा हो, उनका बड़ा पुत्र अपने जीवन में उनसे कहीं अधिक अच्छा कर दिखाएगा। उनकी माँ को उनकी असफलता का केवल एक किस्सा याद आता है। वह बहुत हास्यास्पद घटना थी। तीन साल के आमिर ने एक दौड़ में हिस्सा लिया तो उनके पड़ोस में रहनेवाले कुछ अभिभावक उनका हौसला बढ़ाने के लिए मैदान में पहुँचे। वे उनका उत्साह बढ़ाते हुए चिल्ला रहे थे, ''कम ऑन आमिर!'' उन्हें लगा कि वो उन्हें पीछे बुला रहे हैं। उन्होंने यह सोचकर रेस छोड़ दी कि इससे कहीं उनके बड़ों का अनादर न हो जाए! जब दौड़ पूरी हुई तो वे घबरा गए। वो दौड़ के साथ अपनी एकाग्रता भी खो बैठे थे। उन्होंने इसके लिए अपने पड़ोसियों को कभी माफ नहीं किया।

बचपन में ही इस भावी स्टार का एक और पहलू सामने आया। उनकी नानी जोहरा बेगम ने लड़कियों के बीच उनकी लोकप्रियता देखी। आमिर को पास ही के अवाबाई पेटिट गर्ल्स हाई स्कूल में दाखिल करवाया गया था। उस स्कूल की बाहरी दीवार मरीना अपार्टमेंट्स से जुड़ी थी, जहाँ आमिर अभी भी रहते हैं। हालाँकि वह स्कूल केवल लड़कियों के लिए था, लेकिन वहाँ नर्सरी में लड़कों को भी दाखिला मिल जाता था। उनकी बड़ी बहन निखत पहले से ही उस स्कूल में पढ़ रही थीं। आमिर यूँ तो बहुत शरमीले थे, लेकिन अपनी कक्षा की लड़कियों के साथ उन्हें कोई समस्या नहीं होती। जोहरा बेगम उन्हें 'कन्हैया लाल' कहतीं, जो अपने साथ बहुत सी 'गोपियों' को घर लाता! इसके बाद आमिर सेंट एनीज स्कूल में दाखिल हो गए, जो पाली हिल के दूसरी ओर स्थित था। यह बात बड़ी दिलचस्प है कि बचपन से ही वो अपने सहपाठियों के सामने अपनी बात साबित करने का पूरा प्रयास करते। आज भी यह अभिनेता हर स्थिति में अपनी बात मनवाने के लिए जाना जाता है।

उनमें एक और सराहनीय विशेषता अपने परिवार और पड़ोस के बड़ों के प्रति सम्मान है। उनकी माँ याद करती हैं कि उनका पुत्र एक तार्किक बच्चा था, लेकिन उनकी यह तार्किकता उनके हमउम्रों तक ही सीमित थी। वो हमेशा से जानते हैं कि अपने से बड़ों के साथ कैसा व्यवहार करना चाहिए। वो कभी अपनी सीमा पार नहीं करते, इसलिए किसी को भी उनकी भर्त्सना करने का मौका नहीं मिलता। लेकिन ऐसा कई बार हुआ, जब अपना दृष्टिकोण स्पष्ट करने के लिए वह पूरी मजबूती से खड़े रहे।

आमिर बचपन में बहुत आकर्षक थे। वह परदे पर पहली बार 'यादों की बारात' में दिखे, लेकिन इसके पूर्व उन्हें 'प्यार का मौसम' में शम्मी कपूर के बचपन का रोल निभाने का प्रस्ताव मिला था। उन्होंने इस प्रस्ताव को बहुत अजीब ढंग से ठुकरा दिया

अपनी पहली पत्नी रीना दत्ता के साथ आमिर।

था। उनके चाचा नासिर ने अपनी भाभी से बच्चे को तैयार कर सेट पर लाने को कहा। आमिर शूट के लिए पहुँच गए, लेकिन उन्होंने उस दृश्य विशेष में शामिल होने से इनकार कर दिया। उस दृश्य में उन्हें एक कार में बैठना था। वो उस कार में केवल इसलिए नहीं बैठे, क्योंकि वह कार एक अन्य फिल्म निर्माता राज खोसला की पुत्री और उनकी मित्र रीना खोसला की नहीं थी। रीना उन्हीं की बिल्डिंग में रहती थीं। वो उनकी बचपन की सबसे अच्छी दोस्त थीं और आमिर उनके अलावा किसी अन्य की कार में नहीं बैठते थे। सभी लोग दिन भर उन्हें उस कार में बैठने के लिए फुसलाते रहे, लेकिन यह असंतुष्ट बच्चा अपनी जिद पर अड़ा रहा। चूँकि दृश्य फिल्माना जरूरी था, इसलिए आमिर की जगह उनके छोटे भाई फैजल को लिया गया। इस घटना से यह पता चलता है कि बचपन से ही आमिर अपने मित्रों के प्रति कितने निष्ठावान् थे। आज भी उनके फिल्मी दुनिया या उससे बाहर भी हर रिश्ते में यही दृष्टिकोण प्रत्यक्ष दिखता है। आश्चर्य नहीं, यदि उनका बहुत पहले बनाया 'टाइम पास गैंग' आज भी बिल्डिंग कॉम्प्लेक्स से जुड़ी अपनी खूबसूरत यादों को सँजोए हुए है। वो हर वर्ष एक जलसे का आयोजन करते, जिसका नेतृत्व स्वाभाविक रूप से आमिर ही करते। जलसे के लोकप्रिय होने के बाद दूसरी बिल्डिंग के बच्चों को भी स्टॉल और खेलों का आनंद लेने के लिए टिकट लेकर वहाँ आने की अनुमति मिल गई।

बचपन में आमिर को ईद या जन्मदिन जैसे अवसरों पर मिले पैसे बचाए रखने

की आदत थी। वह उन सब को अपनी दादी के पास जमा करवा देते। एक दिन आमिर ने उनसे अपने पूरे पैसे माँगे। वो वे पैसे किसी ऐसे व्यक्ति को देना चाहते थे, जिसको उनका परिवार बहुत अच्छी तरह जानता था। जब उनकी माँ जीनत को यह बात पता चली तो उन्हें बहुत गर्व महसूस हुआ कि उनका बच्चा सही जीवन-मूल्य सीख रहा है।

आमिर को अन्य खेल भी प्रिय थे, जिनमें एक था शतरंज। यह ऐसा खेल है, जिसमें वो आज भी महारत रखते हैं। किशोरावस्था में 'रुबिक क्यूब' उनके लिए सबसे बड़ी चुनौती था। यह चतुर बालक अकसर उसे सुलझा देता और फिर एक कदम आगे बढ़ जाता। वो इसे और भी अधिक तेज गति से करना चाहते थे। उनके अभ्यास के दौरान उनकी बहन फरहत टाइमकीपर का कार्य करतीं। जब वो टाइम कीपिंग के कार्य से ऊब जातीं तो वो उन्हें विश्व रिकॉर्ड तोड़ने पर उचित उपहार का वादा करते और कहते कि ऐसा करने से वह भी उनकी जीत का हिस्सा बन जाएँगी। वो मान जातीं और हर बार की तरह फिर अपने प्यारे भाई के झाँसे में फँस जातीं।

किशोरावस्था

चूँकि आमिर अच्छे लड़के थे, इसलिए उनके साथी उनकी प्रशंसा करते और उनके

आमिर व जूही मशहूर फिल्म 'कयामत से कयामत तक' के एक दृश्य में।

साथ रहना चाहते। यह किशोर लड़का अपने भाइयों या बहनों के साथ कुछ भी गलत होने पर उनके साथ खड़ा होने में दो बार नहीं सोचता था। वह इतने दृढ संकल्पी थे कि किसी से भी लड़कर जीत सकते थे। जब उन्होंने 12वीं कक्षा उत्तीर्ण की तो पढ़ाई छोड़कर फिल्मों में शामिल होने का फैसला किया। स्पष्ट है कि उनका इसपर खूब विरोध हुआ। वह अपने बड़ों के आज्ञाकारी थे, इसलिए उनसे महत्त्वपूर्ण विषय पर झूठ बोलना उनके लिए चुनौती था। अपने निर्णय पर दृढ रहते हुए उन्होंने पूरी विनम्रता से अपने माता-पिता से बात की। उन्होंने उनको अहसास कराया कि वह पूरे दिल से पुणे स्थित 'फिल्म एंड टेलीविजन इंस्टीट्यूट ऑफ इंडिया' जाना चाहते हैं। बावजूद इसके, यदि उनके अभिभावक अपने फैसले पर अटल रहते हैं तो वह उनकी इच्छा का सम्मान करते हुए उनकी बात मान लेंगे। लेकिन उनकी माँ ने उनका साथ दिया और आमिर के पिता को उनके कॉलेज छोड़ने के फैसले पर राजी कर लिया।

उन्हें जो भी पहला मौका मिला, वह उन्होंने वो लपक लिया। उन्हें आदित्य भट्टाचार्य द्वारा निर्देशित लघु फिल्म 'पैरानोया' में पहली बार कैमरे के सामने आने का मौका मिला। आदित्य प्रसिद्ध निर्देशक बिमल रॉय के पोते और निर्देशक बासु भट्टाचार्य के पुत्र हैं। उनकी इस फिल्म में उनके मित्रों नीना गुप्ता, विक्टर बैनर्जी, दीपा लागू और आमिर खान ने काम किया। 'इंडिया टुडे' को जनवरी 2010 में दिए एक साक्षात्कार में आमिर ने याद किया, ''जब मैं 16 साल का था, तब मुझे पहली बार अहसास हुआ कि मैं अभिनेता बनना चाहता हूँ। मेरे स्कूल के मित्र आदित्य भट्टाचार्य ने मुझे अपनी 40 मिनट की मूक फिल्म में लेने का फैसला किया, जिसे बनाने के लिए उन्हें अभिनेता श्रीराम लागू से 8,000 रुपए मिले थे। वो फिल्म बनने के दौरान ही मैं समझ गया कि मैं यही करना चाहता हूँ···।'' इसी फिल्म में अभिनेत्री शबाना आजमी ने उनका काम देखा और उनके माता-पिता से उनके अभिनय कौशल का जिक्र किया। इससे उनके घर में भूचाल आ गया। लेकिन इसके बाद भी आमिर का ध्यान अपने लक्ष्य से नहीं भटका। उनके जीवन में दूसरा बड़ा मोड़ तब आया, जब उन्हें पता चला कि केतन मेहता अपनी फिल्म 'होली' के लिए कलाकारों की खोज कर रहे हैं। उन्हें कुछ छात्रों की आवश्यकता थी। आमिर और आशुतोष गोवारिकर ('लगान' के लेखक-निर्देशक) ने इस प्रोजेक्ट के लिए ऑडिशन दिया और चुन लिये गए। शूटिंग पुणे में थी, इसलिए आमिर का अपने पिता से अनुमति लेना आवश्यक था। चूँकि फिल्म उनकी छुट्टियों के दौरान बननी थी, इसलिए उन्हें सरलता से अनुमति मिल गई। इसके बाद आमिर ने आदित्य भट्टाचार्य की फिल्म 'राख' में भी काम किया, जिसमें उन्होंने नकारात्मक चरित्र निभाया। इस अभिनेता का भाग्य बिना अधिक प्रयास के आकार लेने लगा था। यह किशोर एक बेहतरीन अदाकार बना। इसी दौरान आमिर अपने चाचा नासिर हुसैन की फिल्म में उनके सहायक का

कार्य करने लगे थे। वहाँ उन्हें वह अनुभव मिला, जिसने आगे चलकर उनका आधार मजबूत किया। और एक दिन उनके चाचा ने आमिर के पिता से उनके लिए बनाई अपनी योजना पर बात करने का फैसला किया। उन्होंने अपनी आगामी फिल्म में आमिर को बतौर मुख्य अभिनेता लॉञ्च करने की अपनी अदम्य इच्छा जाहिर की। इसके साथ ही आमिर का भाग्य फिल्म इंडस्ट्री से जुड़ गया था। वर्ष 1988 में मात्र 23 साल की उम्र में आमिर ने प्रसिद्ध फिल्म 'कयामत से कयामत तक' में नायक का किरदार निभाया।

उस समय उन्होंने अपनी खुद की प्रोडक्शन कंपनी बनाने और उसमें सफल होने की कल्पना भी नहीं की होगी। हालाँकि 'कयामत से कयामत तक' से एक पेशेवर व विचारशील अदाकार का सुपर स्टारडम तक का महत्त्वपूर्ण सफर शुरू हो गया।

□

कयामत से कयामत तक :
पड़ोस के लड़के की शुरुआत

''मैं एक विद्रोही जैसा था। मैं धारा के विपरीत चला। मैंने 12वीं के बाद पढ़ाई छोड़ दी। सबने इसका विरोध किया···आज जब मैं पीछे मुड़कर देखता हूँ तो मैं अपने उस फैसले पर खुश होता हूँ।''

वर्ष 1980 के अंत में ऐसी फिल्मों की बाढ़ आ गई, जिनमें हिंसा बहुत अधिक थी, लेकिन आनंद बहुत कम। इस दौर में रोमांस कहीं पीछे छूट गया था। नासिर हुसैन, जिन्हें सरल मनोरंजक फिल्में बनाने के लिए जाना जाता था, फिल्म निर्माता के तौर पर अवसान पर थे। उनकी 'मंजिल मंजिल' और 'जमाने को दिखाना है' जैसी फिल्में बॉक्स ऑफिस पर पहली बार औंधे मुँह गिरीं। इस फिल्म निर्माता ने अपनी पहचान बनी संगीतमयी फिल्मों से तौबा नहीं की, क्योंकि वह जानते थे कि दर्शकों की रुचि हमेशा बदलती रहती है। यह वो दौर था, जब वीडियो कैसेट पनपने लगी थीं। उन्हें फिर से अपनी

'कयामत से कयामत तक' की शूटिंग के दौरान मंसूर खान (बिल्कुल बाएँ), आमिर और नासिर हुसैन।

जगह बनाने और नई पीढ़ी के साथ कदम मिलाकर चलने के लिए नया दृष्टिकोण चाहिए था। समय की माँग थी कि सिनेमा को नया रूप देकर दर्शकों को थिएटर तक खींचा जाए। नासिर नए चेहरों के साथ राज कपूर की 'बॉबी' जैसी फिल्म बनाने के बारे में विचार कर रहे थे। यद्यपि घर पर वीडियो कैसेट देखनेवाले दर्शकों को लुभाकर अँधेरे थिएटर तक लाने का विचार बहुत बड़ी चुनौती थी। उन्होंने कहानियों में फिर से गुणवत्ता लौटाने की जरूरत को भी समझ लिया था। अब का हीरो असली लगना चाहिए, न कि काल्पनिक।

उस समय नासिर हुसैन के पुत्र मंसूर खान 'जो जीता वही सिकंदर' की पटकथा लिखने में व्यस्त थे, जिसके निर्माता व निर्देशक का काम वह खुद करना चाहते

जावेद अख्तर ने नासिर साहब को सलाह दी थी कि वह 'कयामत से कयामत तक' में आमिर को बतौर हीरो पेश करें।

थे। उनका मानना था कि युवा वर्ग इसमें दिलचस्पी जरूर दिखाएगा। उन्हें महसूस हुआ कि मार-धाड़ से भरपूर उबाऊ मसाला फिल्मों में नाराज नायक का बदला लेना देखकर लोग थक चुके हैं। मंसूर ऐसी फिल्में बनाना चाहते थे, जिन पर उन्हें खुद भरोसा हो और वो नहीं चाहते थे कि उनके पिता उनकी कहानी में अपनी ओर से कोई नया कोण डालें। आखिरकार, अब उनकी बारी थी कि वे अगली पीढ़ी के सिनेमा दर्शकों के लेखक और स्वप्नद्रष्टा के रूप में अपनी योग्यता साबित कर सकें। कुछ समय विचार करने के बाद उन्हें लगा कि उन्हें अपने पुराने कथानक में अपने पिता की सलाह के अनुसार कुछ सुधार करने चाहिए। उन्होंने अपने चचेरे भाई-बहन के साथ पटकथा में कुछ सुधार किए और मंसूर, आमिर एवं नुजहत ने मिलकर एक नई कहानी गढ़ ली। वे चचेरे भाई-बहन यह नहीं जानते थे कि उस समय वो लीक को तोड़नेवाली कोई कहानी रच रहे हैं।

वर्ष 1987 ने नासिर हुसैन अपनी नई फिल्म में नायक-नायिका की भूमिका के लिए नए चेहरों का ऑडिशन ले रहे थे। कुछ नहीं हो रहा था। अचानक उनके दिमाग में गीतकार जावेद अख्तर की बात गूँज उठी। अख्तर ने नासिर साहब के समझदार व खूबसूरत चेहरेवाले कुशल युवा सहायक आमिर को देखकर कहा था, "आप बाहर क्यों ढूँढ़ रहे हैं, जबकि हीरो आपके घर में ही मौजूद है ?" उस दीर्घानुभवी निर्देशक ने तभी सोच लिया था कि वो अपने महत्त्वाकांक्षी प्रोजेक्ट 'कयामत से कयामत तक' में मुख्य अभिनेता के रूप में अपने भतीजे को ही पेश करेंगे।

आमिर को नहीं लगता था कि कभी कुछ ऐसा होगा, जिससे उनका हिंदी फिल्मों में नायक बनने का सपना सच हो जाएगा। इसलिए, जब उनके चाचा ने उनसे पहली बार कहा कि वो उनकी आगामी प्रेम कहानी में मुख्य भूमिका निभाएँगे तो आमिर को इस बात पर तब तक भरोसा नहीं हुआ, जब तक उन्होंने फिल्म की पटकथा पर काम शुरू नहीं कर दिया। लेकिन उनके चचाजान इस बात पर सुनिश्चित थे कि उन्हें आमिर में अपना नायक मिल गया है, जो एक दिन जरूर स्टार बनेगा। उन्होंने आमिर के माता-पिता से

'कयामत से कयामत तक' के एक दृश्य में फिल्म की नई युवा जोड़ी आमिर व जूही।

फिल्म 'दिल' की एक तसवीर।

अनुमति ली और उन्हें फिल्म के लिए साइन कर लिया। पहले नासिर साहब खुद इस फिल्म को निर्देशित करना चाहते थे; लेकिन अपनी गिरती सेहत के चलते फिल्म के निर्माता और निर्देशक की जिम्मेदारी उनके पुत्र मंसूर के कंधों पर आ गई।

फिल्म बनाते समय उनमें से कोई नहीं जानता था कि बॉक्स ऑफिस पर इस फिल्म का भाग्य क्या रहेगा! इस फिल्म से कई लोग—संगीतकार आनंद-मिलिंद, गायक उदित नारायण व अलका याग्निक और अभिनेत्री जूही चावला, अपने कॅरियर की शुरुआत कर रहे थे। जूही ने इससे पहले एक फ्लॉप फिल्म 'सल्तनत' में काम किया था। इसी फिल्म से आमिर खान के अलावा मंसूर खान भी अपनी शुरुआत कर रहे थे। मंसूर ने इससे पहले जूही को अपनी कंपनी 'स्कैन मीडिया' द्वारा बनाए शैंपू के एक विज्ञापन में निर्देशित किया था; लेकिन उनके अलावा बाकी सभी लोग उनके लिए नए थे। इसी दौरान जूही को बी.आर. चोपड़ा द्वारा बनाई जा रही 'महाभारत' में द्रौपदी का रोल ऑफर हुआ।

एक विशेष फोटो शूट के दौरान जूही।

वह इसके लिए लगभग 'हाँ' कर चुकी थीं; लेकिन तभी मंसूर जूही के पास अपनी फिल्म में नायिका की भूमिका के लिए पहुँच गए। जूही ने बी.आर. चोपड़ा से अनुमति ली और मंसूर का ऑफर स्वीकार कर लिया।

आमिर को उस फिल्म के लिए हुए पहले आउटडोर शूट की धुँधली-सी स्मृति है। वह याद करते हैं, ''मुझे याद है, हमने ऊटी में सुबह पेड़ों के बीच पहाड़ पर शूटिंग आरंभ की। कुछ शुरुआती टेक हुए थे। लेकिन अभी तक हमने एक भी शॉट नहीं किया था, तभी अचानक धुंध छाने लगी। स्वाभाविक है कि हमें धुंध छँटने तक प्रतीक्षा करनी थी। लेकिन उस दिन वहाँ लगभग आठ घंटे तक धुंध छाई रही। चूँकि उस दिन बहुत देर हो गई थी और सभी बहुत थके हुए थे, अतः उस दिन का शूट कैंसिल हो गया।'' यह तो एक छोटी सी बाधा थी, अभी उन्हें और भी बहुत कुछ झेलना बाकी था।

जूही खुद पर एस्सेल स्टूडियो में फिल्माए पहले दृश्य को याद करते हुए बताती हैं, ''शूटिंग का पहला दिन—मैं अपनी दादी के साथ बैठी थी। मुझे डायलॉग तो याद नहीं, बस सेटिंग याद है। मैंने घाघरा-चोली पहन रखी थी और लहराते बालोंवाला एक बड़ा सा विग पहने थी और आई शेडो गुलाबी व नीले रंग का था। अंत में, जब मैंने फिल्म देखी तो मैं चकित होकर सोचने लगी कि ये सब क्या हम लोग करते थे?''

आमिर के पास जूही के साथ 'कयामत से कयामत तक' में काम करने की कुछ मधुर यादें मौजूद हैं। वो कहते हैं, ''जूही के साथ काम करने में बहुत मजा आता था। वो बहुत बेहतरीन अभिनेत्री हैं; बल्कि मुझे हमेशा से लगता है कि वो मुझसे बहुत अच्छी हैं। ईमानदारी से कहूँ तो मुझे उनका अभिनय खुद से बेहतर लगा। कैमरे के सामने एक अदाकार के तौर पर वो कहीं अधिक सहज थीं। मैं इतना नहीं था। मैं अनाड़ी था। मैं उन्हें देखता और कहता, 'हम्म...काश, मैं यह शॉट ऐसे कर पाता!' ''

जूही ने आमिर के साथ काम करने का अनुभव बताया, ''हमने कुछ समय तक एक साथ काम किया। एक तो दोनों नए थे। एकदम डर नहीं था एक-दूसरे से। मैं ऐसे माहौल में थी, जहाँ सभी लोग युवा और नए थे, तो लगता था कि अरे, अपने कॉलेज

'हम हैं राही प्यार के' फिल्म के एक गमगीन और भावुक दृश्य में जूही के साथ।

फ्रेंड्स के साथ अभी एक्टिंग करनी है। हम इतने अच्छे मित्र बन गए कि मुझे जब भी कुछ अजीब लगता तो मैं उन्हें कह देती। यदि वो कोई गलती करते तो...मैं वहाँ अपनी राय भी दे सकती थी। यह बिल्कुल बराबरी का मामला था।''

फिल्म का ट्रायल देखने के बाद आलोचकों ने असंतोष जता दिया। कुछ वितरकों को दिखाने के अलावा इस फिल्म के कुछ ट्रायल मीडिया के लिए भी किए गए। लेकिन किसी भी रिपोर्ट में प्रशंसा नहीं थी। संगीतकार जोड़ी आनंद-मिलिंद के संगीतकार आनंद श्रीवास्तव 'फिल्म फेयर' को वर्ष 2012 में दिए एक साक्षात्कार में याद करते हैं, ''विडंबना यह थी कि वितरकों के ट्रायल में भी इसके संगीत की सराहना नहीं हुई। फिल्म को खरीदार नहीं मिल रहा था। वे निर्देशक मंसूर खान से कहते कि वे इस फिल्म पर तभी पैसा लगाएँगे, जब इसका संगीत और दुःखद अंत बदल दिया जाए। लेकिन मंसूर अपनी बात पर अटल रहे और उनका खेला यह जुआ काम कर गया...।'' फिल्म का ट्रायल देखने के बाद विख्यात संगीत निर्देशक आर.डी. बर्मन ने आमिर के उज्ज्वल भविष्य की घोषणा कर दी। उन्होंने भविष्यवाणी की कि इस फिल्म के कलाकार, यह फिल्म और इसका संगीत बुलंदियों को छुएँगे। लेकिन चूँकि फिल्म उद्योग के दिग्गजों की इसके संबंध में सकारात्मक प्रतिक्रिया नहीं थी, इसलिए निर्माता को दर्शकों को थिएटर की ओर खींचने के लिए कोई जुगत भिड़ानी होगी। वो यह जानते थे कि उन्हें

इस फिल्म का लोगों के बीच जबरदस्त प्रचार करना होगा।

जनवरी 1991 में 'दि इलस्ट्रेड वीकली ऑफ इंडिया' को दिए साक्षात्कार में आमिर ने बताया, "जब मैंने और मंसूर ने फिल्म का ट्रायल रन देखा तो हम तनाव में आ गए। हमें गलतियाँ साफ दिख रही थीं। मैंने अपने चाचा को फिल्म का जितना वो कर रहे थे, उससे कहीं अधिक प्रचार करने को प्रेरित किया। हमें लगा कि हमने फिल्म को कूड़ा बना दिया है।" फिल्म के प्रचार के लिए आमिर और जूही ने खुद कई दिनों तक टैक्सी और ऑटो-रिक्शा ड्राइवरों से उनके वाहन पर फिल्म के स्टीकर लगाने की गुजारिश की। जूही अति स्नेह से याद करते हुए कहती हैं, "उन दिनों हमारे पास हमेशा स्टीकर रहते थे। उनमें फिल्म के प्रचार के लिए कुछ कार स्टीकर भी थे, जिन्हें अपनी गाड़ी पर चिपका दिया। फिर तो मैं सचमुच मेरी बिल्डिंग के नीचे में और घर के कोई एक-दो जन को पकड़ के जाती थी और टैक्सी ड्राइवर को जाकर बोलती कि 'प्लीज, मैं यह टैक्सी पर लगा दूँ?' तो कोई तो बोलता था, 'ये कौन हैं ? हट!' (हँसी) और कोई, 'हाँ-हाँ, लगा दो।' और फिर ऑटो पर लगाते थे हम लोग लेकिन वो बहुत अच्छा था। क्योंकि उसके बाद मैंने कभी अपनी जिंदगी में ऐसा नहीं किया। पर उस समय एक भी लग जाए न˙˙˙शायद कोई देखकर हमको पिक्चर देखने आ जाएगा।"

फिल्म 'कयामत से कयामत तक' के 25 वर्ष पूरे होने पर वर्ष 2013 में हुई एक स्क्रीनिंग के दौरान तसवीर खिंचवाते हुए आमिर।

आमिर ने एक साक्षात्कार में अपने इस लॉञ्चपैड के बारे में बताया, "ये चचाजान का आइडिया था कि होर्डिंग पर हीरो अपनी आँखें ढँके खड़ा होगा और होर्डिंग पर बड़ा-बड़ा लिखा होगा—'आमिर खान कौन है ?' इसके बाद होर्डिंग की अगली कड़ी में होर्डिंग कहेगा—'अपने पड़ोस में रहनेवाली लड़की से पूछिए!' स्वाभाविक रूप से लगभग सभी के मन में इस अनिश्चितता से यह जिज्ञासा उठेगी कि इस विशालकाय बिलबोर्ड पर दिख रहा यह रहस्यमय लड़का कौन है ? इस उत्सुकता के बीच फिल्म को थिएटरों में उतारा गया।"

रिलीज होने के कुछ दिन तक फिल्म का कलेक्शन धीमा रहा। आमिर आँकड़े

बताते हैं, ''पहले हफ्ते की कलेक्शन 88 प्रतिशत थी, दूसरे हफ्ते में यह गिरकर 82 प्रतिशत पर पहुँच गई, तीसरे हफ्ते में और गिरकर 79 प्रतिशत या 76 प्रतिशत हो गई···और ऐसे ही चलता रहा। लेकिन चौथा हफ्ता आते ही यह बढ़कर 96 प्रतिशत हो गई! चौथे हफ्ते में इस उछाल का कारण पहले तीन हफ्तों में इस फिल्म के अच्छा होने की खबर मुँह जुबानी फैलना रहा। इसने ऐसा उन्माद फैलाया, जो अब तक सिर्फ राज कपूर की 'बॉबी' ने सन् 1973 में अपनी रिलीज पर किया था। दर्शकों के निर्णय ने यह साफ कर दिया कि फिलहाल बन रही फिल्मों में बदलाव का वक्त अब आ गया है। 'कयामत से कयामत तक' ने पूरा खेल ही बदल दिया। इसने दर्शकों को एक बार फिर थिएटर से जोड़ दिया। फिल्मों में रोमांस का दौर वापस लौट आया। फिल्म का शीर्षक अधिक लंबा होने के कारण इसे 'कसेकत' का लघु नाम मिला; बल्कि इस फिल्म के बाद से ही हिंदी फिल्मों के 'दिलवाले दुल्हनिया ले जाएँगे' का 'डीडीएलजे' और 'हम आपके हैं कौन' का 'एचएएचके' जैसे लंबे नामों का लघु रूप में प्रचार होने लगा।''

एक अन्य साक्षात्कार में आमिर ने कहा, ''यह बहुत ताजगी भरी फिल्म थी। यह परिवारवालों व युवाओं सभी के लिए थी। यह सिनेमा की नई भाषा बन गई थी। यह फिल्म निर्माण की बिल्कुल अलग विधा थी। इसलिए यह उन दर्शकों के बीच भी लोकप्रिय हुई, जिन्होंने थिएटर जाना बंद कर दिया था। फिल्म को बहुत बड़ी सफलता हासिल हुई और मैं रातोरात स्टार बन गया।'' बंबई के वितरकों ने स्थिति का और अधिक लाभ लेने के लिए एक नई रणनीति बनाई, जिसमें आठ या इससे अधिक टिकट खरीदने पर आमिर खान और जूही चावला का पोस्टर/फोटो बिल्कुल मुफ्त मिलेगा। यह तरकीब काम कर गई और इससे फिल्म की कलेक्शन को बड़ा उछाल मिला।

फिल्म 'राख' के एक दृश्य में।

इस फिल्म की सफलता के साथ ही आमिर देश की धड़कन पर राज करने लगे और जूही सभी की चहेती बन गईं। आमिर खुद को मिलनेवाली इस अति प्रशंसा से हैरान थे। उनके लिए आनेवाले लड़कियों के फोन और प्रशंसकों की चिट्ठियों की बाढ़-सी आ गई। जहाँ कई लड़कियाँ उन्हें यह कहने के लिए फोन करतीं कि उन्हें

अपने घर के अहाते में विचारमग्न घूमते आमिर।

वो फिल्म में बहुत अच्छे लगे तो कई लड़कियाँ उनके घर पहुँचकर उन्हें बाहर चलने का प्रस्ताव रखतीं। जूही को प्रतिदिन 100 से अधिक पत्र आते। अपने माता-पिता की अनुमति से प्रशंसकों की अधिकांश चिट्ठियों का उत्तर वे खुद देतीं। जूही बताती हैं कि ''इसपर उनके माता-पिता का नजरिया था कि ''यह तुम्हारे सबसे पहले फैंस हैं। मुझे लगता है कि वे इतने उत्साहित थे कि जब भी कोई मेरे बारे में अच्छी बातें लिखता तो वे मानते थे कि मुझे उसका जवाब जरूर देना चाहिए।''

लोग आमिर को कहीं भी पहचान लेते। मीडिया से बातचीत के दौरान उस समय के इस नवोदित कलाकार ने बताया, ''मुझे याद है, एक बार मैं अपने चाचा की कार ड्राइव करते हुए कहीं जा रहा था। एक ट्रैफिक सिग्नल पर मैंने यूँ ही साथ चलती कारों की ओर देखा तो लोग मुझे देखकर मुसकराते हुए हाथ हिलाने लगे। मैं हैरान था कि मैं इन लोगों को कैसे जानता हूँ! ये लोग कौन हैं ? ये मुझे देखकर मुसकरा क्यों रहे हैं ? ये लोग शायद मेरे पिता या चाचा के मित्र होंगे ? इसलिए मैंने भी मुसकराते हुए हाथ हिला दिया। मुझे लगा कि शायद मैं भी उन्हें जानता हूँ। तभी मुझे लगा, ये लोग शायद यह जानना चाहते हैं कि क्या मैं वही व्यक्ति हूँ, जो 'कसेकत' में था ? यह भ्रम कुछ देर और बना रहा और तब मैं समझ गया कि इन लोगों ने फिल्म देखी है और मुझे पहचानते हैं, इसीलिए...''

'कयामत से कयामत तक' के बनने के दौरान ही आमिर ने अपनी बचपन की प्रेमिका रीना दत्ता से विवाह कर लिया। लेकिन अपने चाचा की गुजारिश पर उन्होंने यह बात तीन हफ्तों तक गुप्त रखी। इस फिल्म के साथ बहुत से नए लोग अपना कॅरियर शुरू कर

'दिल है कि मानता नहीं' के फिल्मांकन के दौरान आमिर के साथ
पूजा भट्ट व निर्देशक महेश भट्ट।

रहे थे। उनकी और अपने चाचा की बात मानते हुए आमिर ने इस खबर को कुछ समय तक दबाए रखा। फिल्म रिलीज होने के कई साल बाद आमिर के भानजे इमरान खान ने वर्ष 2010 में 'फिल्मफेयर' को दिए एक साक्षात्कार में खुलासा किया, ''आमिर इस बात पर राजी हो गए और जिस दिन फिल्म के हिट होने की घोषणा हुई तो वो नानाजी के पास जाकर बोले, ''चाचाजान, अब तो किसी का कॅरियर दाँव पर नहीं। मैं अब सच बता देना चाहता हूँ।'' आमिर बहुत भावुकता से कहते हैं, ''वो भी क्या दिन थे!''

एक सार्वजनिक समारोह में अपनी पूर्व पत्नी के साथ बातचीत करते आमिर।

रातोरात स्टार बनने की घटना केवल आमिर और जूही के साथ ही नहीं हुई, बल्कि फिल्म से जुड़े सभी लोगों के साथ ऐसा हुआ। मंसूर ने फिल्म का अंत दु:खद रखकर बड़ा जोखिम उठाया था। उन्होंने पूरी पटकथा परिवर्तित कर फिल्म के अंत को दु:खद रखने का कारण बताया, ''मेरे हिसाब से इसका अंत दु:खद ही होना चाहिए था, क्योंकि इसका पहला भाग इतना उलझा हुआ था कि मुझे उन दोनों परिवारों में सुलह का कोई कारण नहीं दिखा। मेरे पिता हमेशा कहते थे कि दु:खद अंत वाली फिल्में नहीं चलतीं। लोग रोना नहीं चाहते। वे वैसे भी अपनी जिंदगी में रोते ही रहते हैं।'' लेकिन इसके बाद दु:खद अंत वाली रोमांटिक प्रेम कहानियों का दौर चलन में आ गया।

फिल्म की हर खराबी उसकी खूबी बन गई या कह सकते हैं कि 'कयामत से कयामत तक' की टीम के अपने काम में भरोसे और फिल्म बनाने की नवीन दृष्टि के प्रति संकल्प ने ऐसा कर दिखाया। इस सुपर हिट फिल्म ने 29 अप्रैल, 2013 को अपने सिल्वर जुबली वर्ष में प्रवेश किया। इस सफलता की खुशी मनाने के लिए आमिर ने उससे एक दिन पहले फिल्म सिटी में प्रेस कॉन्फ्रेंस रखी, जहाँ उन्होंने केक काटा और बीते दिनों का लोकप्रिय गीत 'पापा कहते हैं···' गाकर सुनाया। इसके बाद उन्होंने मुंबई के लाइट बॉक्स थिएटर में फिल्म की विशेष स्क्रीनिंग आयोजित की। इसके बाद नासिर हुसैन के बँगले, जहाँ अब उनके नाती इमरान खान रहते हैं, में पार्टी की गई। उस शाम जूही चावला, मंसूर खान, आनंद-मिलिंद, उदित नारायण, मकरंद देशपांडे, अलका याग्निक, आशा शर्मा, नंदिता ठाकुर, शिवा रंदानी, शहजाद खान और राज जुत्शी के अलावा फिल्म के कास्ट व क्रू से जुड़ा लगभग हर व्यक्ति वहाँ मौजूद था।

'कयामत से कयामत तक' को भारतीय सिनेमा के पिछले 100 वर्षों की सबसे

फोटो—बिल्कुल बाएँ से—'कसेकत' का ग्रुप—गायिका अलका याग्निक (बिल्कुल बाएँ), संगीतकार आनंद-मिलिंद व उदित नारायण (बिल्कुल दाएँ) के साथ आमिर व किरण फिल्म की सिल्वर जुबली के अवसर पर।

मुंबई के फिल्म सिटी में हुए इस कार्यक्रम में मीडिया के बीच एक केक भी काटा गया।

फिल्म 'कयामत से कयामत तक' के मुहूर्त शॉट में आमिर व जूही के साथ ताहिर हुसैन (बिल्कुल बाएँ) और नासिर हुसैन (बिल्कुल दाएँ)।

पिछले पृष्ठ पर—'कसेकत' के 25 वर्ष पूरे होने पर आयोजित पार्टी में आमिर व जूही।

बेहतरीन फिल्मों में से एक माना जाता है। इस फिल्म से सेल्यूलाइड के एक संपूर्ण मनोरंजनकर्ता के साथ ही ऐसे अभिनेता का जन्म हुआ, जिसने हिंदी फिल्म इंडस्ट्री में तहलका मचा दिया।

□

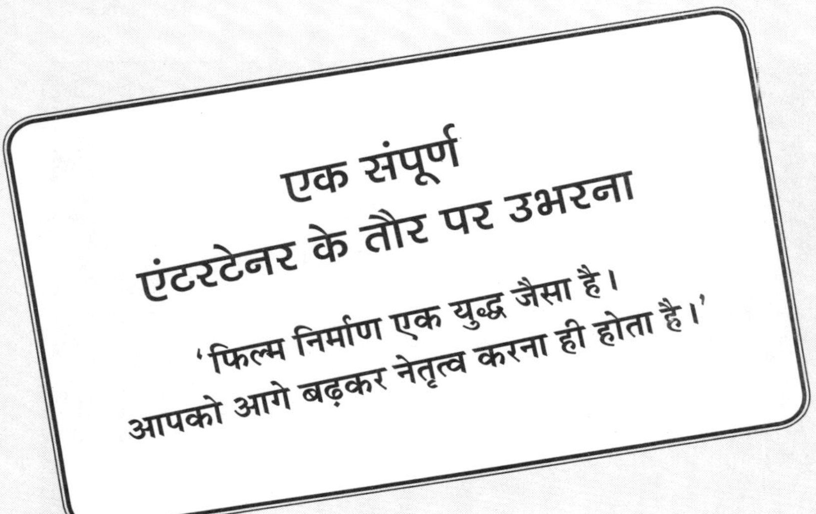

आज आमिर अपनी अधिकतर फिल्मों में अति स्पष्ट अभिनय के लिए जाने जाते हैं। उनका अनुभवसिद्ध नियम है—'एक बार में केवल एक ही फिल्म करना।' उन्होंने अपनी पिछली असफलताओं से सीखकर ही इस शैली को अपनाया है। उनके लिए यह नवीन मंत्र अच्छी तरह काम कर रहा है। हालाँकि धन के लालच से बचने के लिए बहुत अधिक संकल्प-शक्ति चाहिए, जो आमिर के लिए इसलिए मुश्किल नहीं रहा, क्योंकि उन्होंने बहुत पहले मुख्यधारा की ऊटपटाँग, नासमझ मार-काट से दूर रहने का फैसला कर लिया था। आमिर इस इंडस्ट्री में किसी पर निर्भर रहने की जगह अपनी शर्तों पर काम करते हैं। उनकी इसी अति विशिष्टता के चलते उनके प्रशंसकों की संख्या कई लाख हो गई। लोग उन्हें इसलिए प्यार नहीं करते कि वह धैर्यवान्, खूबसूरत या सेक्सी पुरुष हैं, बल्कि वे आमिर को गुणात्मक सिनेमा से जोड़कर देखते हैं और दर्शकों को उनकी फिल्मों में हमेशा सार मिलता है।

सत्ताईस वर्षों से अधिक से फिल्म इंडस्ट्री का हिस्सा रहे इस कलाकार की बतौर निर्माता, निर्देशक और अभिनेता (जरूरी नहीं कि इसी क्रम में ऐसा हो) सही निर्णय लेने की प्रशंसा होती है। इनके कार्यपथ में इस दुष्कर फिल्म इंडस्ट्री के सभी पहलू दिखाई देते हैं। जहाँ एक बाल कलाकार से अपने चाचा के प्रोडक्शन हाउस का किशोर रंगरूट सहायक, निर्माता व निर्देशक तथा रोमांटिक हीरो के तौर पर आमिर ने सभी विभागों में

एक दृश्य फिल्म मन से

सफलता प्राप्त की। अब वह टेलीविजन एंकर भी बन गए हैं।

फिर भी, आमिर के लिए यह सब आसान नहीं था। एक अभिनेता, निर्माता व निर्देशक के रूप में संपूर्ण मनोरंजनकर्ता बनने की उनकी यात्रा में कई उतार-चढ़ाव आए। आज वह जिन विभिन्न विभागों में निपुण हैं, उसे प्राप्त करने में उन्हें कई समस्याओं, भावनात्मक उलझनों, उपलब्धियों और असफलताओं का सामना करना पड़ा। हर पहलू में मिला प्रत्येक अनुभव उनके हर काम में सफलता पाने के उनके प्रयासों का प्रेरणा-स्रोत बना। यह एक ऐसे विलक्षण आदमी की अदम्य इच्छा की कहानी है, जो अपने वर्तमान हालात से उठकर अपने भाग्य का निर्माण कर अपने साथ के लोगों से आगे निकल गया।

इसमें कोई आश्चर्य नहीं कि लोग उन्हें 'परफेक्शनिस्ट' कहते हैं। वह इस नाम से बिल्कुल सहमत नहीं हैं और मानते हैं कि उन्हें यह नाम मीडिया ने दिया है। आमिर ने एक साक्षात्कार में कहा था, ''मुझे लगता है कि परफेक्शन (पूर्णता) जैसी कोई चीज नहीं होती, खासकर सिनेमा जैसे रचनात्मक क्षेत्र में तो बिल्कुल नहीं। रचनात्मक क्षेत्र में काम करने का कोई सटीक तरीका नहीं होता। हम सब कलाकार हैं, जो अपनी भावनाएँ दरशा रहे हैं।'' वो आगे कहते हैं, ''मेरे परिवार में यह मजाक इतना बढ़ गया है कि मेरी

बहन मेरे लिए एक टी-शर्ट लाईं, जिस पर 'मिस्टर परफेक्शनिस्ट' लिखा था। हालाँकि मैं मानता हूँ कि जो भी फिल्म हम बनाते हैं, उसे वास्तविक बनाने की कोशिश में मैं कोई कसर नहीं छोड़ता। मैं पूरे जोश से काम करता हूँ।''

शुरुआती दशा

आमिर फिल्म निर्माताओं के परिवार से थे, इसके बावजूद उनके लिए कठिनाइयाँ कम नहीं रहीं। वह अपने मुँह में सोने का चम्मच लिये पैदा नहीं हुए थे। अपने हालात को देखते हुए उनके पिता ताहिर हुसैन ने यह पहले ही सोच लिया था कि उनके बच्चे उनके जैसा अस्थिर जीवन नहीं बिताएँगे, इसलिए वह फिल्म उद्योग में शामिल नहीं होंगे। अपने चाचा की फिल्म में छोटा सा रोल निभाना और बात है, लेकिन पूरी तरह से एक अभिनेता का पेशा स्वीकार्य नहीं था। ताहिर हुसैन ने एक बार कहा था, ''हम जानते थे (जब आमिर बच्चे थे) कि ये जो भी करेंगे, उसमें सफल रहेंगे।'' लेकिन क्या बतौर अभिनेता वह सफल होंगे? ताहिर जैसा चाहते थे, आमिर वैसा ही करते। लेकिन भाग्य ने आमिर के लिए कुछ और ही सोच रखा था।

जब आमिर बाहरी दुनिया में निकले तो उनके दिमाग के नए आयाम खुले। मुंबई के नरसी मौंजी कॉलेज में 12वीं करते हुए उनका सामना अभिनय जैसी नई पाठ्येतर गतिविधि से हुआ। उस समय फिल्मकार केतन मेहता अपनी फिल्म 'होली' (1984) के लिए नया टैलेंट खोज रहे थे। उन्होंने कुछ छात्रों को ऑडिशन के लिए बुलाया और आशुतोष गोवारिकर एवं आमिर खान समेत कई अन्य लड़कों को चुन लिया। केतन मेहता ने आमिर का काम पहले देखा था और वह उन्हें अपनी फिल्म में मुख्य भूमिका देना चाहते थे। बाद में वह रोल आशुतोष गोवारिकर को मिला, क्योंकि आमिर ने किसी कारण से अपना सिर मुँड़ा लिया था। आमिर ने उस फिल्म में मदन शर्मा का किरदार निभाया। लेकिन इस आज्ञाकारी पुत्र को कैमरे से पहले अपने पिता का सामना करना था। चूँकि यह फिल्म पुणे में शूट होनी थी और वह भी उनकी कॉलेज की छुट्टियों के दौरान, जिससे पढ़ाई प्रभावित नहीं होती, तो उन्हें इसकी इजाजत मिल गई। फिल्म के बाद और वह भी खुद के अभिनय की प्रशंसा होने पर वह अपने परिवार को इसके प्रिव्यू पर ले गए। उनका परिवार स्तब्ध रह गया और उन्होंने इसपर कड़ा रुख अपनाया, जिसने आमिर को हिलाकर रख दिया। उन्हें लगा कि वो उन्हें घर पर आम लड़के के रूप में देखने के इतने अभ्यस्त हैं, कि उन्हें गंजे व्यक्ति के किरदार में देखना उन्हें अच्छा नहीं लगा।

उन दिनों उनके मित्रों के बीच निर्देशक बनने और फिल्म इंस्टीट्यूट में दाखिला लेने की धुन सवार थी। अपनी माँ के अधिक नजदीक रहे आमिर ने उन्हें पुणे के फिल्म और टेलीविजन संस्थान में प्रवेश लेने की अपनी इच्छा से अवगत कराया। उनकी माँ

'राजा हिंदुस्तानी' के एक दृश्य में करिश्मा कपूर को भावपूर्वक गले लगाते आमिर।

जानती थीं कि आमिर के पिता इसके लिए कभी राजी नहीं होंगे। इससे भी बुरी बात यह थी कि आमिर 12वीं के बाद अपनी पढ़ाई जारी नहीं रखना चाहते थे। वह जानते थे कि उन्होंने जिस पेशे को चुना है, उसमें स्नातक होने से कोई मदद नहीं मिलेगी। जब जीनत ने इस बारे में अपने पति से बात की तो शुरुआत में उन्होंने असंतोष जताया लेकिन फिर कुछ सोचकर कहा, ''अगर वो फिल्म इंडस्ट्री से जुड़ना ही चाहता है तो उसे शुरुआत 'नासिर हुसैन फिल्म्स' में बतौर सहायक करनी होगी।'' उनके पिता ने सोचा कि इससे उन्हें प्रोडक्शन के बारे में जानकारी मिलेगी और वह निर्देशन की नस-नस से वाकिफ हो जाएँगे। आमिर ने अपने परिजनों के विरोध को अपने कौशल से जीत लिया था। हालाँकि अभिनय से पैसे कमाने की चुनौती को जीतना अभी भी बाकी था।

अपनी छुट्टियों के दौरान उन्होंने अपने मित्र आदित्य भट्टाचार्य की फिल्म 'राख' में काम किया। यद्यपि यह उनकी पहली फिल्म थी, पर यह उनकी डेब्यू फिल्म के बहुत बाद में रिलीज हुई। वर्ष 1989 में आमिर को फिल्म 'राख' के लिए पहला 'नेशनल अवॉर्ड' (अभिनय के लिए विशेष ज्यूरी अवॉर्ड) मिला। इससे पहले 10वीं के फौरन बाद आमिर ने आदित्य की 40 मिनट की मूक फिल्म 'पेरानोया' में काम किया था,

क्रिकेट क्लब ऑफ इंडिया में फिल्म 'अव्वल नंबर' की शूटिंग पर आमिर को दृश्य समझाते देव आनंद।

जहाँ उन्होंने फिल्म-निर्माण की प्रक्रिया सीखी। आमिर ने इस प्रोजेक्ट में आदित्य का स्पॉट बॉय, सहायक, प्रोडक्शन मैनेजर और इसके बाद अभिनेता के तौर पर हाथ बँटाया।

अभिनय का दौर

स्टारडम थाली में सजाकर नहीं मिलता। 'राख' में किए अभिनय पर मिली वाहवाही के बाद आमिर यह समझ गए कि अभिनेता बनना ही उनकी नियति है। हालाँकि उनकी स्टार बनने की यात्रा सरल नहीं थी। दो फिल्मों में काम करने के बावजूद उन्होंने अपने चाचा के प्रोडक्शन सहायक का काम जारी रखा और अपनी अदाकारी के जौहर दिखाने के लिए सही शुरुआत की प्रतीक्षा करने लगे। उन्हें यह मौका शीघ्र ही मिल गया, जब उनके बैनर ने 'कयामत से कयामत तक' के लिए नए चेहरों की तलाश शुरू की। इस फिल्म के रिलीज होने के साथ ही आमिर खान का जीवन पूरी तरह से बदल गया।

बतौर हीरो उनकी माँग बढ़ गई। स्वाभाविक ही है कि कई निर्माता आमिर-जूही की इस नई जोड़ी को भुनाना चाहते थे। आमिर के दरवाजे पर निर्माताओं की कतार लग गई और उन्होंने आवेश में आकर बिना अधिक विचार करे, बहुत सी फिल्में साइन कर लीं। जल्द ही वह अभिनेता के रूप में एक शिफ्ट से दूसरी में चकरघिन्नी की तरह घूमने लगे। ऐसा छह महीने तक चलता रहा। तभी उनकी फिल्में 'लव लव लव' (1989) एवं 'अव्वल नंबर' (1990) फ्लॉप हो गईं और धीरे-धीरे दर्शकों के सिर से उनका जादू उतरने लगा। उनके स्टारडम के शुरुआती गुब्बारे की हवा निकलने लगी। वह चॉकलेट बॉय, जिसने करोड़ों युवा दिलों को पिघला दिया था, अब उनसे निगला भी नहीं जा रहा

था। उनकी हर फिल्म एक नया बम साबित होती। गुलदस्ते पत्थरों में तब्दील हो गए और पार्टी अब समाप्त हो गई थीं। उन्हें साइन करने की इच्छा रखनेवाले निर्माताओं की संख्या घटने लगी। लेकिन आमिर ने यह गलती कभी भी किसी और के सिर नहीं मढ़ी। वह जानते थे कि यह पूरी तरह से उनकी गलती है और उन्हें इसकी जिम्मेदारी लेनी ही होगी। 'फिल्मफेयर' को दिए एक साक्षात्कार में उन्होंने कहा कि 'वो मानते हैं कि एक दर्शक के तौर पर उनकी 'राख', 'अव्वल नंबर', 'इसी का नाम जिंदगी' (1992) और 'दौलत की जंग' (1992) जैसी कुछ फिल्मों को देखकर मजा नहीं आया। लेकिन चूँकि वो इन फिल्मों का हिस्सा रहे थे, इसलिए वह मानते हैं कि इसमें वो भी उतने ही दोषी हैं, जितना फिल्म से जुड़ा कोई भी अन्य व्यक्ति। 'तहलका' पत्रिका के लिए शोमा चौधरी को दिए एक अन्य साक्षात्कार में उन्होंने बताया, "जब मेरी पहली फिल्म 'कयामत से कयामत तक' रिलीज होकर सफल हुई तो मुझ पर अचानक दबाव बढ़ गया। 20–30 फिल्में साइन के लिए तैयार थीं, जिनमें से 9 मैंने साइन कर लीं। मैं जिन निर्देशकों को पसंद करता था, उन्होंने मुझे कोई फिल्म ऑफर नहीं की तो मुझे जो भी मिलीं, मैंने उन्हीं में गोता मार दिया। जब शूटिंग शुरू हुई तो मुझे दो बातें समझ में आईं। पहली, एक साथ 9 फिल्मों की शूटिंग करना गलत निर्णय था; दूसरी, किसी भी फिल्म के निर्माण में सबसे महत्त्वपूर्ण पहलू निर्देशक होता है।"

जब आमिर को तत्कालीन व्यवस्था ने किनारे कर दिया था, तब कुछ नए चेहरे दर्शकों के दिलों पर राज करने लगे। वर्ष 1989 में सलमान खान ने राजश्री प्रोडक्शंस की फिल्म 'मैंने प्यार किया' द्वारा पूरी धमक के साथ प्रवेश किया। वह रातोरात प्रसिद्ध हो गए। अच्छी प्रेम कहानियाँ अभी भी माँग में थीं और सलमान को उसका लाभ मिला। वो दिखने में आमिर जैसे प्यारे से स्टार नहीं थे तो क्या हुआ! वह बहुत दिलकश एक्शन हीरो थे। सलमान की पारिवारिक पृष्ठभूमि भी आमिर जैसी ही थी। उनके पिता सलीम खान '70–80 के दशक के दिग्गज लेखक थे, जिनकी लिखी प्रसिद्ध फिल्मों में अमिताभ बच्चन व अन्य बड़े अभिनेताओं ने काम किया था।

आमिर समझ गए कि अभिनेता के तौर पर स्थायी कॅरियर बनाने के लिए उन्हें सही चालें चलनी होंगी। उन्होंने बड़ी परेशानियाँ झेलने के बाद यह सीखा था। उन्होंने एक बार कहा था, "फिल्म बनाना एक युद्ध लड़ने जैसा है। आपको आगे बढ़कर नेतृत्व करना होता है। निर्देशक एक जनरल जैसा होता है। वही आपको सफलता दिला सकता है…" लेकिन ये वो दिन थे, जब उनकी फिर से वापसी की कोशिशें असफल हो रही थीं। इसलिए उन्होंने अपनी गलती खोजने के लिए कुछ समय का ब्रेक ले लिया। वह जानते थे कि एक खराब निर्देशक अच्छी पटकथा को भी बिगाड़ देता है। इस दौर में उनकी पहली पत्नी रीना ने उनका खूब साथ दिया।

'इसी का नाम जिंदगी' के शूट पर फरहा नाज (खान) के साथ आमिर।

जिस समय आमिर अपने कॅरियर के उतार पर थे, उसी दौरान एक अन्य हीरो ने अपनी जगह बनानी शुरू कर दी। शाहरुख खान ने अपनी जीवंत ऊर्जा को बड़े परदे पर दरशाया और एक नए सितारे के रूप में उभरते हुए सलमान खान के लिए भी खतरा बन गए। ऐसे समय पर आमिर ने यह फैसला किया कि अब से वे वही फिल्में करेंगे, जिनके लिए उनका दिल गवाही देगा और इसके साथ ही वह पटकथा पर भी पूरा ध्यान देंगे।

वर्ष 1990 में इंद्र कुमार ने आमिर को एक ऑफर दिया। वो एकल हीरो फिल्म 'दिल' का निर्माण कर रहे थे, जिसमें माधुरी दीक्षित भी थीं। इस फिल्म से आमिर को इंडस्ट्री में अपना रुतबा फिर से हासिल करने में मदद मिली। यह फिल्म आज भी उनकी कई बेहतरीन फिल्मों में से एक है। शुरुआत में इंद्र कुमार इस बात पर आश्वस्त नहीं थे कि आमिर उस फिल्म के कुछ भावनात्मक दृश्यों को ठीक से निभा सकेंगे, लेकिन वो यह देखकर बहुत खुश हुए कि आमिर तेजी से सीखते हैं और उन्होंने शानदार अभिनय किया। आमिर एक फिल्म निर्माता के तौर पर इंद्र कुमार का बहुत सम्मान करते हैं और उन्हें अपना कॅरियर बचाने का श्रेय देते हैं, क्योंकि 'दिल' ने आमिर को एक बार फिर मौका दिया।

हालाँकि 'दिल' के बाद उनके फिर दो गलत चयनों—'दीवाना मुझसा नहीं'

'दिल' के रोमांटिक दृश्य में माधुरी के साथ आमिर।

(1990) और 'जवानी जिंदाबाद' (1990) ने उनके कॅरियर को फिर उतार पर ढकेल दिया। 'दि इलस्ट्रेड वीकली ऑफ इंडिया' को दिए एक साक्षात्कार में उन्होंने याद करते हुए बताया, ''फिल्म बनने के दौरान ही फिल्म की नायिका फरहा (नाज) के साथ मुझे सहज नहीं लगा, बल्कि मुझे लगता कि मैं वो बड़ा भाई हूँ, जिसके कंधों पर उसके परिवार की जिम्मेदारी है। फिर भी, मुझे नहीं लगता कि फिल्म की नाकामयाबी के पीछे फरहा और मेरी एक जोड़ी के रूप में विफलता थी। तकनीकी तौर पर उस फिल्म को और बेहतर किया जा सकता था।'' इस अनुभव ने उन्हें अपनी नायिकाओं को चुनने के प्रति भी सचेत कर दिया। कुछ समय बाद निर्माता गुलशन कुमार के साथ मिलकर महेश भट्ट एक हॉलीवुड फिल्म का रूपांतर करना चाहते थे। यद्यपि महेश भट्ट के साथ काम करने को लेकर आमिर बहुत उत्सुक थे, फिर भी, भट्ट के इस नए काम के प्रति उन्हें नकारात्मक अहसास होने लगा। जब आमिर ने अपनी पत्नी से इस संबंध में बात की तो उन्होंने आमिर से अपने दिल की सुनने को कहा।

आमिर खुद को लंबी रेस का घोड़ा दिखाना चाहते थे, इसलिए वह इस अपरंपरागत निर्देशक व निर्माता से मिलने गए और इस अमेरिकी रोमांटिक कॉमेडी

'इट हैप्पनड वन नाइट' के भारतीय वर्जन में काम करने की इच्छा जताई। महेश को यह विचार पसंद आया और उन्होंने इस विचित्र प्रेम कहानी को 'दिल है कि मानता नहीं' का नाम दिया। जल्द ही आमिर अतिरिक्त आत्मविश्वास के साथ फिर मैदान में आ गए। उनकी यह फिल्म उनकी डेब्यू फिल्म की तरह दिलों में आग तो नहीं लगा सकी, लेकिन कमाई अच्छी कर गई। आज भी इस फिल्म के गीत गुनगुनाने लायक हैं। महेश मानते हैं कि आमिर में सीखा हुआ भूलने के साहस के साथ खुद में लगातार बदलाव लाने की हिम्मत भी है। उनकी यही अदा सबसे प्रीतिकर है। इस फिल्म की संतोषजनक रिपोर्ट मिलने पर आमिर ने आगे से फिल्में चुनने में और अधिक सावधानी बरतने का निश्चय किया।

वर्ष 1992 में रिलीज हुई तीन फिल्मों में से 'जो जीता वही सिकंदर' को बॉक्स ऑफिस पर अन्य फिल्मों से अच्छी प्रतिक्रिया मिली। यह फिल्म आमिर के चचेरे भाई मंसूर ने निर्देशित की थी। इस फिल्म के साथ कई दुःखद घटनाएँ भी जुड़ी थीं। फिल्म के लगभग 60-70 फीसदी हिस्से की शूटिंग फिर से की गई और मुख्य नायिकाओं को कई बार विभिन्न कारणों से बदलना पड़ा। इन सब घटनाओं का असर आमिर पर भी पड़ा, क्योंकि उनके दोनों लड़कियों के साथ बहुत से दृश्य थे। आमिर बताते हैं, ''एक अभिनेता के तौर पर मेरे लिए यह धरती के डाँवाँडोल होने जैसा था, क्योंकि मैंने इसमें पहली बार अपना बेहतरीन काम करते हुए जादुई पल बिताए थे।'' फिल्मों

'धूम-3' के वाणिज्यिक लॉन्च पर आमिर, जहाँ इससे संबंधित गेम व डॉल्स पेश की गईं।

के मामले में आमिर के बहुत चुनिंदा होने के पीछे की घटनाओं में एक घटना यह भी रही। लेकिन प्रगति की राह में उन्हें ऐसी समस्याओं का सामना करना ही था। वह समझ गए कि यदि पूरी सावधानी से चुनी गई ये पटकथाएँ बॉक्स ऑफिस पर नहीं चलीं तो इसका असर उनकी स्टार रेटिंग पर भी होगा। लेकिन उन्हें खुद पर भरोसा था और यह विश्वास भी था कि उनके फैसले एक दिन उन्हें सफलता जरूर दिलाएँगे। और ऐसा ही हुआ, जिसका लाभ उन्हें तथा उनको समर्थन देनेवाले सभी लोगों तक हुआ।

एक अभिनेता के तौर पर टॉप स्लॉट में बने रहने के लिए आमिर को शतरंज के कुशल खिलाड़ी की तरह चालें चलनी थीं। उन्होंने इस बात से कभी इनकार नहीं किया कि वह सबसे बेहतर बनना चाहते थे और अब उनका ध्यान केवल अपने लक्ष्य को प्राप्त करने पर था। यदि वह शतरंज और टेनिस में अपने विरोधियों को हरा सकते थे तो उनमें अपनी पूरी चतुराई से अपने अभिनय कॅरियर की दिशा तय करने की क्षमता भी मौजूद थी। अब उन्हें केवल सबसे बेहतर को ही चुनना था। जहाँ अन्य स्टार बड़े बैनरों के साथ पटरी बैठाने पर आश्रित थे, आमिर शतरंज के किसी ग्रैंडमास्टर की तरह अपना खोया इलाका वापस पाने को अग्रसर थे। आमिर बड़े परदे पर केवल चॉकलेट हीरो का किरदार निभाने में फँसना नहीं चाहते थे। वो हीरोइन के साथ पेड़ों के इर्द-गिर्द रोमांस करने से आगे बढ़ना चाहते थे। तब उन्होंने नई सोचवाले नए फिल्म निर्माताओं की पटकथाएँ सुननी शुरू कर दीं। इसके साथ ही उन्होंने उन बची हुई फिल्मों को निपटाना भी शुरू कर दिया, जो उन्होंने जल्दबाजी में साइन कर ली थीं; क्योंकि वो किसी भी निर्माता को मँझधार में नहीं छोड़ना चाहते थे।

इन असफलताओं से आमिर ने बहुत कुछ सीखा। अब वह किसी भी फिल्म का पहला दृश्य फिल्माने से पहले उसके पूरे कथानक की जानकारी लेते। नए संकल्प के साथ शुरुआत करने पर वह जानते थे कि इसमें कई बाधाएँ भी आएँगी। वर्ष 1993 में जब 'यश राज फिल्म्स' ने उन्हें रोल ऑफर किया तो उन्होंने फिल्म के दोनों नायकों के बारे में जानकारी चाही। उनकी यह विनती नहीं मानी गई, इसलिए आमिर ने वह प्रोजेक्ट नहीं किया। वो फिल्म 'डर' (1993) थी। बाद में वह रोल शाहरुख खान ने निभाया। फिल्म बहुत बड़ी हिट साबित हुई। लेकिन आमिर को इस प्रोजेक्ट के लिए न कहने के अपने निर्णय पर कोई दु:ख नहीं हुआ। उसी वर्ष उन्होंने यश चोपड़ा द्वारा निर्देशित 'परंपरा' और महेश भट्ट के निर्देशन में 'हम हैं राही प्यार के' में काम किया। दूसरी वाली फिल्म जबरदस्त हिट रही और एक बार फिर जूही के साथ उनकी जोड़ी बन गई। यह फिल्म वर्ष 1958 में हॉलीवुड में बनी सोफिया लॉरेन और कैरी ग्रांट अभिनीत रोमांटिक कॉमेडी 'हाउसबोट' पर आधारित थी, जिसमें ड्रामा और पारिवारिक मूल्य शामिल थे। आमिर के पिता द्वारा निर्मित इस फिल्म के लिए ताहिर हुसैन को वर्ष

1994 में उनका पहला 'फिल्मफेयर अवॉर्ड' मिला। फिल्म की नायिका जूही को भी उनका अब तक टलता रहा पहला 'फिल्मफेयर अवॉर्ड' मिला। मीनाक्षी शेषाद्रि की 'दामिनी' और डिंपल कपाड़िया की 'रुदाली' को कड़ी टक्कर देते हुए जूही ने 'हम हैं राही प्यार के' में अपनी निर्दोष कॉमिक टाइमिंग और प्रभावशाली अभिनय के बल पर फिल्मफेयर का 'सर्वश्रेष्ठ अभिनेत्री पुरस्कार' प्राप्त किया। जूही को यकीन नहीं हुआ कि उन्हें उस फिल्म के लिए अवॉर्ड मिला है, जिसकी शूटिंग उनके लिए पिकनिक जैसी थी; बल्कि उन दिनों तो कॉमेडी फिल्मों को बहुत गंभीरता से लिया भी नहीं जाता था।

'जो जीता वही सिकंदर' के प्रचार से जुड़ी साइकिल रेस के खत्म होने पर अपनी टी-शर्ट व टोपी उतारते हुए।

एक बार फिर सफलता

बहुत कम लोगों को अपनी गलती सुधारने के लिए दूसरा मौका मिलता है। आमिर इस मामले में सौभाग्यशाली रहे, क्योंकि उन्हें इसके लिए एक से कहीं अधिक मौके मिले। वह समझ गए कि यदि उन्हें इस बिजनेस में बने रहना है तो उन्हें खुद को पुनः परिभाषित करना होगा। दूसरे के लिए जो सही था, वह निश्चित रूप से उनके लिए नहीं था। उन्हें पता था कि दूसरे अभिनेताओं की तरह वे एक साथ दस या बारह फिल्में नहीं कर सकते। जो प्रोजेक्ट वह कर रहे हैं, उन्हें उसमें पूरी तरह से डूब जाना होगा।

यह समय उनके कॅरियर का महत्त्वपूर्ण मोड़ था—और इसी ने उन्हें वह बनाया, जो वे आज हैं—एक स्टार, जो आदर के योग्य है।

उम्र के इस दौर में आमिर खान को 'दखलंदाज' का उपनाम भी मिला। हालाँकि जिन भी निर्माता व निर्देशकों के साथ उन्होंने काम किया है, वे इस बात से सहमत नहीं हैं। वो हमेशा अनुशासित रहते हैं, सेट पर सही समय पर आते हैं, कोई स्टार जैसा नखरा नहीं दिखाते और जो भी कहा जाए, वो करते हैं। उनकी बुद्धिमत्ता की तरह उनका अनुशासन भी प्रशंसनीय है। लेकिन अब वो विशिष्ट नई माँग करते हैं। अब वो शूटिंग

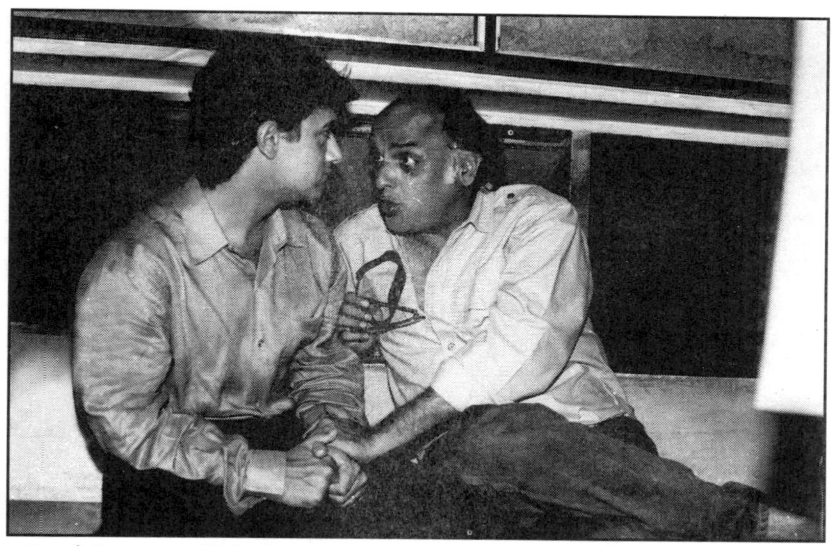

'दिल है कि मानता नहीं' के दौरान एक दृश्य पर महेश भट्ट के साथ गहन चर्चा करते हुए आमिर।

शुरू होने से पहले ही फिल्म से प्रतिबद्ध पटकथा की बात करते हैं। अब वो सुनी हुई कहानी पर ही डटे रहने का दुराग्रह करते हैं। इसी दौरान उनकी कुछ अन्य उल्लेखनीय फिल्में रिलीज हुईं, जिनमें वर्ष 1994 में रिलीज हुई राजकुमार संतोषी की फिल्म 'अंदाज अपना-अपना' में उन्होंने सलमान खान के साथ जोड़ी बनाई। यह फिल्म तत्कालीन दर्शकों को पसंद नहीं आई। इसके बाद इन दोनों अभिनेताओं ने कभी एक साथ काम नहीं किया। एक हालिया साक्षात्कार में आमिर ने कहा, " 'अंदाज अपना-अपना' मेरी सबसे पसंदीदा फिल्मों में से एक है। यह मेरे दिल के बहुत करीब है। सलमान के साथ काम करना अच्छा अनुभव रहा और यदि भविष्य में कोई पटकथा हम दोनों को अच्छी लगेगी तो हमें साथ काम करने में खुशी होगी।" समय बीतने के साथ ही राजकुमार संतोषी निर्देशित यह कॉमेडी फिल्म उत्कृष्ट कृतियों में शामिल हो गई।

निर्देशक का कट!

यदि निर्देशकों की बात करें तो यह जानना मजेदार रहेगा कि उन्होंने ऐसे अभिनेता को किस तरह समझाया होगा, जो फिल्म में सिर्फ अपने ही नहीं, बल्कि साथी कलाकारों के रोल से; शॉट कैसे लिया जाए; इसका शूटिंग फिल्म की शूटिंग एवं एडिटिंग पर क्या प्रभाव होगा, से भी सरोकार रखे। आमिर जिस भी सेट पर शूटिंग कर रहे होते, वहाँ तर्क-वितर्क, विवाद, विचार तथा 'एक और शॉट लेते हैं सर' जैसी बातें अजीब नहीं

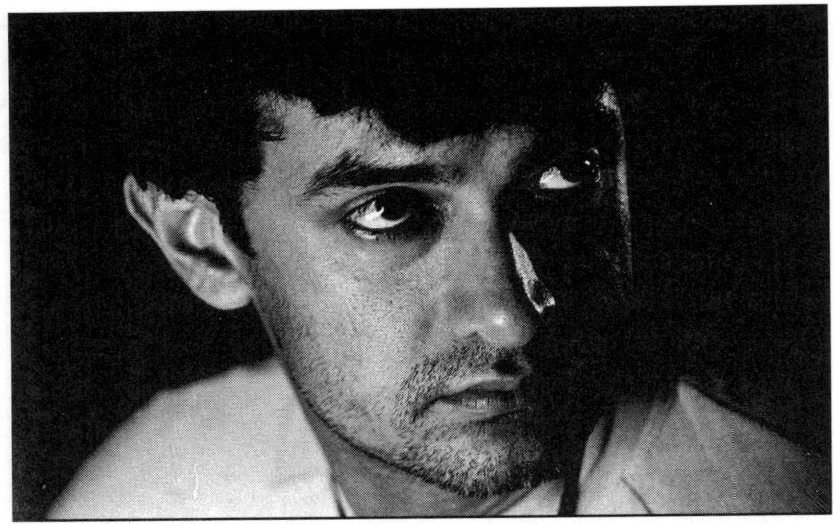

'गुलाम' के 'आती क्या खंडाला' की शूटिंग पर आमिर।

रह जाती थीं। इस नवनिर्मित दृष्टिकोण से उनके कॅरियर को सार्थक मोड़ मिला। उन दिनों आमिर को बॉक्स ऑफिस पर पुनर्जीवन देनेवाले महेश भट्ट ने भविष्यवाणी की, ''आनेवाले वर्षों में आमिर शोबिज की प्रथम पंक्ति में आकर एक बेहद टिकाऊ वस्तु बन जाएँगे।'' उनकी बात सही निकली। उन्होंने जनवरी 1991 में यह बात कही और आज उनके शब्द स्वर्णाक्षरों में लिखे जाने योग्य हैं। आमिर ने सामर्थ्य बढ़ने के साथ ही मनोरंजन उद्योग को नया अर्थ प्रदान किया। एक अन्य निर्देशक राजकुमार संतोषी, जिनके साथ आमिर ने 'अंदाज अपना-अपना' की थी, कहते हैं, ''आमिर सेट पर ऐंठ नहीं, अपनी राय जताते थे। उनके फिल्मों के चयन में भी यही आत्मविश्वास झलकता है। वो रचनात्मक सुझाव देते हैं, और मुझे लगता है कि कुछ ही वर्षों में आमिर निर्देशन के क्षेत्र में भी उतर जाएँगे।'' मंसूर भले ही अब इस प्रश्न को टाल जाते हों, लेकिन जब आमिर उनके निर्देशन में काम कर रहे थे, तब उन्होंने कहा था कि ''आमिर बहुत जल्दी सीखते हैं और वे दिनोंदिन और बेहतर होते जा रहे हैं। आमिर रोमांटिक हीरो से आगे बढ़कर विविध चरित्र निभा रहे हैं। उनमें तत्कालीन वातावरण में ढल जाने की पूरी क्षमता है।''

इसके बाद से आमिर अपनी हर फिल्म में निभाए गए किरदार का नया पहलू सामने लाते हैं। वर्ष 1990 में इस सितारे ने 'अफसाना प्यार का', 'दौलत की जंग', 'इसी का नाम जिंदगी' और 'टाइम मशीन' (जिसका निर्माण टल गया) साइन कीं। इस बीच उन्होंने 'रंगीला' (1995), 'अकेले हम अकेले तुम' (1995), 'राजा हिंदुस्तानी' (1996) और

'इश्क' (1997) जैसी कुछ दिलचस्प फिल्मों में भी काम किया। इनमें प्रत्येक फिल्म में आमिर का अलग किस्म का रोल था। अब वो केवल हीरोइन से रोमांस करनेवाले चॉकलेट हीरो ही नहीं थे। 'रंगीला' के उनके टपोरी रूप की खूब सराहना हुई और यह रोल उन्हें अपने प्रतिस्पर्धियों से एक कदम आगे ले गया। पेशेवर रुख पर कायम रहने के बावजूद आमिर ने व्यक्तिगत संबंधों के चलते अपने मित्रों की बनाई कुछ फिल्मों में काम किया। आशुतोष गोवारिकर की पिछली फिल्म 'पहला नशा' असफल रही थी। बावजूद इसके आमिर ने आशुतोष की फिल्म 'बाजी' (1995) में काम करना स्वीकारा और इसमें नवोदित अभिनेत्री ममता कुलकर्णी के साथ जोड़ी बनाई। फिल्म बॉक्स ऑफिस पर सफल नहीं रही। लेकिन इससे आमिर का ध्यान भंग नहीं हुआ। वह अब भी अपना रोल चुनते हुए उतनी ही सावधानी बरतते। उन्हें अभी अन्य दो खानों—सलमान व शाहरुख जितनी व्यावसायिक सफलता प्राप्त करनी थी। आमिर ने उन जैसा ही काम करने की जगह नया रास्ता पकड़ा। उन्होंने उन निर्देशकों पर ध्यान केंद्रित किया, जिनके पास समसामयिक व चुनौतीपूर्ण विचारोंवाली फिल्में थीं और फिर उनके साथ मिलकर उन्होंने एक के बाद एक सफल फिल्में दीं।

वर्ष 1998 में महेश भट्ट ने आमिर को फिल्म 'गुलाम' के लिए साइन किया। इस फिल्म में उनके साथ रानी मुखर्जी थीं, जिन्होंने इससे पहले मात्र एक ही फिल्म की थी। फिल्म बॉक्स ऑफिस पर औसत सफल रही; लेकिन दर्शकों को इस फिल्म में आमिर का अपरंपरागत रोल देखने को मिला। थिएटर से निकलने वाले अधिकांश लोग उनके अभिनय से अभिभूत हुए। आमिर ने इस फिल्म में पहली बार अपनी आवाज में एक

'दिल्ली बेली' में डिस्को फाइटर के रूप में 'आई हेट यू' (लाइक आइ लव यू) गाते हुए।

गीत गाया। वह इस गीत की तब तक रिहर्सल करते रहे, जब तक वे सुर में नहीं आ गए। लेकिन उन्होंने किस मजबूरी में ऐसा किया ? इस फिल्म का किरदार गाने में अभ्यस्त नहीं है, इसलिए किसी नियमित पार्श्व गायक का उपयोग सही विचार नहीं था। गाने में अपनी अप्रशिक्षित आवाज का प्रयोग करना अधिक वास्तविक लगेगा। यह तर्क काम कर गया। जल्द ही 'आती क्या खंडाला' गीत संगीत-प्रेमियों की जुबान पर चढ़ गया। शायद यह विधि का विधान था। अंततः आमिर ने 'द फ्री प्रेस जर्नल' से एक बार कहा था, "मुझे गाना पसंद है, क्योंकि इससे मेरा मूड अच्छा रहता है। यह मेरे आस-पास के लोगों को जरूर परेशान करता है, लेकिन मुझे बहुत प्रसन्नता देता है।" इसके साथ ही आमिर ने अपनी हर आनेवाली फिल्म के साथ एक नया पत्ता खोलने का मन बना लिया। खुद को दुर्लभ बनाना और कम फिल्में करना उनकी इसी रणनीति का हिस्सा है।

उसी वर्ष आमिर ने दीपा मेहता की फिल्म 'अर्थ' में काम किया। इसकी कहानी बापसी सिध्वा की मशहूर पुस्तक 'आइस कैंडी मैन' (एक अन्य नाम 'क्रैकिंग इंडिया') से ली गई थी। भारत-विभाजन से पूर्व की पृष्ठभूमि पर बनी इस फिल्म में उन्होंने कैंडी बेचनेवाले दिल नवाज का किरदार निभाया। इनकी इस फिल्म का किरदार आमिर की अपनी छवि और फिल्म 'गुलाम' में निभाए किरदार सिद्धार्थ से बिल्कुल उलट था। कभी मुसकान बिखेरते और कभी गुस्से से भरे, सुरमा लगी आँखोंवाले इस मुसलिम किरदार ने आमिर को एक कपटी व नकारात्मक रूप दिया। आमिर याद करते हुए बताते हैं कि यह फिल्म देखकर उनकी बहन ने उन्हें न्यू जर्सी से फोन किया और खूब रोई। उनकी बहन विश्वास नहीं कर पाईं कि उनके प्यारे भाई ने कैसे इस निष्ठुर व बदमाशी से भरपूर चरित्र को इतने प्रभावी ढंग से निभाया! दोनों ही फिल्मों में उनके काम की प्रशंसा हुई। ऐसा

'रूप की रानी चोरों का राजा' के एक गीत में आमिर की प्रिय अभिनेत्री श्रीदेवी।

लगा कि उन्होंने व्यावसायिक व समानांतर सिनेमा में संतुलन साध लिया है। इन फिल्मों ने उन्हें वैविध्यपूर्ण अभिनेता के रूप में स्थापित किया। उनकी नीति उनके पक्ष में काम करती दिख रही थी। समीक्षकों ने भी प्रशंसा की, जिसने उनके कार्य कोष को और भी संपन्न बना दिया। इस समय उनसे मुँह मोड़ चुके निर्माता भी उन्हें साइन करने को आतुर थे। लेकिन अब उन सब को अपनी बारी की प्रतीक्षा करनी थी। यह 'ग्रैंडमास्टर' अब बहुत खूबी से अपनी चाल चल रहा था, जिससे उनके समकालीन प्रतिस्पर्धियों का ध्यान भी उन्हीं की ओर हो गया। उन्हें अपनी कार्यनीति, चरित्रों को वास्तविक बनाना और कड़ी तैयारी के सकारात्मक परिणाम मिलने शुरू हो गए।

अब इस अभिनेता की प्राथमिकता स्पष्ट दृष्टिकोणवाले निर्देशकों के साथ ही काम करने की थी। वर्तमान पीढ़ी के स्वप्नदर्शियों के साथ फिल्में करना इन्हें सुविधापूर्ण लगा। इन्हीं लोगों में आमिर की कुछ फिल्मों में सहायक निर्देशक रहे और विज्ञापन जगत् से जुड़े जॉन मैथ्यू मथान भी शामिल थे, जिन्हें इस अभिनेता को वर्ष 1999 में रिलीज हुई अपनी पहली फिल्म 'सरफरोश' के लिए साइन करने हेतु लंबी प्रतीक्षा करनी पड़ी। आमिर को इस फिल्म की पटकथा और अपना किरदार ए.सी.पी. अजय सिंह राठौड़ पसंद आया; लेकिन उन्हें फिल्म निर्देशक के तौर पर जॉन की क्षमता पर संदेह था। उन्होंने यह पटकथा खरीदनी चाही, लेकिन जॉन के इनकार करने पर आमिर ने जॉन को अपनी तारीखों के लिए प्रतीक्षा करने को कहा, जिससे इस दौरान वह जॉन के कार्य को परख सकें। जॉन ने इस फिल्म में पहली बार आमिर के साथ सोनाली बेंद्रे की जोड़ी बनाई। इनके अतिरिक्त, उन्होंने नसीरुद्दीन शाह जैसे अन्य बेहतरीन अदाकारों को भी फिल्म में लिया। इस फिल्म का विषय सीमा पर आतंकवादी गतिविधियों पर आधारित था, जिसमें इस अभिनेता का अलग ही रंग दिखा। आमिर ने वरदी में न होते हुए भी एसीपी राठौड़ के किरदार को बाखूबी निभाया। आमिर ने स्पष्ट किया, 'मुझे 'सरफरोश' का विषय इसलिए अच्छा लगा, क्योंकि मुख्यधारा की इस फिल्म में हिंदू व मुसलमानों के साथ रहने का मुद्दा उठाया जा रहा था।' दूसरे शब्दों में, उन्होंने कहा कि वो कुछ लोगों द्वारा फैलाई जा रही नकारात्मकता का जवाब इस फिल्म द्वारा देना चाहते थे। इस फिल्म से वो नकारात्मकता से टक्कर लेने की जगह सकारात्मकता को बढ़ाना चाहते थे। इस फिल्म के गाने बेहतरीन थे, जिनमें देशभक्ति की झलक थी; ये उस वर्ष की सबसे बड़ी हिट फिल्म रही। जब आमिर से उनकी फिल्मों के सीक्वल के बारे में पूछा जाता है तो वो दो फिल्मों का नाम लेते हैं—'सरफरोश' और 'अंदाज अपना-अपना,' क्योंकि ये दोनों ही मनोरंजक अंत वाली बेहतरीन फिल्में थीं।

आमिर की साख बढ़ने के साथ ही उनके आत्मविश्वास में भी वृद्धि हुई। उन्होंने इंडस्ट्री में अपनी जगह बना ली, जबकि अन्य अभिनेता अभी इंडस्ट्री के पुराने नुस्खों से ही चिपके हुए थे। जहाँ अन्य अभिनेता अपनी स्टार छवि द्वारा इंडस्ट्री का शोषण कर रहे

थे, वहीं आमिर ने ऐसा उदाहरण पेश किया था, जो नई पीढ़ी के अभिनेताओं के लिए अनुकरणीय है।

आमिर कभी किसी अभिनेत्री के साथ हिट जोड़ी बनाने में नहीं फँसे, इनमें उनकी करीबी मित्र जूही चावला भी शामिल थीं। आमिर ने वर्ष 1995 में 'फिल्मफेयर' को दिए एक साक्षात्कार में कहा, 'जूही मेरे सबसे करीबी मित्रों में से हैं। हम एक-दूसरे के मेकअप के कमरों में कई घंटे साथ बिताते हैं। कुत्सिक सोचवालों की हमें जरा भी परवाह नहीं।' उन्होंने अपने निजी व पेशेवर जीवन में बहुत अच्छा संतुलन बनाए रखा। उन्होंने रवीना टंडन, करिश्मा कपूर और आयशा जुल्का जैसी नवोदित अभिनेत्रियों के साथ काम करने में कभी झिझक महसूस नहीं की। एक बार जब उनसे पूछा गया कि वो किस हीरोइन के साथ काम करने को इच्छुक हैं, तो उन्होंने तुरंत उत्तर दिया, 'श्रीदेवी!' उन्होंने एक बार उल्लेख किया था कि वो चाहते हैं कि उनकी सभी फिल्मों में हीरोइन श्रीदेवी ही हों। 'फिल्मफेयर' को 1998 में दिए एक साक्षात्कार में उन्होंने कहा, 'मुझे वो बहुत पसंद हैं। मैं उनके साथ 'समर ऑफ 42' करना चाहता हूँ। शायद आगे मुझे कभी यह मौका मिल सके।' लेकिन इन दोनों ने कभी भी किसी फिल्म में एक साथ काम नहीं किया। श्रीदेवी अभी हाल ही में आमिर के टेलीविजन शो 'सत्यमेव जयते' में दिखाई दीं।

नई सहस्राब्दी में आमिर की प्रतिष्ठा तीन गुना बढ़ गई है। बतौर अभिनेता वह एक के बाद एक उपलब्धियाँ प्राप्त कर रहे हैं। वो सही पटकथाओं व रोल का चुनाव कर अपनी प्रत्येक फिल्म से अपनी छवि बदल देते हैं। पुनर्निर्माण किसी के लिए भी सरल नहीं होता, क्योंकि इसमें कई तरह के जोखिम शामिल रहते हैं। लेकिन आमिर इसके अभ्यस्त हो गए हैं और उन्हें अपनी हर फिल्म में ऐसा करके प्रसन्नता मिलती है, ''यदि किसी अभिनेता ने सबसे अधिक जोखिम लिये हैं तो वो मैं हूँ। मैंने ऐसी कई फिल्में की हैं, जो पूरी तरह धारा के विपरीत थीं। अधिकांश स्टार उसी छवि में काम करना चाहते हैं, जो वे जानते हैं कि दर्शकों को पसंद आएगी। मैं उन बहुत थोड़े से लोगों में हूँ, जिन्होंने इस भ्रांति को तोड़ने का प्रयास किया और इसे तोड़ भी डाला। मेरी फिल्मों में लोगों को परदे पर आमिर नहीं बल्कि मेरा किरदार दिखता है।'' उनके लिए भुवन (लगान) की छवि आकाश (दिल चाहता है) या 'सरफरोश' के इंस्पेक्टर राठौड़ से बिल्कुल अलग है। उनके पिता यह जानकर बहुत खुश होंगे कि जो सफलता उनके हाथ नहीं लगी, वो उनके पुत्र को विपुल मात्रा में प्राप्त हुई है। उनके जीवन में 'लगान' एक और निर्णायक घटना रही। यह भारतीय फिल्म उद्योग के इतिहास की एक और उत्कृष्ट कृति बन सकी। उनकी निर्माता-अभिनेता के रूप में बढ़त में इस बात का उल्लेख आवश्यक है।

□

लगान : पहली बार निर्माता बनने की वेदना

''मैंने आशुतोष से सिर्फ एक बात कही थी—समझौता मत करना। मुझे बाद में यह नहीं सुनना कि 'काश, मेरे पास यह और होता!' तुम्हें जो भी चाहिए, तुम्हें वो मिलेगा।''

'लगान' में क्रिकेट मैच जीतने के बाद उल्लसित किरदारों का एक दृश्य।
पिछले पृष्ठ पर—'टाटा स्काई' की प्रेस कॉन्फ्रेंस में आमिर।

अंतरराष्ट्रीय मीडिया इसे अब तक बनी सबसे बेहतरीन 25 खेल संबंधी फिल्मों में से एक मानती है। ऑस्कर के अनुसार, यह वर्ष 2001 की विदेशी भाषा की सर्वश्रेष्ठ फिल्मों में से एक है। दुनिया को जीत का सेहरा पहननेवाले शोषित की कहानी पसंद है, और जब इसमें क्रिकेट व रोमांस का तड़का भी लग जाए तो यह कहानी ऑल-राउंडर बन जाती है। इसलिए, जब भारत के चंपानेर का किसान ब्रिटिश सत्ता से क्रिकेट खेलने और हारने पर तीन गुना राज्य कर (लगान) चुकाने को राजी हो गया तो उसके समर्थन में पूरी दुनिया उतर आई।'' हाँ, हम 'लगान' की ही बात कर रहे हैं। 25 करोड़ के छोटे से बजट में बनी यह फिल्म भारतीय सिनेमा में ग्रामीण कहानियों का दौर एक बार फिर वापस ले आई। आमिर ने भुवन के रूप में जो विजयी छक्का मारा, उसपर दर्शकों ने इतना शोर मचाया, जितना विश्व कप में एम.एस. धोनी के ऐसा करने

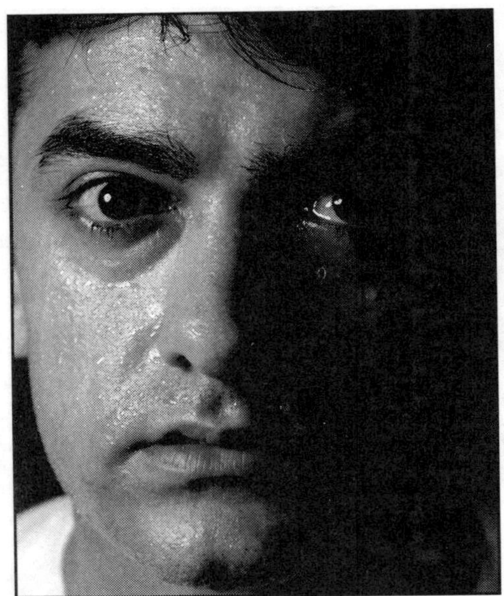
आमिर के चेहरे की यह गहनता और जुनून उनकी फिल्मों में भी झलकता है।

पर भी नहीं मचा होगा। यह सिर्फ मनोरंजन नहीं था; इस फिल्म ने करोड़ों भारतीयों की आकांक्षाओं को पूरा किया था। इससे हमें लगा कि हम भी वास्तव में सशक्त हो गए हैं। हम भी बारिश के लिए गीत गा सकते हैं, हम भी चमत्कार की आशा रख सकते हैं; क्योंकि आशा ही हमारी सबसे बड़ी शक्ति है।

'लगान' जैसी फिल्में सदियों में एक बार बनती हैं। जिस घड़ी इस स्पिरिट ने जोर पकड़ा (निर्माता को), यह तभी से उत्कृष्टता की राह पर थी। हालाँकि 'लगान' की यह स्पिरिट एक ही रात में पैदा नहीं हो गई। इसका निर्माण सैकड़ों लोगों की कोशिशों और त्याग से हुआ था। इसके हर फ्रेम में यूनिट के कर्मचारियों की जबरदस्त प्रतिबद्धता और टीमवर्क दिखाई देता है। 'लगान' की इस स्पिरिट का प्रभाव ऐसा था कि आमिर ने भारत में इस फिल्म की पहली स्क्रीनिंग भुज के एक छोटे से शहर के मामूली से थिएटर में की। इसी स्पिरिट ने इस शो में शामिल होने के लिए ब्रिटिश कलाकारों को 5,000 मील से अधिक की यात्रा करने पर मजबूर कर दिया। इसी स्पिरिट से हजारों कच्छियों ने अपनी निजी त्रासदी (वर्ष 2001 में गुजरात में भयंकर भूकंप आया, जिसका केंद्र भुज था) से उबरकर इस फिल्म की रिलीज का उत्सव मनाया। आमिर ने जिस कनूरिया गाँव में फिल्म की शूटिंग की थी, उस पूरे गाँव को गोद ले लिया। इस तरह वह त्रासदी के समय लोगों की मदद करके सैकड़ों लोगों के गुमनाम नायक बन गए। इस फिल्म को जितनी प्रशंसा मिली, इसका निर्माण भी उतना ही प्रशंसनीय रहा। 'लगान' के निर्माण की कहानी अपने आप में एक असाधारण कहानी है। यह ऐसी यात्रा थी, जो अंत में सैल्यूलाइड पर अमर हो गई। यह भारतीय सिनेमेटिक इतिहास का महत्त्वपूर्ण हिस्सा बन गई है, इसलिए इसके संबंध में अभी भी बहुत सी प्यारी बातें कही जाती हैं और इस जोखिमपूर्ण प्रोजेक्ट को समर्थन देने के लिए आमिर अपनी पीठ थपथपा सकते हैं। यदि आमिर खान प्रोडक्शंस ने यह फिल्म नहीं बनाई होती तो क्या भुवन जैसा प्यारा किरदार

फिल्म इतिहास में अपनी जगह बना पाता? स्पष्ट है, बड़ी सोच में बड़ा पैसा भी लगता है और फिलहाल यह कीमत आमिर एवं उनकी टीम को चुकानी थी।

शुरुआत

आशुतोष गोवारिकर को इस कहानी की ऐसी धुन चढ़ी कि वह इसे आमिर को सुनाने से खुद को रोक नहीं सके और सुबह मुँह अँधेरे ही इसे सुनाने पहुँच गए। आशुतोष मानते थे कि उनकी यह कहानी इतनी दमदार है कि इसे सुनकर किसी सोते हुए आदमी की नींद भी खुल जाएगी। लेकिन आमिर को ऐसा नहीं लगा। उन्हें यह विचित्र और अविश्वसनीय लगी, इसलिए उन्होंने इसमें कोई दिलचस्पी नहीं दिखाई। उन्होंने कहा, "आशु, देखो, तुम दो फिल्में बना चुके हो, जो नाकाम रहीं। इस बार तुम्हें कुछ ऐसा बनाना चाहिए, जो अच्छा व सुरक्षित हो, न कि ब्रिटिश राज के किन्हीं गाँववालों की कहानी।" लेकिन आशुतोष इस विचार को त्यागने को बिल्कुल तैयार नहीं थे।

उनकी इससे पहले फ्लॉप हुई फिल्मों ने उन्हें यह सोचने पर मजबूर कर दिया था कि वो अपने जीवन से क्या चाहते हैं! आशुतोष को अहसास हुआ कि उन्हें कुछ ऐसा बनाना चाहिए, जिस पर उन्हें खुद भरोसा हो, तभी वह इसके दर्शकों को पसंद आने की आशा कर सकते हैं। आमिर के मना करने के बाद भी आशुतोष ने कहानी के विचार

'लगान' का निर्देशन आशुतोष गोवारिकर ने किया,
जो भारतीय फिल्म इतिहास की उत्कृष्ट कृति है।

को विकसित करके एक पटकथा का रूप देने का मन बनाया और इसका ससंवाद वर्जन लिखने के लिए कुमार दवे और संजय दायमा के साथ मुंबई से बाहर चले गए।

जब पटकथा पूरी हो गई तो उन्होंने आमिर से एक मीटिंग रखने को कहा। आशुतोष को लंबे समय तक प्रतीक्षा करवाने के बाद आमिर अंततः उनकी पटकथा सुनने को तैयार हो गए। आशुतोष के कहानी सुनाने के बाद आमिर स्तब्ध रह गए। कहानी सुनते समय आमिर के मन में कई भाव उदय हुए। उन्हें 'लगान' की पटकथा बहुत अच्छी लगी। आमिर ने कहा, "आशु, तुम यह सब कैसे सोच सके? यह तो शानदार है।" हालाँकि वह समझ गए थे कि इस फिल्म की अनुभूति करवाना एक खर्चीला प्रयोग होगा। इसे सफल बनाने का सिर्फ एक तरीका था— इसे मुख्यधारा की फिल्म के रूप में बनाना। लेकिन वह इस बात पर सुनिश्चित नहीं थे कि दर्शक इसे स्वीकार करेंगे या नहीं। आमिर की सलाह पर आशुतोष ने इस फिल्म की पटकथा के भरोसे बहुत से निर्माताओं व अदाकारों को इस फिल्म से जुड़ने के लिए मनाने की कोशिश की, लेकिन वह नाकाम रहे। हालाँकि आमिर को इस पटकथा से गुप्त प्रेम हो गया था और वो अपना यह अनुभव अधिक-से-अधिक लोगों के साथ बाँटना चाहते थे। आमिर की रचनात्मक महत्त्वाकांक्षा और चुनौतियों के प्रति प्रेम ने 'लगान' को अप्रतिरोध्य बना दिया। लेकिन यह फिल्म करने के लिए उनका उन्मादी होना जरूरी था और वह उन्माद उनमें मौजूद

'लगान' में भुवन (आमिर) के संग उनकी दो सुंदरियाँ—
गौरी (ग्रेसी सिंह) और एलिजाबेथ (रैचल शेली)।

था। फिल्म की प्रामाणिकता बनाए रखने के लिए आमिर ने खुद ही इसका निर्माण करने का फैसला किया। 'लगान' की शैशवावस्था में यह बड़ा निर्णायक मोड़ रहा।

आमिर का टीम चुनने का पैमाना बहुत सरल था—जो भी 'लगान' से जुड़ना चाहता हो, उसे इस फिल्म की पटकथा एवं इसके निर्देशक पर पूरा भरोसा होना चाहिए। आमिर के कहने पर आशुतोष ने एक बार फिर 'लगान' की कहानी सुनाई। इस बार के श्रोता थे फिल्म फाइनेंसर झामु सुघंद तथा आमिर के परिवार के करीबी लोग। यह फिल्म का लिटमस परीक्षण (क्षमता जाँच) था। झामु इस महत्त्वाकांक्षी वेंचर में पैसा लगाने को तैयार हो गए और इसके बाद उन्होंने कभी पीछे मुड़कर नहीं देखा। चाहे फिल्म अपने बजट से कितना ही बाहर निकल गई, इसकी रिलीज में चाहे जितनी देर लगी, कितनी ही बार सौंदर्य-बोध या रचनात्मक निर्णयों ने व्यावहारिक सोच को पीछे धकेला, लेकिन उन्होंने आमिर से एक भी सवाल पूछे बिना फिल्म को अपना समर्थन देना जारी रखा।

इन फिल्म का निर्माण आमिर के लिए किसी पहाड़ चढ़ने के बराबर था, जिसे केवल उनके जैसी आस्था और साहसवाला व्यक्ति ही कर सकता था। लेकिन किसी फिल्म का निर्माण वैसा ही है, जैसे एक भीमकाय फैक्टरी की स्थापना करना और वो ऐसा किसी ऐसे व्यक्ति की मदद के बिना नहीं कर सकते थे, जिस पर उन्हें पूरा विश्वास हो। वह जानते थे कि रीना का इससे पहले फिल्म प्रोडक्शन से कोई संबंध नहीं रहा है; लेकिन वही ऐसी थीं, जिनके साथ आमिर अपनी जिम्मेदारियाँ बाँट सकते थे, जिससे

अपनी गूढ़ मुसकान बिखेरते आमिर।

कि उनका पूरा ध्यान फिल्म के कलात्मक पक्ष पर ही केंद्रित रहे। पहले रीना इसके लिए तैयार नहीं हुईं; लेकिन जल्द ही आमिर की आवश्यकता के समय उनकी मदद करने के आश्वासन के बाद वो मान गईं।

ब्रिटेनिया के पूर्व एम.डी. व सी.ई.ओ. सुनील अलघ के साथ आमिर व आशुतोष ब्रेबोर्न स्टेडियम में 'लगान' व ब्रिटेनिया की टीमों के बीच जारी क्रिकेट मैच देखते हुए।

रीना की आँकड़ों पर अच्छी पकड़ थी, इसलिए आमिर चाहते थे कि वह फिल्म के वित्तीय पक्ष को सँभालें। तीन महीने तक रीना और आमिर की बहन निखत इस कार्य में व्यस्त रहीं। रीना याद करती हैं, "एक साथ बहुत सी चीजें हो रही थीं। मुझे विश्वास नहीं हो रहा था ये सब कभी आपस में जुड़ सकेंगी और एक शॉट भी लिया जा सकेगा।" बहुत जल्द वो यह समझ गईं कि आशुतोष द्वारा अनुमानित 8 करोड़ का बजट पर्याप्त नहीं है और 'लगान' के लिए कम-से-कम 14 करोड़ रुपए की आवश्यकता होगी। आमिर के अपनी इस कार्यकारी निर्माता को स्पष्ट निर्देश थे, "रीना, तुम्हें यह सुनिश्चित करना है कि 'लगान' अपने बजट से बाहर न जाए और हमें इस फिल्म को समाप्त करने के लिए असीमित धन की आवश्यकता न हो। यदि इसके लिए तुम्हें मुझ पर भी लगाम लगानी पड़े तो ऐसा जरूर करना।"

एक पार्टी में रीना के साथ आमिर।

रीना को 'लगान' की जरूरत हो या न हो, लेकिन इसमें किसी को संदेह नहीं होगा कि 'लगान' को रीना की जरूरत थी। आमिर कहते हैं, "मैं यह फिल्म रीना के बिना नहीं बना सकता था। मैं यह एक पति के तौर पर नहीं कह रहा। मेरा कहने का मतलब है कि अगर वो न होतीं तो मैं यह फिल्म बनाता ही नहीं।" रीना का इस फिल्म से जुड़ना आमिर के लिए एक मजबूत रोमांटिक पक्ष था। अब वो पेशेवर रूप से भी एक साथ मिलकर कुछ बनाते हुए अपने रिश्ते को नया आयाम दे रहे थे। उन दोनों के बीच आपसी सम्मान में नए एवं विभिन्न कारणों से वृद्धि हो रही थी।

आमिर ने देखा था कि कला टीम पर प्रोडक्शन के मूर्खों का असर कितने अलग तरीकों से पड़ता है। वो नहीं चाहते थे कि उनके प्रोडक्शन बैनर के तले भी ऐसा ही हो। इसे साधने के लिए आधुनिक कार्यशैली में काम करनेवाला उचित ढंग से गठित तथा पेशेवर प्रोडक्शन विभाग बनाना आवश्यक था, क्योंकि तब भारतीय फिल्म इंडस्ट्री के कास्ट व क्रू में कई प्रोजेक्ट्स में काम करने के लिए तारीखें बदलनेवाली कार्यशैली का चलन जारी था। आमिर जानते थे कि 'लगान' के लिए यह बात घातक सिद्ध होगी, इसलिए आमिर ने निर्णय किया कि पूरी फिल्म शुरू से अंत तक एक निश्चित समय सीमा में शूट होनी चाहिए और इस दौरान यूनिट का प्रत्येक व्यक्ति केवल 'लगान' से ही जुड़ा रहेगा। इस फिल्म से जुड़ने की इच्छा रखनेवाले प्रत्येक व्यक्ति को इस कार्यशैली को स्वीकार करना ही होगा। इसे सफल बनाने के लिए उन्होंने अपने बचपन के मित्र सत्यजित भटकल से फिल्म से जुड़ने का अनुरोध किया। आशुतोष के साथ जुड़कर नितिन देसाई भी उनकी घरेलू टीम में शामिल हो गए। उन्होंने ही निर्देशक के साथ मिलकर फिल्म के लिए लोकेशन की खोज आरंभ की। उन्होंने सेट के माध्यम से दर्शकों को चंपानेर में गाय के गोबर की गंध अनुभूत करवाने की चुनौती को स्वीकार किया। आशुतोष और आमिर के पुराने मित्र अनिल मेहता बहुत उत्साह से सिनेमेटोग्राफर के रूप में फिल्म से जुड़े। फिल्म के गाने लिखने के लिए जावेद अख्तर पहली पसंद थे; लेकिन पटकथा सुनने के बाद उन्होंने आमिर से यह फिल्म न बनाने को कहा, क्योंकि यह पटकथा बाजार के सभी स्थापित नियमों के बिल्कुल विरुद्ध थी। लेकिन आमिर तब

तक मन बना चुके थे। वर्षों बाद आमिर ने एक टी.वी. शो 'आपकी अदालत' में दर्शकों को बताया कि जावेद साहब को उनका यह निर्णय आत्मघाती लगा, लेकिन बाद में वह इसके गीत लिखने को राजी हो गए।

फरहान अख्तर फिल्म निर्देशित 'दिल चाहता है' के कर्णप्रिय गीत 'जाने क्यूँ' में प्रीति जिंटा के साथ।

बात जब संगीत की आई तो वो जानते थे कि इस फिल्म के लिए ए.आर. रहमान ही उपयुक्त रहेंगे। झामु के अनुरोध पर रहमान इसके लिए तैयार हो गए; लेकिन आमिर चाहते थे कि वो इसके पूर्व पटकथा अवश्य सुनें। जिन रहमान के लिए निर्माता महीनों पंक्तिबद्ध प्रतीक्षा करते थे, उनसे यह किसी भी निर्माता द्वारा किया गया सबसे अस्वाभाविक अनुरोध था। आमतौर पर भाव-शून्य रहनेवाले रहमान को आशुतोष की पटकथा पसंद आई। लेकिन रहमान के लिए फिल्म की शूटिंग शुरू होने से दो महीने पहले ही सब गीत तैयार कर लेना बड़ी चुनौती थी। रहमान इसके लिए राजी थे, पर आमिर की चिंता का कारण उनका ट्रेक रिकॉर्ड था। परंतु अब उनके पास प्रतीक्षा करने के अतिरिक्त कोई चारा नहीं था।

जब रहमान फिल्म का मुख्य सामूहिक गान लिख रहे थे, आमिर स्टूडियो के बाहर बैठे रहमान की प्रतीक्षा कर रहे थे। जब आमिर ने उसे सुना तो वह नम आँखें लिये अंदर दाखिल हुए और रहमान से बोले, "ए.आर. क्या अद्भुत अहसास है! मेरी फिल्म

तो बन गई!'' 'टाइम' पत्रिका को बताए अपने संस्मरण में रहमान ने कहा, ''मुझे आमिर की आँखों में बच्चों जैसे सच्चाई दिखी।''

उस युग की अनुभूति करवाने में चूँकि पोशाकों का अत्यधिक महत्त्व था, इसलिए यह जिम्मेदारी पहले भारतीय ऑस्कर विजेता भानु अथैया को सौंपी गई। रीना और निखत पर काम का बोझ कम करने के लिए बी. श्रीनिवास राव को चीफ एक्जीक्यूटिव, प्रोडक्शन के पद पर नियुक्त किया गया। आमिर एक ऐसा व्यक्ति चाहते थे, जो यह सुनिश्चित करे कि शूटिंग निर्धारित शिड्यूल पर ही हो। जब उन्होंने अपनी फिल्म 'दिल चाहता है' के निर्माता/निर्देशक फरहान अख्तर से इस संबंध में बात की तो उन्होंने अपूर्व लखिया का नाम सुझाया। उन्होंने हॉलीवुड के कुछ प्रोजेक्टों में नियमित रूप से बतौर सहायक निर्देशक काम किया था। आमिर ने न्यूयॉर्क में रात 3 बजे एक स्टेज परफॉर्मेंस के बाद अपूर्व से इस संबंध में बात की और अपूर्व पहले ए.डी. (असिस्टेंट डायरेक्टर) के रूप में 'लगान' से जुड़ गए।

'लगान' का स्मृति चिह्न : एक बैट, जिस पर 'लगान' की क्रिकेट टीम के सभी खिलाड़ियों के हस्ताक्षर हैं।

भाषा में प्रामाणिकता व बोधगम्यता का संतुलन बनाए रखने के लिए अवधी संवाद कवि के.पी. सक्सेना से लिखवाए गए। लेकिन अब इस अभिनेता के सामने एक नई चुनौती थी—इस भाषा को सीखना। उन्होंने 'लगान' में सिंक साउंड प्रणाली के उपयोग का निर्णय लिया। वह जानते थे कि फिल्म की वित्तीय लाभप्रदता बहुत हद तक शिड्यूल के अनुसार चलने में है और सिंक साउंड इसके लिए संकटकारी सिद्ध होगा। लेकिन आमिर सिंक साउंड की ताकत के प्रभाव में थे। वह इस मामले में किसी तरह का समझौता नहीं चाहते थे, इसलिए उन्होंने नकुल कामटे को इस कठिन कार्य की जिम्मेदारी सौंपी। इससे पहले फिल्म 'भोपाल एक्सप्रेस' में भीड़ भरे स्टेशन पर बिल्कुल साफ आवाज रिकॉर्ड करने के नकुल के कमाल से आमिर व आशुतोष दोनों ही बहुत प्रभावित थे।

सत्यजित भटकल ने 'लगान' के निर्माण से संबधित एक डॉक्यूमेंट्री बनाने के साथ ही इस पर एक पुस्तक भी लिखी है।

अब तक आशुतोष ने फिल्म के लिए अदाकारों की खोज शुरू कर दी थी। कई लड़कियों के ऑडिशन के बाद ग्रेसी सिंह को भुवन की प्रेमिका का रोल मिला। रोल के लिए आवश्यक सहज रूप व नृत्य की योग्यता के आधार पर आमिर व आशुतोष ने संयुक्त रूप से उनका चयन किया। अन्य भारतीय सहायक किरदारों का कड़े ऑडिशनों के बाद अंतिम चयन हो गया।

पहली बार निर्माता बने आमिर खूब भाग-दौड़ कर रहे थे। इंग्लैंड में अंग्रेज अदाकारों को खोज उनके लिए बहुत तनावपूर्ण रही। उनकी आवश्यकता बहुत विशिष्ट थी। उन्हें ऐसे ब्रिटिश अदाकार चाहिए थे, जो हिंदी बोलने के साथ ही क्रिकेट भी खेल सकते हों। तमाम तरह की दिक्कतें झेलने के बाद अंततः कास्टिंग एजेंट डेनियल रॉफ की मदद से उन्होंने ब्रिटिश कलाकारों का चयन किया। कई मौकों पर आमिर अपनी प्रोडक्शन टीम के चयन से असंतुष्ट दिखे। कई अदाकारों को चुनने के बाद बदला गया। इससे रीना और आशुतोष चिढ़ गए। लेकिन आमिर ने कुशलतापूर्वक स्थिति सँभालते हुए उन्हें नए ऑडिशंस के लिए अंतहीन बजट थमा दिया।

आबादी से भरा गाँव बनाने के लिए वहाँ के स्थानीय निवासियों का सहयोग आवश्यक था। आशुतोष ने सेट का निर्माण होते समय ही कच्छ में तात्कालिक ऑडिशन शुरू कर दिए। मुंबई और कच्छ के लगभग साठ लोगों को परिजनों के किरदार निभाने के लिए चुना गया। लेकिन अभी मुंबई और सुदूर देशों से वहाँ आनेवालों के निवास का उचित इंतजाम करने की बड़ी चुनौती बाकी थी। लोकेशन से बहुत दूर भुज के सहजानंद टावर में इन मेट्रो शहरों के निवासियों की जीवन-शैली के अनुसार सुविधाएँ तैयार की गईं। लगभग साठ कमरे तैयार किए गए, जिनमें एयर कंडीशनर, निजी शौचालय व बेडरूम की व्यवस्था मौजूद थी।

शाही चुनौती

पश्चिमी गुजरात स्थित कच्छ के सूखे वातावरण में शूटिंग करना कोई सरल कार्य नहीं था। वह लोकेशन मनुष्यों के रहने लायक नहीं थी। ऐसे स्थान पर ब्रिटिश राज के

समय स्थित किसी गाँव का निर्माण करना बड़ी हिम्मत का काम था। आमिर खान ने जिस चुनौती को हाथ में लिया था, वह भले ही हिमालय जितनी विशाल न हो, लेकिन उससे कुछ कम भी नहीं थी। जब प्रोडक्शन के श्रीनिवास राव एक ठेकेदार दानाभाई अहीर को मनाने में नाकामयाब रहे तो आमिर ने उन्हें अपने घर मुंबई में दोपहर के भोजन पर बुलाया। आमिर ने दानाभाई को समझाया कि फिल्म के लिए यह चंपानेर गाँव कितना महत्त्वपूर्ण है और कैसे सिर्फ वह ही इस काम को पूरा कर सकते हैं। दानाभाई का दिल पिघल गया और वो यह समझ गए कि आमिर के लिए काम करना उनके लिए जीवन का नया अनुभव रहेगा। इसी तरह, जब टीम का कोई भी व्यक्ति शूटिंग के लिए कच्छ के महाराज को उनका महल देने के लिए नहीं मना सका तो आमिर ने फिर अपनी जादू की छड़ी घुमाई। आमिर ने उन्हें चंपानेर गाँव और क्रिकेट खेलने के लिए मैदान बनाने हेतु जमीन किराए पर देने के लिए मना लिया। उनके आकर्षण ने राजसी खून पर भी वैसा ही असर किया जैसा सामान्य कृषक पर किया था।

वह एक ऐसी फिल्म बनाने जा रहे थे, जिसमें संपूर्ण मनोरंजन के लिए विभिन्न संस्कृतियों और वर्ग के मानव संसाधन को—एक वस्तु पर केंद्रित कर—साथ में जोड़ा गया था। इस शाही चुनौती को केवल अपने विश्वस्त सहयोगियों, मित्रों एवं एक बहुत कुशल टीम की मदद से संभव बनाया गया, जिन्होंने पहली बार इतनी महाकाय अनुरूपता में काम किया था। कच्छ के रेगिस्तान में हुए पहले दिन के शूट से ही आमिर के परिवार ने उनका पूरा साथ दिया। यह उनके कॅरियर का एक महत्त्वपूर्ण लमहा तथा नई युगांतरकारी घटना थी। वो रमजान का पवित्र महीना था और आमिर के साथ ही अन्य मुसलमान अदाकार भी काम के दौरान रोजा (दिन भर अनाहार रहना) पर थे। बतौर निर्माता आमिर ने मुहूर्त शॉट पर पूजा की, वो भी रोजेदार रहते हुए।

विचारशील मुद्रा में आमिर।

जहाँ आमिर एक नई कार्यशैली

स्थापित करने की ओर अग्रसर थे, वहीं आमिर के दिए कार्य निपटाते हुए अपूर्व लखिया नए कीर्तिमान स्थापित कर रहे थे। अपूर्व चाहते थे कि सारा काम घड़ी के काँटों के मुताबिक चले। इसके लिए उन्होंने कड़ा शिड्यूल निर्धारित किया। यह कार्य उन्होंने अपने सहायकों और एक शानदार सॉफ्टवेयर 'मूवी मैजिक' की मदद से अंजाम दिया। हॉलीवुड में यह खूब इस्तेमाल होता है, लेकिन भारतीय फिल्म इंडस्ट्री में 'लगान' में इसका पहली बार उपयोग हुआ। अपूर्व के निर्देशानुसार, रोज सुबह दिन निकलने से पहले पूरी कास्ट और क्रू बस में सवार हो जाती, जो उन्हें लोकेशन पर पहुँचा देती। एक दिन आमिर को देर हो गई और बस ने उनके लिए प्रतीक्षा नहीं की। वो सुदूर स्थित उस लोकेशन पर खुद प्रयास करके पहुँचे। इसी तरह एक बार देरी होने पर फिल्म की नायिका ग्रेसी सिंह पीछे छूट गईं और फिर उन्हें खुद ही किसी तरह लोकेशन पर पहुँचना पड़ा।

फिल्मांकन के दौरान टीम के सामने बहुत सी चुनौतियाँ आईं और उन्होंने पूरे दम-खम से उनका सामना कर उन्हें सुलझाया। हाल ही में दिवंगत हुए फिल्म के सबसे वयोवृद्ध अभिनेता ए.के. हंगल (फिल्म में शंभू काका) को सेट पर हुए पीठ दर्द के इलाज हेतु अस्पताल में भरती करवाना पड़ा; लेकिन अपनी गंभीर दशा के बावजूद वह शूटिंग पर आए और अपने सीन पूरे किए। उन्होंने कहा, ''अगर मैं फिल्म को छोड़कर वापस मुंबई लौट गया तो फिल्म का क्या होगा? मैंने सोच लिया, अब चाहे जो हो, मैं शूटिंग पर जाऊँगा। मैं काम करते हुए मरना चाहता हूँ।'' एक दिन अचानक आशुतोष को पीठ में

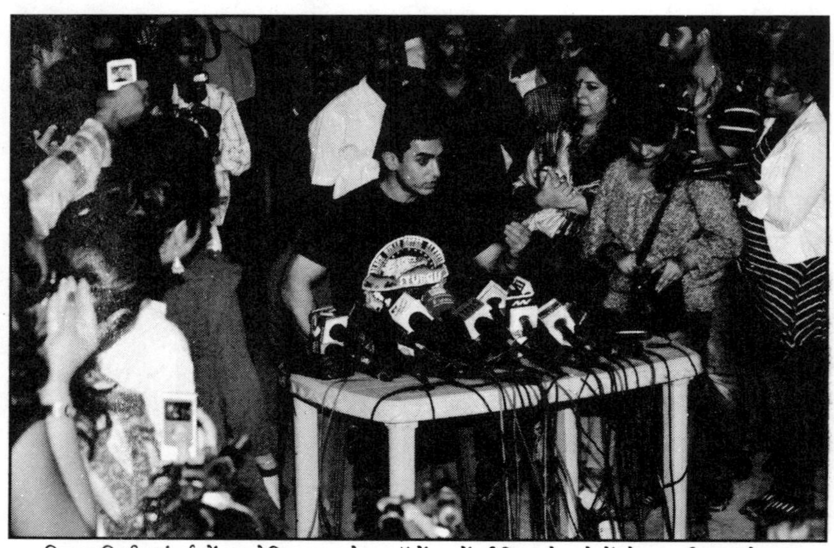

फिल्म सिटी, मुंबई में आयोजित एक प्रेस कॉन्फ्रेंस में मीडिया के लोगों से बातचीत करते हुए।

दर्द होने लगा। डॉक्टर ने स्लिप डिस्क की पुष्टि कर दी। उन्हें कम-से-कम तीन सप्ताह तक पूरी तरह से आराम करने की सलाह दी गई। यह जानना दिलचस्प रहेगा कि इस निर्देशक ने उस दौरान पट्टी लपेटकर बिस्तर पर लेटे हुए ही शूटिंग को अंजाम दिया।

एक अन्य घटना, जिसे कोई भी 'लगानी' भूल नहीं सकता, वह है दो विशालकाय सेप्टिक टैंकों का फटना। वे दोनों टैंक सेट पर उपयोग होनेवाले कई शौचालयों के लिए थे। एक दिन शूटिंग के दौरान सेप्टिक टैंकों से पानी रिसने लगा। यह एक ऐसा टाइम बम हो गया, जो किसी भी समय फट सकता था। सहायकों ने तुरंत ही इस समस्या का हल खोजा, जिससे शूटिंग निर्बाध रूप से जारी रही।

एक ब्रिटिश अदाकारा केटकिन 'लगान' के फिल्मांकन के दौरान अनुभव हुई 'भारतीयता' से इतनी प्रभावित हुईं कि उन्होंने फिल्म के लिए बने चंपानेर गाँव के मंदिर में ही विवाह कर लिया। वह कहती हैं, ''मैं केवल एक ईश्वर में विश्वास करती हूँ, उन्हें आप चाहे जिस नाम से बुलाएँ और वही ईश्वर उस मंदिर में भी मौजूद थे।'' रीना और आमिर ने उनका कन्यादान किया। बहुत से अन्य अभिनेता भी सेट पर बिताए उन दिनों को याद करते हैं और सभी उस समय को बहुत कृतज्ञता से देखते हैं, जिसमें उन्हें फिल्म इंडस्ट्री के इस अंश का हिस्सा बनने का मौका मिला।

फिर भी, जब फिल्म की निर्माण अवधि के शिड्यूल को बढ़ाया गया तो लगभग सारे क्रू की घंटी बज गई थी। पहले से निर्धारित शूटिंग समय के समाप्त होते-होते कास्ट, क्रू और प्रोडक्शन टीम का जोश ठंडा पड़ चुका था। हर व्यक्ति जितना जल्दी हो सके, अपने घर लौटना चाहता था। ऐसे में, आमिर ने निर्माता होने का फर्ज निभाते हुए अपने कौशल का उपयोग कर सभी को उनके उस सपने को पूरा करने के लिए रुकने को कहा, जिसका अब वे अनिवार्य हिस्सा थे। सबने उनकी इस आज्ञा का पालन किया, हालाँकि टीम के कुछ सदस्यों को शूटिंग पूरी करने के लिए अपनी व्यक्तिगत और पेशेवर जिम्मेदारियों में बदलाव करना पड़ा।

प्रेस से मिलने के दौरान बोलते आमिर पृष्ठभूमि में उनके प्रोडक्शन हाउस का 'लोगो'।

संवाद पक्ष शूट करने के बाद आमिर मुंबई वापस लौट आए, जहाँ उन्हें एक और परीक्षा देनी थी। फिल्म के संपादक बालू सलूजा के साथ मिलकर आमिर को फिल्म

की लंबाई को कम करने के लिए बहुत संघर्ष करना पड़ा। लेकिन अंतिम छँटाई के बाद भी फिल्म की लंबाई सामान्य हिंदी फिल्मों से अधिक थी। फिल्म इंडस्ट्री के विशेषज्ञों की चेतावनी के बावजूद उन्होंने 3 घंटे 40 मिनट की भारत में बनी अब तक की सबसे लंबी फिल्म को ऐसे ही रिलीज करने का निर्णय लिया।

प्रेम के रिश्ते का अनदेखा जादू

क्रू के वापस लौटने के काफी समय बाद खबर आई कि भुज में भयंकर भूकंप आया है। प्रोडक्शन के रूप में अपने पहले आउटडोर पर गए क्रू के लोगों की वहाँ के परिवारों से मित्रता हो गई थी। जब प्रोडक्शन टीम और निर्माता ने उस क्षेत्र में आए भूकंप के बारे में सुना तो उनके दिल दहल गए। आमिर एक बार फिर भुज गए और वहाँ हुई तबाही एवं मौत की अनर्थकारी कहानियाँ सुनकर बहुत दु:खी हुए। फिल्म की टीम का हिस्सा रहे कुछ गाँववाले अब बेघर हो गए थे। कई महीनों बाद जब आमिर तथा उनकी टीम के सदस्य संपादित फिल्म को लेकर वहाँ वापस लौटे तो गाँववालों ने एक बार फिर उन्हें अपने परिवार की तरह गले लगा लिया। उनके बीच का रिश्ता और भी गहरा हो गया था। गाँव के लोगों द्वारा गरमियों के महीने में वहाँ रुकने में की गई व्यवस्था के प्रति कृतज्ञ आमिर ने उन्हें उस दु:ख की घड़ी से उबारने में हर संभव मदद देने की व्यवस्था की।

मुंबई के एन.सी.पी.ए. में आयोजित अमिताभ बच्चन पर लिखी पुस्तक 'बच्चनालिया' के रिलीज समारोह में आमिर।

आसमान से आगे

इस फिल्म से आमिर की बहुत सी महत्त्वाकांक्षाएँ जुड़ी थीं। उन्होंने यह फिल्म वैश्विक दर्शकों को ध्यान में रखकर बनाई थी। इसी के चलते ऑस्कर में इसे सर्वश्रेष्ठ विदेशी भाषा की फिल्म श्रेणी के लिए चुना गया। इस उत्साहपूर्ण शैक्षिक मोड़ पर आमिर ने बतौर निर्माता फिल्म का प्रचार करने की अपनी क्षमता बढ़ाना सीखा। उन्होंने बहुत आक्रामक तरीके से प्रचार किया, जिससे यह सुनिश्चित हो सके कि ज्यूरी को इस प्रोजेक्ट के बारे में जानकारी मिले। यह उनका दुनिया को यह बताने का तरीका था कि विश्व में सबसे अधिक फिल्में बनानेवाला देश उच्च प्रोडक्शन मूल्यों एवं मजबूत पटकथावाली फिल्म बनाने में सक्षम है। इस फिल्म में कोई स्पेशल इफेक्ट्स, जटिल संपादन भले ही नहीं है, लेकिन इसकी कहानी वैश्विक मानव-मूल्यों से जुड़ी हुई है।

इस फिल्म को आई.आई.एम., इंदौर के पाठ्यक्रम में केस स्टडी के तौर पर शामिल किया गया। कई कंपनियों ने मानव संसाधन के नियंत्रण व दबाव और सीमित समय में बतौर टीम प्रेरित रहना सीखने के लिए वर्कशॉपों का आयोजन किया। आज 'लगान' परदे पर तथा इसके इतर भी सफलता की कहानी है। आमिर के सबसे पहले रहे निर्देशक केतन मेहता ने यह फिल्म देखकर कहा, ''मैंने अभी 'लगान' देखी है और मुझे लगता है कि आमिर अभिनेता के तौर पर पूरी तरह से निखर गए हैं और मैं यह भी कहूँगा कि उनमें निर्माता के तौर पर भी पर्याप्त हिम्मत मौजूद है। मुझे लगता है कि इसमें अपना सबकुछ लगा देना बहुत ही साहसिक काम था—केवल पैसे ही नहीं, मुझे लगता है कि इसमें और भी कई बहुत गंभीर निर्णय लेने की आवश्यकता रही होगी, और मुझे खुशी है कि यह निर्णय साहस से लिये गए, न कि किसी बाजार से वशीभूत होकर।'' अमिताभ बच्चन कहते हैं, ''यह फिल्म संपूर्णता का नमूना है। यह बिल्कुल त्रुटिहीन है। मैं इसे पहले भी कई बार देख चुका हूँ, इसलिए नहीं कि मैंने इसमें अपनी आवाज

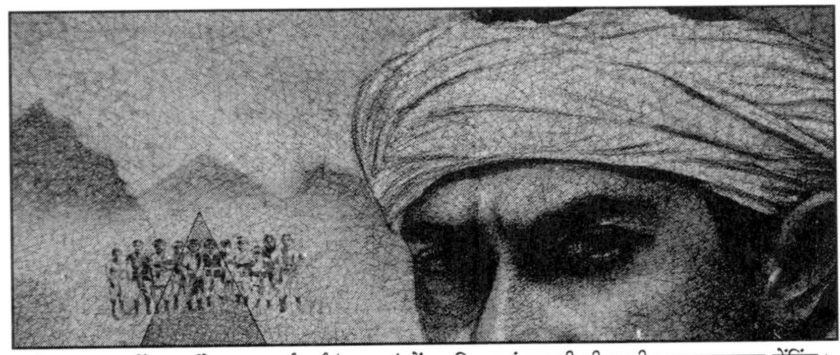

चित्रकार पार्थो चटर्जी द्वारा बनाई गई 'लगान' में आमिर एवं उनकी टीम की एक खूबसूरत पेंटिंग।

दी है, बल्कि इसलिए कि मुझे इसे देखकर बहुत आनंद आता है।''

आमिर खान प्रोडक्शंस से जुड़ा हर व्यक्ति इस विरासत का हिस्सा बनकर बहुत गर्व महसूस करता है। आमिर के लिए यह उनके मनोरंजनकर्ता के तौर पर बिताए जा रहे रोमांचक जीवन में मील का पत्थर है। वह समय की परीक्षा पर खरे उतरे। उनका दृष्टिकोण बहुत व्यापक हो गया है। वह सभी के प्रिय निर्माता बन गए, जो अपने बैनर तले सिर्फ उन्हीं फिल्मों का निर्माण करता या सहारा देता है, जिन पर उसे खुद भरोसा हो। यह अंत नहीं है; इस स्टार के अमूल्य ब्रांड का महत्त्व अभी और भी अधिक बढ़ना है।

□

आमिर खान

आमिर के बारे में कभी किसी ने मुझे बताया था कि वे खुद पर लागू हुआ कानून हैं। वो बहुत ही जिद्‌दी हैं।

मुझे लगता है, उनमें यही बात सबसे विशिष्ट है। इंडस्ट्री के लोग उनके व्यक्तित्व के बारे में जो बातें करते हैं, वे ही उन्हें सबसे अलग बनाती हैं।

इन बातों पर आमिर का विचार बहुत स्पष्ट है, ''आप भीड़ को खुश करने के लिए नहीं जी सकते। यदि आप ऐसा करेंगे तो आप अपना व्यक्तित्व खो देंगे।'' वह मानते हैं कि जो व्यक्ति पूरी तरह अन्य लोगों के अनुसार जीता है, वह अंत में खुद ही अपना किया भोगता है।

उन्होंने बहुत तर्कपूर्ण बात कही है, लेकिन फिल्म इंडस्ट्री के संदर्भ में यह खरी नहीं उतरती। लेकिन आमिर की खासियत है कि वह अपने विलक्षण विचारों पर ही विश्वास करते हैं। इन्हीं पर चलते हुए वह आज सौ या दो सौ करोड़ क्लब की मानसिकता से ऊपर उठकर यहाँ तक पहुँचे हैं।

लंबे समय तक इंडस्ट्री ने उनके कड़े दृष्टिकोण और अनूठे तरीकों का मजाक उड़ाया। उनपर छोटी-छोटी बातों पर तंग करने और अपनी दखलंदाजी से निर्देशक की सीमा में प्रवेश करने का आरोप लगाया गया। फिर भी, अंततः लगभग डेढ़ दशक बाद, वही लोग अब उनके किए काम से आए परिवर्तन को नकार नहीं सकते। अब वे उन परिणामों पर बहस नहीं कर सकते, जो स्पष्ट रूप से सबके सामने हैं।

आमिर खान में खामियाँ खोजना सरल नहीं है। वह रूढ़िवाद से ऊपर उठ गए हैं। इंडस्ट्री में लगातार बनी रहनेवाली जुआरी जैसी प्रवृत्तिवाले दृष्टिकोण में आमिर खान जैसे असाधारण व्यक्ति को फिट करना और भी मुश्किल है।

इंडस्ट्री के दो जबरदस्त समर्थक आनंद महिंद्रा और कुमार मंगलम बिड़ला ने एक प्रमुख समाचार पत्रिका द्वारा आयोजित 'बौद्धिक कॉनक्लेव' के दौरान आमिर से पूछा कि उन्होंने कला व व्यापार के लगभग असंभव-से दिखनेवाले मेल को कैसे एक ऐसे

बिजनेस में समेट लिया, जो मुख्यत: अनुमान पर आधारित है? इसपर आमिर का उत्तर बहुत संक्षिप्त था, "मैं सिर्फ वही फिल्में बनाता हूँ, जिन्हें मैं खुद देखना चाहता हूँ।" यह बात परिहास से कुछ अधिक थी। यह एक ऐसा दृष्टिकोण है, जिस पर मुख्यधारा के अधिकांश फिल्म निर्माणकर्ता यकीन नहीं रखते।

आमिर के विजन में गणना शामिल होने के तथ्य ने बॉक्स ऑफिस में तहलका मचा दिया। इससे यह चौंकानेवाला खुलासा हुआ कि सामान्य दृष्टिकोण के उलट

भारत में महिंद्रा मोजो और स्टालियो मोटरसाइकिलों के लॉन्च पर आनंद महिंद्रा के साथ आमिर खान।

मुख्यधारा की फिल्मों में भी दिमाग का उपयोग हो सकता है। यह भी स्पष्ट हुआ कि ब्रांड आमिर खान की साख होने से 'पीपली (लाइव)' जैसी कम पैसे में बनी फिल्म किसी भी बड़ी फिल्म की तुलना में अधिक कमाई कर सकती है। इस बात में संदेह है कि उनकी सहभागिता या उपस्थिति के बिना भी यह फिल्म ऐसा ही जादू बिखेर पाती!

अनजाने में ही एक विश्वसनीय ब्रांड के उभरने की प्रक्रिया शुरू हो गई थी, जिसके पीछे एक सोची-समझी रणनीति थी। इसका प्रस्फुटन वर्ष 1998 में 'गुलाम' के साथ हुआ। 1950 और 1960 के दशक में अपने अच्छे दौर में रोमांटिक संगीत का जादूगर कहलानेवाले चाचा नासिर हुसैन के यहाँ तीन साल तक सहायक का काम करने की छोटी शुरुआत से आमिर हुसैन खान का सिनेमा से संबंध जुड़ा। अपने कद पर एक बार उन्होंने ठिठोली करते हुए कहा था कि उनकी बड़े कद का अभिनेता बनने की कोई अभिलाषा

'जो जीता वही सिकंदर' के भावपूर्ण गीत 'पहला नशा' के एक दृश्य में आमिर।

नहीं है (मेरे खयाल से, मुझमें बड़ा अभिनेता बनने के गुण नहीं हैं।) । उन्हें अभिनय का मौका तब अचानक मिला, जब वर्ष 1980 के मध्य में केतन मेहता ने अपनी फिल्म 'होली' में उन्हें किट्टू गिडवानी के साथ छोटा सा रोल दिया। इसके बाद उन्हें अपने करीबी मित्र आदित्य भट्टाचार्य द्वारा निर्देशित प्रयोगात्मक फिल्म 'राख' मिली। इस फिल्म में वह झलक दिखी, जो स्पष्ट करती थी कि बतौर अभिनेता आमिर में क्या गुंजाइश है। वो शानदार रहे!

इस रोल ने उन्हें एक अनपेक्षित अवॉर्ड दिलवाया—ज्यूरी द्वारा विशेष रूप से अनुशंसित वर्ष 1989 का राष्ट्रीय पुरस्कार। 'राख' के युवा नायक के बारे में आमिर बताते हैं, ''वो एक निष्कपट और आवेगी लड़का था, जिसकी पृष्ठभूमि मुझ जैसी ही है। इसलिए आदित्य चाहते थे कि जितना हो सके, मैं इसमें अपना वास्तविक पुट डालूँ।'' इस नायक का नाम भी 'आमिर हुसैन' ही रखा गया था। उन्होंने स्पष्ट किया, लेकिन इस नायक का व्यवहार और क्रियाएँ काल्पनिक ही थीं।

आमिर के चचेरे भाई मंसूर खान (नासिर हुसैन के पुत्र) द्वारा निर्देशित उनकी पहली रिलीज फिल्म 'कयामत से कयामत तक' से न केवल संगीतमय रोमांटिक फिल्मों का दौर शुरू हुआ, बल्कि इससे इंडस्ट्री को एक नया युवा स्टार भी मिला, जिसमें असाधारण क्षमता मौजूद थी। यह फिल्म ऐसे समय पर आई, जब अमिताभ बच्चन का दौर अपने अवसान पर था और फिल्म इंडस्ट्री दशकों पुरानी हिंसा व जमी-जमाई नीरसता को

बदलने के लिए किसी नए फॉर्मूले की तलाश में थी।

शुरुआती हफ्ते में सुस्त रहने के बाद 'कयामत से कयामत तक' ने गति पकड़ी और एक जबदस्त हिट बनी। इसके बाद तो आमिर का कोष ब्लॉकबस्टर्स से भर गया, 'दिल', 'जो जीता वही सिकंदर' और 'दिल है कि मानता नहीं' इसी श्रेणी की फिल्में रहीं। रातोरात आमिर की माँग बढ़ गई। इस उल्लास ने कुछ खतरों के द्वार भी खोल दिए। इनमें इस नए सुपर स्टार को साइन करने के लिए लगी निर्माताओं की भीड़ सबसे खतरनाक थी।

जैसा आमिर मानते हैं कि एक अभिनेता के तौर पर अपनी क्षमता आँकने की जल्दबाजी में उन्होंने कुछ ऐसी फिल्में साइन कर लीं, जिनकी पटकथा भी तैयार नहीं थी, जिससे निस्संदेह उनके स्टार के रूप में जमे रहने पर प्रश्न उठने लगे। हमेशा की तरह जब एक चढ़ता स्टार गिरता है तो मीडिया उसके पीछे लग जाता है—और जल्द ही ये आक्षेप उसके निजी जीवन तक पहुँच जाते हैं। इससे वह स्टार आवरण में छिपने को मजबूर हो जाता है, जो इनके मामले में इसलिए दुर्भाग्यपूर्ण होता, क्योंकि वह अपने प्रतिस्पर्धियों के बीच सबसे स्पष्ट बोलनेवाले व्यक्ति थे। यद्यपि यह आमिर का ही कौशल था कि उन्होंने प्रतिवाद के स्थान पर अपनी तरक्की से इसका जवाब दिया और चुपचाप नया सीखते रहे तथा अपने कॅरियर के अगले कदम का पुनर्निर्धारण करते रहे।

वह विचार करते हुए कहते हैं, "मैंने वे फिल्में क्यों कीं? मैं आज भी खुद से पूछता

'धूम-3' के पहले गाने की वीडियो लॉन्च के लिए चल रही काररवाई को उत्सुकता से देखते आमिर।

हूँ। क्या जल्दी पैसा कमाने के लिए? मेरे पास एक आरामदेह जीवन गुजारने लायक पर्याप्त पैसा था। और मैं उनमें से भी नहीं हूँ, जो दिखावा करते हों।'' वो मामूली सी कार में घूमते थे। अगर मुझे ठीक से याद है तो एक समय वह मारुति एस्टीम थी। उस समय उनकी पत्नी रीना बांद्रा के अपने घर से दक्षिण बॉम्बे स्थित अपने ऑफिस तक लोकल ट्रेन से सफर करती थीं। वह इन्हें नकारते हुए कहते हैं, ''ये चीजें महत्त्वपूर्ण नहीं थीं। मुझे आने-जाने के लिए सिर्फ एक साफ सी कार चाहिए थी।'' वो कई वर्षों तक एक मामूली से फ्लैट में रहे। आनेवाले वर्षों में परिस्थितियाँ जरूर बदल गईं, लेकिन यह व्यक्ति नहीं बदला। खुद को टिकाए रखने के प्रति उनकी धारणा वैसी ही बनी रही।

वर्ष 1990 की शुरुआत में आमिर ने खुद को व्यवस्थित करने के लिए एक ब्रेक लिया। जब उन्होंने फिर से कामकाज शुरू किया तो फिल्म-निर्माण के प्रति उनका रुझान और भी गहरा व गंभीर हो गया था। उन्होंने महेश भट्ट के साथ मिलकर 'हम हैं राही प्यार के' की पटकथा पर काम किया। यह फिल्म बहुत बड़ी हिट रही। इसके बाद आनेवाली हर फिल्म के साथ उनकी गंभीरता बढ़ती रही। अब वो निर्देशकों और पटकथा के मामले में अधिक सावधान हो गए थे। साथ ही वो कार्य संबंधी नीतियों के प्रति भी अधिक ध्यान देने लगे थे। इंडस्ट्री के कुछ दिग्गज उनकी सीधी बात करने और अपनी जरूरत से अधिक प्रश्न पूछने की आदत की हँसी उड़ाते थे।

'गुलाम' बनते समय महेश भट्ट के निर्लिप्त भाव से सेट के कोने पर बैठकर नॉवेल पढ़ने और अपने भतीजे विक्रम भट्ट को फिल्म का निर्देशन करने के आदेश का आमिर ने जोरदार ढंग से विरोध किया। कुछ शुरुआती दिनों के बाद आमिर ने महेश भट्ट से कहा, ''अगर विक्रम इस फिल्म को निर्देशित करेंगे तो आप अपना नाम फिल्म से हटाकर उनका नाम निर्देशक के तौर पर पेश करें।'' स्तब्ध खड़े महेश प्रत्युत्तर में बोले, ''ये सोचना मेरा काम है, मैं इस फिल्म का निर्माता हूँ।'' आमिर ने निडरता से जवाब दिया, ''लेकिन मुझे यह स्वीकार्य नहीं है।'' वो बोले, ''आप किसी दूसरे द्वारा निर्देशित फिल्म का श्रेय नहीं ले सकते। अगर आपको वास्तव में यह कार्य कर रहे विक्रम को यह पद देने में कोई समस्या है तो मैं यह फिल्म छोड़ रहा हूँ।'' महेश का रंग फीका पड़ गया। उन्होंने विरोध स्वरूप कहा, ''आप इतना बनने के बाद फिल्म को कैसे छोड़ सकते हैं? आपके साथ शूट हुए हिस्से के नुकसान की भरपाई कौन करेगा?'' आमिर ने पलक झपकते ही जवाब दिया, ''मैं करूँगा। मुझे बिल भेज दीजिएगा। मैं आपको चेक दे दूँगा।'' और इसके बाद वो वहाँ से चले गए। परेशान महेश ने अपने भाई व भागीदार मुकेश भट्ट से तुरंत मीटिंग की, ताकि वह इसका कोई तर्कसंगत रास्ता निकाल सकें। बाद में उन्होंने 'गुलाम' के निर्देशक के तौर पर अपनी जगह विक्रम का नाम पेश किया।

जब महेश भट्ट प्रेस में आमिर को खुद को खुदा समझने का आरोप लगाने पहुँचे

'सरफरोश' के एक दृश्य में गुल्फाम हसन के किरदार में नसीरुद्दीन शाह और ए.सी.पी. राठौड़ के रूप में आमिर।

तो आमिर का जवाब था, ''मेरे दिल में महेश भट्ट के लिए बहुत सम्मान है। मुझे उनके साथ 'दिल है कि मानता नहीं' और 'हम हैं राही प्यार के' जैसी फिल्मों में काम करने में बहुत मजा आया। लेकिन मुझे यह देखकर विश्वास नहीं हुआ कि मुझे साइन करनेवाला उनके कद का निर्देशक फिल्म के सेट पर बैठा नॉवेल पढ़ रहा है और अपने सहायक को निर्देशन करने के लिए कह रहा है। मुझे उन्हें इस ओर इशारा करते हुए बहुत बुरा महसूस हुआ कि वो अपना काम नहीं कर रहे हैं। मैं ऐसे किसी निर्देशक को स्वीकार नहीं करूँगा, जिसने मुझे साइन किया हो और अपने सहायक को निर्देशन का आदेश दे। मुझे विक्रम के साथ काम करने में कोई समस्या नहीं थी। यदि वह आधिकारिक तौर पर निर्देशक पद पर होते तो मैं बड़ी खुशी से उनके साथ काम करता।''

इंडस्ट्री के कुछ लोगों ने इस मामले में उनके प्रति 'वरिष्ठता' और 'कृतज्ञता' (महेश ने आमिर के कॅरियर के शुरुआती दिनों में उन्हें काफी सहायता दी थी) की सरल दलील देकर आमिर के कड़े रवैए को गलत माना; लेकिन किसी को भी पेशेवर नजरिए से उनमें त्रुटि नहीं दिखी। लेकिन उस समय इस फिल्म इंडस्ट्री में पेशेवर होना किसी नैतिक गुण में शामिल नहीं था।

जब विक्रम भट्ट शुरुआत में महेश भट्ट के सहायक के तौर पर 'हम हैं राही प्यार के' में काम कर रहे थे, आमिर के तभी से उनसे सौहार्दपूर्ण संबंध बन गए।

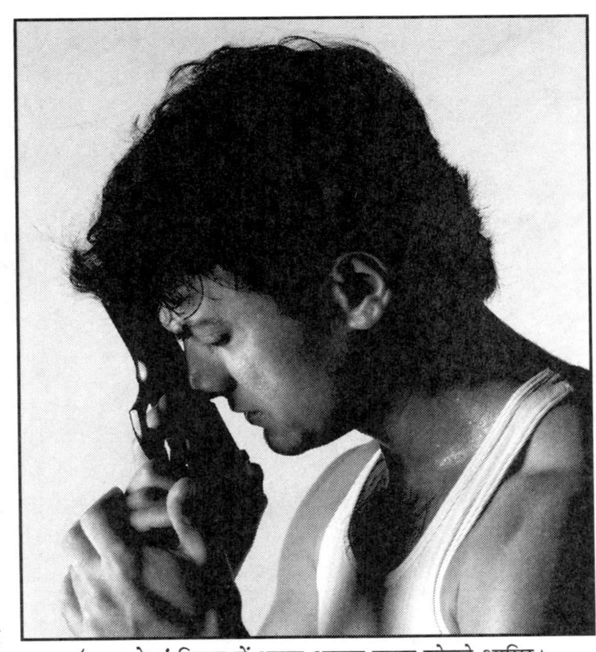
'सरफरोश' फिल्म में अपना अगला कदम सोचते आमिर।

विक्रम ने इस मौके का लाभ उठाया और 'गुलाम' के स्क्रीनप्ले पर पूरी दक्षता से काम शुरू कर दिया। उन्होंने इसके लिए अनिच्छुक पूजा भट्ट की जगह रानी मुखर्जी को ले लिया। बॉक्स ऑफिस पर 'गुलाम' की धूम मचानेवाला गाना 'आती क्या खंडाला' दरअसल आमिर-विक्रम दोनों के दिमाग की उपज थी। यह फिल्म वर्ष 1998 की सबसे बड़ी हिट फिल्मों में से एक थी।

मुझे जॉन मैथ्यू मथाई द्वारा निर्देशित पहली फिल्म 'सरफरोश' की रिलीज की पूर्व संध्या पर आमिर के साथ हुई एक मुलाकात याद है। वो बहुत तनाव में थे। क्या इस फिल्म के लिए चुना गया संवेदनशील मुद्दा उनको परेशान कर रहा था? या फिर वो इस फिल्म के बॉक्स ऑफिस पर लुढ़कने के बाद प्रेस के संभावित व्यवहार के बारे में सोचकर चिंतित थे? यह सुनकर उनकी कठोर मुद्रा मुसकान में बदल गई। उन्होंने इनकार करते हुए कहा, ''नहीं, इन दोनों में से कोई बात नहीं। मैं अपनी रिलीज होनेवाली प्रत्येक फिल्म से पहले इसी तरह भाग्यवादी हो जाता हूँ, जैसा मैं अभी हूँ। अगर यदि कोई मुझसे अभी कहे कि इस बिल्डिंग में आग लग गई है तो मैं सिर्फ यही कहूँगा, ठीक है…''

फिल्म संबंधी उत्सुकता और अनुमान पर वो बोले, ''मुझे लगता है कि यह स्वाभाविक है। यह फिल्म एक गंभीर विषय पर आधारित है। इसका विषय आतंकवाद है; लेकिन इसमें यह भी दिखाया गया है कि आतंकवाद से बेकसूर इनसान कैसे प्रभावित होते हैं। यह कोई उपदेशात्मक फिल्म नहीं है।'' 'सरफरोश' एक बहुत बड़ी हिट साबित हुई और आमिर ने इससे संबंधित जो भी सपने देखे थे, वे सब पूरे हुए। यह एक विचारशील फिल्म थी, जो सभी संभावित दर्शकों तक पहुँच सकी।

इस फिल्म के निर्देशक जॉन मैथ्यू को मैं बहुत वर्षों से जानता हूँ। फिल्म निर्माण

'मन' के लिए आयोजित विशेष फोटो शूट में अपने खयालों में खोए हुए।

के दौरान मैंने उनसे आमिर के निर्देशक के काम में दखलंदाजी वाले बदनाम झुकाव के संबंध में पूछा। जॉन ने कहा, ''मुझे लगता है, वो सब गप हैं। फिल्म में उन जैसा अभिनेता होने का अर्थ है एक और दिमाग होना। उनकी दिलचस्पी केवल अपने रोल या अभिनय में ही नहीं रहती, बल्कि पूरी फिल्म में रहती है। मुझे उनकी इस सहभागिता से बहुत मदद मिली।''

बहुत समय बाद, जब आमिर ने 'रँग दे बसंती' करने पर हामी भरी तो राकेश ओमप्रकाश मेहरा को सुखद आश्चर्य हुआ। उन्हें आमिर के युवा अभिनेताओं के बीच शामिल होने में संशय था। इसलिए जब उन्होंने 'हाँ' कहा तो उन्हें लगा कि उनकी स्टार छवि को देखते हुए रोल को अधिक मजबूत बनाया जाना चाहिए। लेकिन आमिर ने उन्हें ऐसा करने से रोककर हैरान कर दिया। उन्होंने कहा, ''कृपया पटकथा या मेरे रोल के साथ कोई छेड़छाड़ मत कीजिए। रोल में फिट होना मेरा काम है। मैं नहीं चाहता कि आप मेरे लिए इसमें कोई बदलाव करें। पटकथा जैसी है, मुझे वैसी ही पसंद है।'' मेहरा को अपने कानों पर विश्वास नहीं हुआ।

अपने जीवन और काम के प्रति चिढ़ाने की हद तक जिद्दी और नियमबद्ध होने की सामान्य समझ के विपरीत आमिर ने एक बार कहा था, ''मैं एक स्तर तय करता हूँ और उसे प्राप्त करने के लिए कुछ भी कर सकता हूँ। मुझे नहीं लगता कि यह कोई

'रँग दे बसंती' के (बिल्कुल बाएँ से) करण, दलजीत डीजे, फ्लाइट लेफ्टिनेंट अजय, सोनिया, असलम और सुखी।

नकारात्मक लक्षण है। नियमबद्ध ? शायद मैं कुछ हद तक ऐसा हूँ। मुझमें यह आदत शायद मेरे शुरुआती शौक शतरंज के कारण है। लेकिन मुझे लगता नहीं कि मैं कहीं से भी नियमबद्ध हूँ, न ही मैं बहुत कैल्कुलेटिव हूँ। मैंने जीवन के सभी मुश्किल निर्णय हमेशा आवेग में लिये हैं। मेरा पढ़ाई छोड़ने का निर्णय, मेरा (पहला) विवाह, मेरा अभिनेता बनना जैसे निर्णय आवेग में और पल भर में लिये गए हैं।''

उनके एक मित्र ने कभी मजाक में कहा था, ''वो तो पागल है!'' लेकिन उनके पागलपन में भी नियमबद्धता है। अपने कॅरियर के शुरुआती दिनों के अनाड़ीपन के अलावा उनका प्रत्येक कदम सही रहा। मजे की बात यह है कि उन्होंने अपने कॅरियर की नई पारी की शुरुआत अनिश्चित प्रतिभावाले राम गोपाल वर्मा के साथ की। उनकी पथ-परिवर्तक फिल्म 'रंगीला' में आमिर खान और अधिक मजबूत दिखाई दिए। प्यारे से लवर बॉय से मर्दाना प्रेमी में बदलती छवि 'गुलाम' में जाकर पूरी हुई। और अभी इसमें और भी परिवर्तन होने बाकी हैं।

'रंगीला' के बाद बॉक्स ऑफिस पर ब्रांड आमिर एक दुर्जेय शक्ति के रूप में स्थित हुआ। वो 'डेल्ही बेली' और 'पीपली (लाइव)' को उतनी ही खूबी से बेच सकते थे, जितना 'गजनी' या '3 ईडियट्स' को। 'मंगल पांडे : द राइजिंग' जैसा प्रासंगिक जोखिम थोड़ा अव्यवस्थित जरूर रहा, लेकिन यह भी अँधेरे में चलाया गया तीर नहीं था। निर्माता के रूप में 'लगान' जैसी कल्ट फिल्म से शुरू हुआ दौर शानदार रहा। यह

'3 ईडियट्स' के गीत 'ज़ूबी डूबी' में करीना कपूर के साथ बारिश में नृत्य करते आमिर।

उनकी ऐसे माध्यम पर असाधारण पकड़ की उल्लेखनीय गवाही है, जिसे अब तक अपूर्वानुमेय माना जाता था। उन्होंने नए निर्देशकों के साथ बिना उनका ट्रैक रिकॉर्ड जाने कई मुश्किल कार्यों को अंजाम दिया। उन्होंने आशुतोष गोवारिकर की पिछली दो फिल्मों के फ्लॉप होने पर ध्यान न देते हुए उनके साथ 'लगान' में काम किया।

वो मानते हैं, ''हिट और फ्लॉप किसी निर्देशक की योग्यता नहीं दरशाता। माना

'पीपली (लाइव)' के कास्ट व क्रू की पूरी टीम के साथ आमिर।

जाए तो यह उनकी बिजनेस चेतना से अधिक कुछ नहीं दरशाता है। आप में गुणवत्ता निकालने की प्रतिभा होनी चाहिए।''

उनमें मौजूद अनगिनत मुकाम रोशन करनेवाली प्रतिभा और अकथनीय उत्साह ही उन्हें एक मील के पत्थर से दूसरे तक ले जा रहा है।

—रऊफ अहमद

(सुपर, मूवी, फिल्मफेयर और स्क्रीन के संपादक रहे हैं।)

□

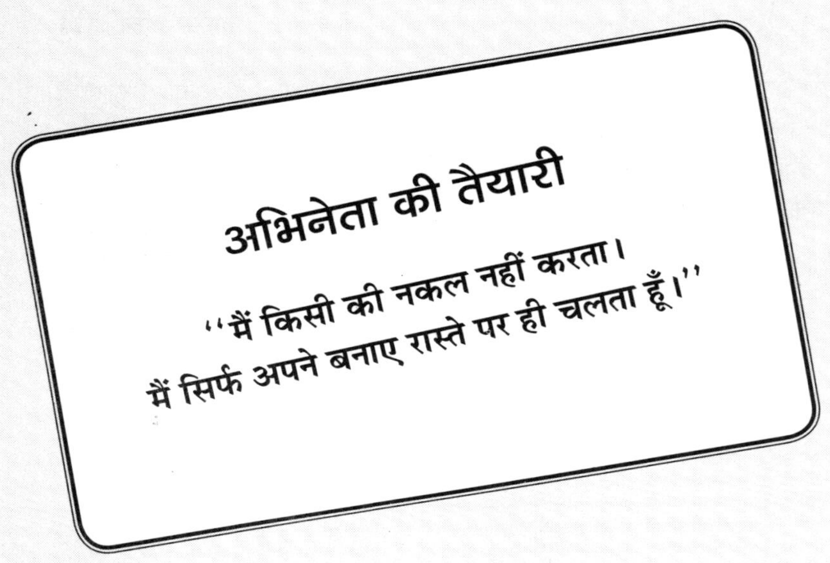

अभिनेता की तैयारी

''मैं किसी की नकल नहीं करता। मैं सिर्फ अपने बनाए रास्ते पर ही चलता हूँ।''

आमिर ने कभी कोई ट्रेंड सेट करने की कोशिश नहीं की। लेकिन अंत में अनजाने में ही वह ट्रेंडसेटर बन जाते हैं। किसी भी महत्त्वपूर्ण कार्य को पूरा करने के लिए वो सबसे संभावित मार्ग खोजने में खूब सोच-विचार करते हैं। लोग यह देखकर हैरान होते हैं कि वो चाहे जितना अनोखा रास्ता लें, उनकी अंत:प्रेरणा हमेशा सही होती है। अपने निभाए विभिन्न किरदारों में अपनी अनूठी सोच और इन भूमिकाओं की तैयारी में अपनाई पद्धति से उन्होंने अनायास ही कई उदाहरण स्थापित कर दिए।

अपने कॅरियर के शुरुआती दिनों में वो अभिनेता के तौर पर रुपहले परदे पर निभाए जा रहे अपने किरदार के बारे में अधिक नहीं सोचते थे; जबकि वह तो अभिनय में प्रशिक्षित भी नहीं थे। लेकिन उनकी तेज फोटोग्राफिक बुद्धि ने अभिनय में सफल कॅरियर बनाने के उनके अवसर बढ़ा दिए। आमिर कहते हैं, ''जब मैं कोई पटकथा पढ़ता हूँ तो वह सीधे मेरे दिमाग तक पहुँच जाती है। यह वैसा ही है, जैसी कंप्यूटर की मेमोरी होती है। यह सबकुछ समाहित कर लेता है और फिर मेरे दिमाग में इसकी प्रोसेसिंग चलती रहती है।'' उन्हें आज भी वे पंक्तियाँ याद हैं। जो उन्होंने 12वीं कक्षा में अपने गुजराती के पहले नाटक में बतौर पेंटर बोली थीं, वैसे वो इस रोल को निभा नहीं सके थे, क्योंकि रिहर्सल से एक दिन गैर-हाजिर रहने के कारण उन्हें उस रोल से हटा दिया गया था। वे पंक्तियाँ आज भी उनकी 'हार्ड ड्राइव' में उकेरी हुई हैं।

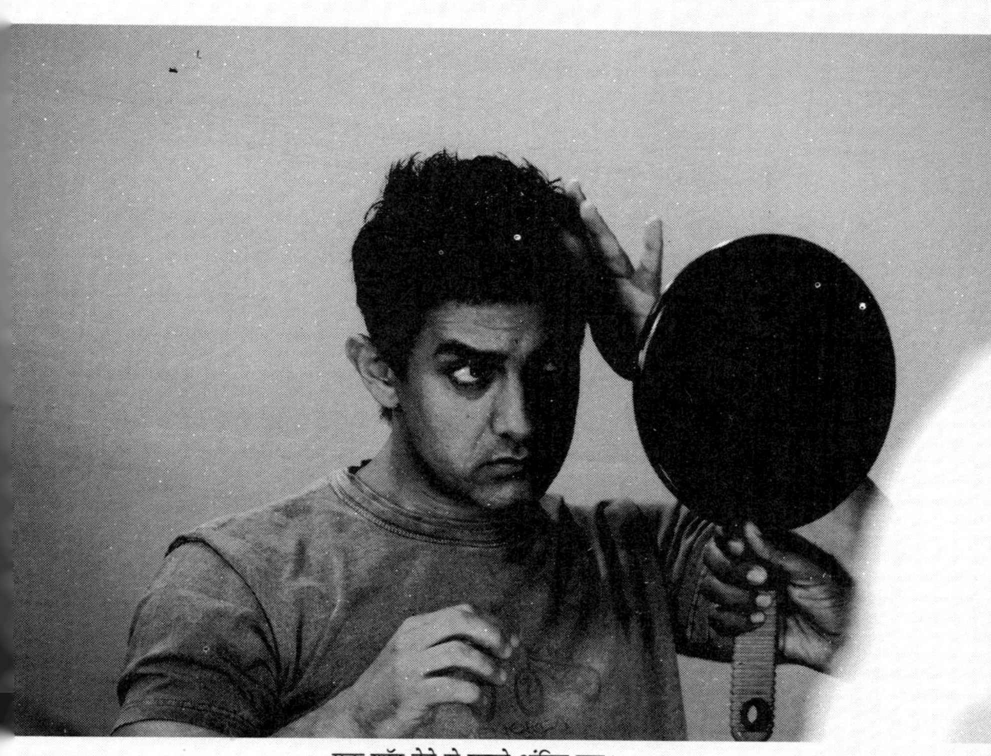

एक शॉट देने से पहले अंतिम टच।

'जो जीता वही सिकंदर' के प्रचार हेतु जुहू से बांद्रा तक होनेवाली साइकिल रेस के लिए तैयार होते हुए।

अपने शुरुआती वर्षों में आमिर खान ने अपने फैंस के बीच फैशन उत्साह फैलानेवाला कोई उल्लेखनीय कार्य नहीं किया। उनकी पहली फिल्म के बाद से ही उनके के फैंस की संख्या बहुत अधिक थी; लेकिन फिर भी उन्होंने अपना खुद का कोई स्टाइल नहीं बनाया। जैसे 'बॉबी' (ऋषि कपूर और डिंपल कपाड़िया अभिनीत) से बड़े आकार वाले धूप के चश्मे, छोटी पोल्का डाटवाली स्कर्ट, भड़कीली पतलून और बेलबॉटम प्रचलन में आए। 'कयामत से कयामत तक' का फैशन विभाग ऐसा कुछ वर्णनातीत कार्य नहीं कर सका। इसके बाद जब सलमान खान की पहली फिल्म 'मैंने प्यार किया' थिएटरों

में आई तो फ्रेंडशिप टोपी और फिल्म की नायिका भाग्यश्री जैसे कपड़ों की बाजार में बाढ़-सी आ गई; बल्कि इस फिल्म के संवाद 'दोस्ती का एक उसूल है, मैडम··· नो सॉरी, नो थैंक यू' या 'दोस्ती की है, निभानी तो पड़ेगी' युवा वर्ग के बीच फौरन चलन में आ गए।

अपने अभिनय कॅरियर के दूसरे फेज में उन्होंने निभाए जा रहे किरदार के अनुसार ही अपना व्यक्तित्व उभारने की दिशा में कार्य शुरू किया। इस प्रक्रिया में उन्होंने कुछ फैशन की नई तरंगें, बालों का स्टाइल, शारीरिक सौष्ठव और नए तौर-तरीके पेश किए, जिन पर मीडिया में खूब चर्चा रही और उनके फैंस ने भी इन्हें हाथोंहाथ लिया। उन्होंने इंडस्ट्री में पेशेवर होने, अनुशासन का विवेक, किरदार के अनुसार खुद को ढालने में विभिन्न तकनीकों का उपयोग करना और कार्य करने के बेहतर तरीकों की खोज करने के नए नियम पेश किए।

आमिर ने विक्रम भट्ट की फिल्म 'गुलाम' के लिए तैयारी शुरू की। किरदार के लुक पर चिंतन किया। उनके परदे के पीछे किए कार्य परदे पर स्पष्ट दिखाई दिए, जिसमें उन्होंने कसी हुई टी-शर्ट, उँगलियों में विभिन्न तरह की अँगूठियाँ, रंग-बिरंगे बनियान, चमड़े की जैकेट और गले में चेनें पहनीं। उन्होंने बुरा लड़का बनने के लिए कई अन्य महत्त्वपूर्ण

बाएँ—'सरफरोश' के निर्देशक जॉन मैथ्यू मथान; दाएँ : 'बाजी' में महिला का रूप बनाए आमिर।

एक्सेसरीज जोड़ीं, जिन्होंने दर्शकों में उस चरित्र के स्वरूप-निर्धारण में बेहतरीन कार्य किया। 'गुलाम' की रिलीज के बाद सूरज डूबने के बाद युवाओं को सड़कों पर टू-व्हीलर लिये घूमते देखा जाता था। अपना लुक निर्धारित करने में आमिर ने दर्शकों के बीच कोई नया ट्रेंड शुरू करने की जगह केवल अपने किरदार का ध्यान रखा।

'गुलाम' में सिद्धार्थ के किरदार को और अधिक विश्वसनीय बनाने के लिए पहली बार 'आती क्या खंडाला?' (गायिका अलका याग्निक के साथ दोगाना) गीत गाया। आमिर ने सही लय में गाने के लिए बहुत अभ्यास व कड़ी मेहनत की। कई दिनों की रिहर्सल के बाद उन्होंने माइक पर यह गीत रिकॉर्ड करवाया। उनकी मेहनत रंग लाई और रिलीज के दिन अन्य गीतों के साथ ही यह गाना भी खूब लोकप्रिय हुआ—खासतौर पर उन युवकों के बीच, जो अपनी प्रेमिकाओं को इस गीत द्वारा लुभाना चाहते थे।

'सरफरोश' के प्रचार के लिए आमिर के साथ कुछ फिल्मों में काम कर चुके 'स्टूडियो लिंक' के आत्मानंद ने सुझाव दिया कि फिल्म के प्रचार हेतु आमिर की एक मूर्ति बनवाई जाए। लेकिन जब मूर्तिकार ने फोटो देखकर मूर्ति बनाने से इनकार करते हुए आमिर के खुद वहाँ मौजूद रहने की माँग की तो निर्देशक जॉन मैथ्यू ने सारी उम्मीदें छोड़ दीं। वह आमिर से इस नियम की बात करते हुए भी डर रहे थे। उनके स्तर के अभिनेता के मूर्ति बनवाने के लिए चार से पाँच घंटे तक खड़ा रहने की कोई कल्पना भी नहीं कर सकता था। लेकिन समय की इस माँग को समझते हुए आमिर ने इसपर अपनी सहमति जता दी।

आमिर अब इस कला को सीख चुके हैं, यह कहना पर्याप्त नहीं होगा, क्योंकि वो अपने हर कार्य को नया अर्थ दे देते हैं। उदाहरण के लिए, 'बाजी' की शूटिंग के दौरान एक नृत्य दृश्य में उन्हें महिला की पोशाक पहननी थी। उस दृश्य के लिए उन्होंने अपने

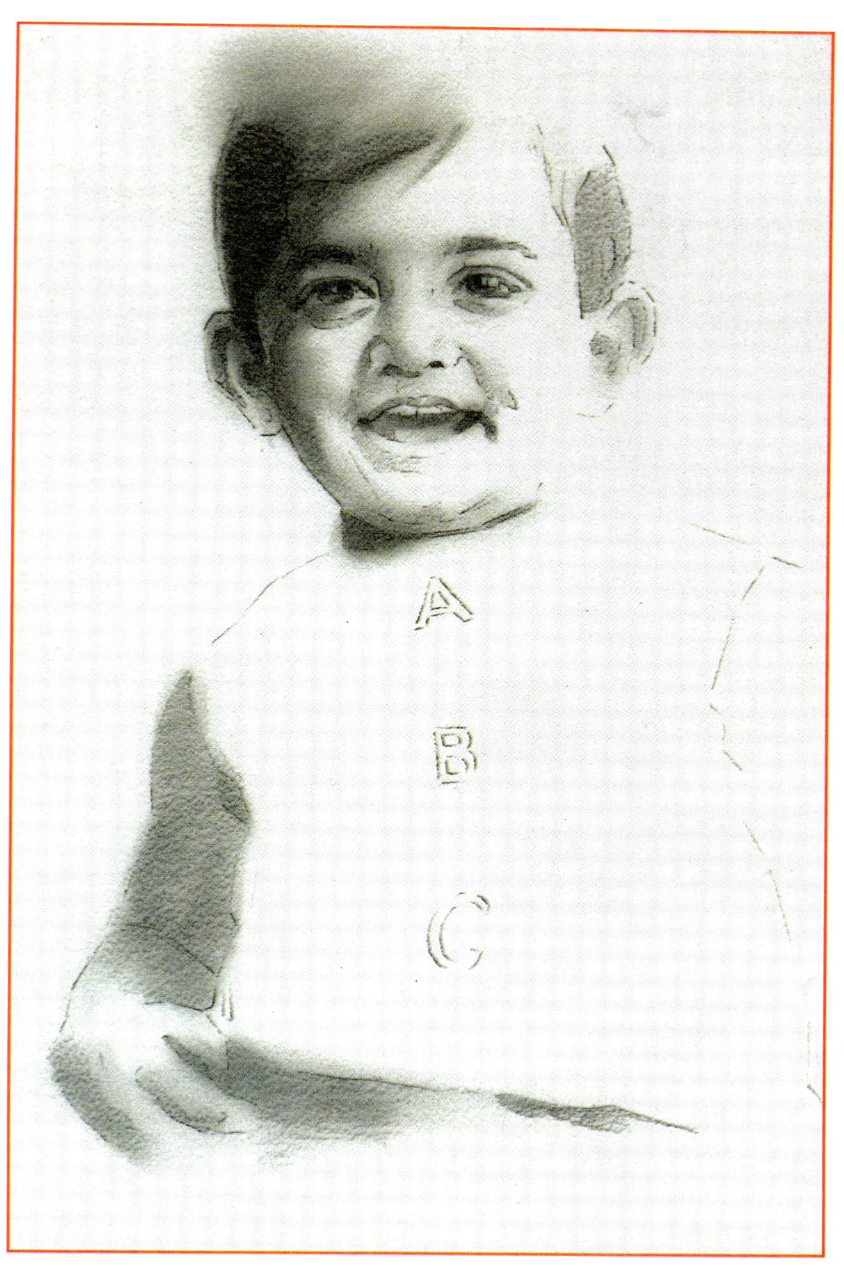

आमिर के बचपन का मुसकराता व खुशदिल स्केच

बड़ी बहन निखत और पिता ताहिर हुसैन के साथ बालक आमिर

अपनी माँ जीनत हुसैन के साथ बालक आमिर

आमिर बाल कलाकार के रूप में अपनी पहली फिल्म नासिर हुसैन की 'यादों की बारात' में

अपनी पहली पत्नी रीना दत्ता के साथ आमिर

अपनी माँ जीनत हुसैन (बाएँ) और पत्नी किरण (दाएँ) के साथ आमिर

आमिर का पुत्र आजाद राव खान अपनी प्यारी माँ किरण के साथ

एक प्रेमपूर्ण क्षण में अपनी पत्नी किरण के कान में बाली पहनाते आमिर

अपने पुत्र आजाद राव खान के साथ मुंबई एयरपोर्ट पर आमिर

अपने बांद्रा स्थित निवास पर पिता ताहिर हुसैन के साथ आमिर एक खुशनुमा माहौल में

'जो जीता वही सिकंदर' के प्रीमियर पर अपने चाचा नासिर हुसैन के साथ आमिर

पहली व इकलौती 'फिल्मफेयर अवॉर्ड' ट्रॉफी के साथ आमिर,
जो 'कयामत से कयामत तक' फिल्म में सर्वश्रेष्ठ पुरुष डेब्यू के लिए उन्हें मिली

मुंबई के सन-एन-सैंड होटल में आराम के क्षण

'दिल चाहता है' के एक फोटो सेशन के दौरान प्रसन्नचित्त आमिर

शिकागो में फिल्म 'धूम-3' की शूटिंग के दौरान आमिर

लोकप्रिय टी.वी. शो 'सत्यमेव जयते' पर आयोजित प्रेस सम्मेलन में मीडिया से बात करते आमिर

'गजनी' के लिए एट-पैक ऐब्स और तराशा हुआ जिस्म पाने के लिए आमिर ने कड़ी मेहनत की

फिल्म 'मेला' के एक दृश्य में आमिर खान

'सरफरोश' के प्रचार हेतु अपनी मूर्ति बनवाने के लिए आमिर गुड़गाँव स्थित एक मूर्तिकार के स्टूडियो में

लद्दाख के जिस स्कूल में '3 ईडियट्स' की शूटिंग हुई थी, उसी 'द ड्रंक व्हाइट लोटस स्कूल' में आमिर का स्वागत हुआ

सन् 2000 में दीपावली के विशेष एपिसोड में अमिताभ बच्चन के साथ के.बी.सी. के सेट पर आमिर

अवंतिका मलिक से अपने भानजे इमरान खान के विवाह के अवसर पर आमिर व किरण

सी.एन.एन.-आई.बी.एन. 'रियल हीरो अवॉर्ड्स 2012' के अवसर पर मुकेश अंबानी, नीता अंबानी व सचिन तेंदुलकर के साथ आमिर

साइना नेहवाल के साथ खार जिमखाना में बैडमिंटन खेलते हुए

भारत में महिंद्रा मोजो और स्टालियो मोटरसाइकिलों के लॉञ्च पर आनंद महिंद्रा के साथ आमिर खान

अपने नजदीकी मित्र प्रसून जोशी के साथ प्रसन्नचित्त आमिर

आमिर अपने ऑफिस में स्टाफ एवं अपनी पत्नी किरण के साथ बातचीत करते हुए

बांद्रा स्थित अपने घर में 45वें जन्मदिन पर मिली बधाइयों को निहारते अपने फैंस से घिरे आमिर

सन् 2013 में आमिर को 'टाइम' पत्रिका के मुखपृष्ठ पर विश्व के 100 सबसे प्रभावशाली व्यक्तियों में से एक के रूप में दरशाया गया

'सरफरोश' के प्रचार हेतु अपनी मूर्ति बनवाने के लिए आमिर गुड़गाँव स्थित एक मूर्तिकार के स्टूडियो में 4-5 घंटे तक खड़े रहने को राजी हुए।

पैर वैक्स करवाए। वह अपने पैर शेव भी करवा सकते थे, लेकिन वो यह अहसास करना चाहते थे कि महिलाओं को अपने पैर वैक्स करवाकर कैसा लगता है। इस रोंगटे खड़े कर देनेवाले अनुभव के बाद यह अभिनेता समझ गया कि महिलाओं जैसी पोशाक पहनने का क्या अर्थ है। क्या वो फिर कभी ऐसा करेंगे ? यदि उनके पास विकल्प हो तो कभी नहीं यहाँ उन्हें 'डोले-डोले दिल डोले' गीत के फिल्मांकन के लिए यह रूपांतर करना पड़ा था।

आमिर अपने किरदारों के बारे में हमेशा गहराई से सोचते हैं, चाहे वह 'लगान' में भुवन का छाती बाहर और दोनों पैरों पर समान वजन डालकर अंदरूनी ताकत का प्रदर्शन करना हो या 'दिल चाहता है' के आकाश की संवेदनशील, लेकिन शरारती आँखें हों वो इस बात का पूरा खयाल रखते हैं कि दर्शक जब उन्हें परदे पर देखें तो उन्हें आमिर खान नहीं, बल्कि उस फिल्म में निभाया जा रहा उनका किरदार ही दिखाई दे। फिल्म विशेषज्ञ नसरीन मुन्नी कबीर द्वारा कही इस बात से सभी सहमत होंगे कि ''खान क्लोजअप, वाइड-शॉट और मिड-शॉट यानी पूरी तरह से नजर रखते हैं।'' 'लगान' के फिल्मांकन के दौरान इन्होंने अभिनेता-लेखक राज अवस्थी से अवधी सीखकर खुद को पूरी तरह से गाँव के व्यक्ति के रूप में ढाल लिया। इतनी ही सरलता से उन्होंने 'लगान'

के रिलीज वर्ष में आई फिल्म 'दिल चाहता है' में खुद को विशिष्ट-बेपरवाह किरदार में बदला था। इसके लिए उन्होंने नई तरह का हेयर स्टाइल अपनाया और अपने होंठों के नीचे छोटी सी दाढ़ी भी रखी। उनके महँगे एक्जीक्यूटिव सूट, ब्लेजर्स और टाई युवा वर्ग के बीच छा गए।

शराब को न छूनेवाले आमिर ने 'राजा हिंदुस्तानी' के एक दृश्य में शराब से उन्मत्त किरदार को पूरी सच्चाई से निभाने के लिए 'वोदका' की लगभग पूरी बोतल पी ली थी। हर पैग पीने के बाद वह असहज हो जाते; लेकिन उन्होंने तब तक पीना जारी रखा, जब तक दृश्य ठीक से फिल्मा नहीं लिया गया। 'गुलाम' के एक दृश्य में उन्होंने तेज जाती ट्रेन के सामने कूदने का खतरनाक स्टंट करते हुए अपनी जान जोखिम में डाल दी। 'मंगल पांडे' के रोल में सहज दिखने के लिए उन्होंने अपनी शारीरिक संरचना में बदलाव किया और अपने बाल व मूँछें बढ़ा लीं। इस काम में उन्हें एक वर्ष से भी अधिक का समय लगा। उनकी कोशिश केवल किरदार में उतरने की ही नहीं होती, बल्कि वो बेहतरीन शॉट फिल्माए जाने के लिए लोगों और स्थितियों में जोड़-तोड़ के लिए भी मशहूर हैं। जैसे—'मंगल पांडे : द राइजिंग' की शूटिंग के दौरान धूप से तप्त शरीर पाने के लिए वो क्रू के सदस्यों और साथी कलाकारों को अपने साथ शतरंज खेलने के लिए आमंत्रित करते। सूरज की तेज रोशनी में बैठे हुए एक बार अभिनेता मुरली शर्मा ने सोचा कि आमिर इतनी भयंकर गरमी में बैठकर शतरंज क्यों खेलते हैं? बाद में उन्हें ज्ञात हुआ कि आमिर अपना शरीर तपाने के लिए ऐसा करते हैं और इसी तरह वो शॉट से पहले खुद को किरदार में ढाल लेते हैं।

किरदार में ढलने के लिए वो पोशाक, स्टाइल, बालों का चुनाव जैसे कुछ रोमांचक कार्य भी करते हैं। आमिर को अपने रोल पर इतनी मेहनत करते देख अब अन्य अभिनेता भी अपने रोल को अधिक विश्वसनीय बनाने में स्टाइल और पोशाकों का उपयोग करने लगे। लेकिन तब तक आमिर एक कदम और आगे बढ़कर अपने परदे के लुक्स को संपूर्णता प्रदान करने लगे। उनके इन संपूर्ण मेकओवर को 'गजनी' और '3 ईडियट्स' में देखा जा सकता है।

'गजनी' में अपने किरदार को निभाने के लिए उन्होंने अपने वास्तविक जीवन में जबरदस्त परिवर्तन किए। उम्र के पाँचवें दशक में भी कार्य के प्रति उनके जोश में कोई कमी नहीं आई। उनके बिजनेस दिग्गज से प्रतिशोधी के डरावने बदलाव में उनके ऐट-पैक ऐब्स और विशेष हेयर कट ने खूब साथ दिया। इसने दरशाया कि वो अधिक मजबूत हुए हैं और अपने लक्ष्य को पाने के लिए कड़े अभ्यास से गुजर रहे हैं। इस फिल्म का तमिल वर्जन देखकर वो समझ गए कि सिर्फ जिम जाकर कसरत करने से कुछ नहीं होगा। इसलिए, इसके साथ ही, उन्होंने आहार विशेषज्ञ डॉ. विनोद

'इसी का नाम जिंदगी' के सेट पर अपने बाल और मेकअप चेक करते आमिर।

'दिल चाहता है' के विशिष्ट–बेपरवाह लुक में आमिर।

ए. धुरंधर से सलाह ली, जिन्होंने उनके खान–पान का गंभीरता से अध्ययन किया। फिल्म के निर्देशक ए.आर. मुरुगादॉस ने किरदार के बारे में पहले ही कल्पना कर ली थी और वो इसके लिए तगड़े शरीर का व्यक्ति चाहते थे। वह चाहते थे कि बढ़िया कपड़े पहननेवाला धनाढ्य संजय सिंघानिया एक प्रतिशोधी के रूप में कसे हुए शरीर में दिखाई दे। जब आमिर को यह फिल्म मिली, उन दिनों वे 'तारे जमीं पर' निर्देशित करने में व्यस्त थे। अपने शरीर को सही आकार देने के लिए उन्होंने एक जिम ट्रेनर सत्यजित चौरसिया (सत्या) को चुना। इस रोल की आवश्यकता को देखते हुए आमिर ने नई रणनीति तैयार की। अब उन्हें 'तारे जमीं पर' के साधारण चित्रकला के अध्यापक से 'गजनी' के ऐसे बिजनेसमैन में परिवर्तित होना था, जो अपने प्यार को खो चुका है और प्रतिशोध लेना चाहता है। इसमें अर्नाल्ड श्वाजनिगर उनके आदर्श बने। वर्ष 2009 में जब आमिर से पूछा गया कि उन्होंने अपना शारीरिक सौष्ठव कैसे बेहतर किया, तो उन्होंने कहा, ''मेरे ट्रेनर सत्यजित चौरसिया का अंतर्ज्ञान बहुत उत्तम है और वो जिस व्यक्ति को ट्रेनिंग दे रहे होते हैं, उसके शरीर व दिमाग को बखूबी समझते हैं। यह आवश्यक भी है। जब आप सही ट्रेनर का चुनाव करते हैं तो आपको उनपर पूरा विश्वास होना चाहिए। वो विशेषज्ञ हैं और हमसे कहीं बेहतर जानते हैं

कि हमारा शरीर तनाव के प्रति क्या प्रतिक्रिया देगा।''

उनका ट्रेनर भी अपने क्लाइंट का अनुशासन देखकर दंग रह गया। वह चाहते थे कि आमिर 100 फीसदी प्रयास करें, लेकिन वो इससे कहीं अधिक कर रहे थे। यह अभिनेता प्रतिदिन तीन घंटे तक कसरत करता और ऐसा तेरह महीनों तक जारी रहा। आमिर के घर मरीना अपार्टमेंट्स के गैरेज को अस्थायी जिम का रूप दे दिया गया। सत्या इससे पहले ऋतिक रोशन, जायद खान, रानी मुखर्जी, ईशा देओल, सैफ अली खान और अजय देवगन जैसे सितारों को ट्रेनिंग दे चुके थे। आमिर ने अपने 80 किलोग्राम वजन में 12 किलोग्राम घटा लिया और साथ ही ऐट पैक ऐब्स भी बनाए। जब फिल्म के पोस्टर रिलीज हुए तो आमिर ने अपने ट्रेनर से कहा, ''अगर मैं 'तारे जमीं पर' के दौरान लापरवाह नहीं रहा होता तो हम और भी अच्छा कर सकते थे।'' वो भले ही अपनी मेहनत से संतुष्ट न हुए हों, लेकिन उनके फैंस को इससे अधिक कुछ नहीं चाहिए था।

लेकिन उन्हें इस थकाऊ बदलाव की क्या आवश्यकता थी? आमिर ने यह बात एक साक्षात्कार के दौरान बताई, ''आपने मुझे इस फिल्म में जिस तरह का एक्शन करते देखा है, उसके लिए मेरा शरीर ऐसा ही होना चाहिए था। मेरे शरीर की उस स्थिति के चलते ही आपको मेरे उन कार्यों पर यकीन हो सका।'' वह आगे कहते हैं, ''इसके लिए मुझे रोज तीन घंटे कसरत करनी पड़ी। मैंने अपने जन्मदिन के अगले दिन 15 मार्च, 2007 से इसे शुरू किया और यह 21 अप्रैल, 2008 तक जारी रहा।'' उन्होंने कहा, ''इस दौरान मुझे फिटनेस से संबंधित बहुत कुछ सीखने के अलावा यह भी पता चला कि मैं किस हद तक जा सकता हूँ।'' इस बारे में कुछ और खुलासा करते हुए उन्होंने कहा, ''कसरत का यह चक्र तीन दिन का था। मैं सोमवार को छाती व पीठ, मंगलवार को बाँहों एवं बुधवार को कंधों व पैरों की कसरत करता। इसके बाद फिर यही चक्र दोहराया जाता। इसके साथ ही रोजाना आधे से एक घंटे की कार्डियो भी होती। और सिक्स पैक पाने के लिए पेट की कसरतें, जिनमें 1,000 क्रंचेज शामिल होते। जिन दिनों मैं अच्छा महसूस करता, मैं अधिक कसरत करता। सोचने के लिए मेरे पास समय ही नहीं बचता···क्योंकि मैं दर्द से चीख रहा होता था। लेकिन रात को आठ घंटे सोने का मैं पूरा पाबंद था। रात को मैं चाहे कितने बजे भी सोऊँ, मैं आठ घंटे तक सोता और जब भी उठता, तभी ट्रेनिंग शुरू कर देता। यह बहुत कठिन था, क्योंकि मैं 'तारे जमीं पर' की पोस्ट प्रोडक्शन पर काम कर रहा था। मैं अपनी कसरत पूरी करता, स्नान करता, ताकत जमा करने के लिए थोड़ी देर सुस्ताता और फिर काम पर चला जाता।''

ध्यान देनेवाली बात यह है कि ऐसे बहुत कम अभिनेता हैं, जिन्होंने किसी रोल

में खुद को फिट करने के लिए इतनी तकलीफें सही हों। हालाँकि केवल यही एक उदाहरण नहीं है। आमिर ने ऐसा कई बार किया है।

आमिर की खूबसूरती के चलते उनकी महिला फैंस की संख्या कुछ कम नहीं हैं; लेकिन समय के साथ किसी भी अन्य अभिनेता की तरह उनकी उम्र भी बढ़ी, लेकिन यह परदे पर कभी नजर नहीं आई। अभी भी वह अपने साथी कलाकारों के मुकाबले कहीं अधिक युवा दिखते हैं। अपने युवा दिखने का श्रेय अपने माता-पिता को देते हुए वो कहते हैं, ''मुझे लगता है कि यह आनुवंशिक है।'' फिर भी, आमिर पिछले पाँच वर्षों से अपने आहार के प्रति बहुत सचेत हैं। वो बताते हैं, ''मुझे यह पता लगा कि आप जो भी खाते हैं, वैसे ही हो जाते हैं। इसलिए मैं अपने भोजन, कसरत और नींद का बहुत ध्यान रखता हूँ।'' वो संतुलित भोजन करते हैं। वो कहते हैं, ''मैं दिन भर में छह बार कम मात्रा में भोजन करता हूँ और मेरा यह भोजन भी नपा-तुला होता है। इसलिए मैं जानता हूँ कि मैं कितनी कैलोरी ले रहा हूँ।'' शुरुआती वर्षों से बिल्कुल अलग, अब वह अपनी कसरत और आठ घंटे की नींद के प्रति पाबंदगी का पूरा ध्यान रखते हैं। वे प्रतिदिन लगभग चार लीटर पानी अवश्य पीते हैं। आमिर ने खुलासा किया, ''मैं बहुत सकारात्मक और संतुलित जीवन जीता हूँ। यही मेरा रहस्य है।''

यह अभिनेता किरदार की माँग के अनुरूप सबकुछ करने को तैयार रहता

'गजनी' लुक में प्रेस से मिले आमिर।

है। '3 ईडियट्स' के लिए आमिर को 'गजनी' के लिए अपनाई जीवन-शैली के बिल्कुल उलट जाना था। लेकिन उन्हें इस बात का बिल्कुल भी पछतावा नहीं हुआ। इस नए रोल में फिट होने के लिए उन्हें कॉलेज जानेवाले लड़के जैसा युवा दिखना था। सन् 1970 के समय कोई पचास वर्ष का अभिनेता भी कॉलेज के छात्र का रोल निभा देता था। आज यह इतना सरल नहीं था। किसी चालीस वर्ष से अधिक उम्र के अभिनेता को दर्शकों के सामने कॉलेज के छात्र के रूप में पेश करना कठिन था; लेकिन आमिर ने '3 ईडियट्स' में अपनी उम्र से लगभग 20 वर्ष छोटा दिखने का कार्य सफलतापूर्वक अंजाम दिया। उन्होंने यह कैसे किया? खुद को फिल्म के अन्य युवा नायकों के समान दरशाने के लिए उन्होंने अपनी फिटनेस व्यवस्था और आहार में परिवर्तन किया। उनके आहार विशेषज्ञ ने उनके लिए संतुलित भोजन की योजना बनाई। उन्होंने आई.आई.एम., बेंगलुरु, जहाँ इस फिल्म की एक महीने से अधिक तक शूटिंग चली, के छात्रों के साथ बैडमिंटन खेलना शुरू किया। कभी वह एक दिन में दो घंटे तक बैडमिंटन खेलते। उन्हें 'गजनी' में छरहरा दिखने के लिए बड़ी मेहनत से बनाए अपने ऐट पैक्स ऐब्स का मोह छोड़ना पड़ा। लेकिन एक बार फिर उनकी मेहनत रंग लाई और यह फिल्म बहुत हिट साबित हुई।

आमिर जिस प्रोजेक्ट को हाथ में लेते हैं, उसमें पूरी दिलचस्पी दिखाते हैं और '3 ईडियट्स' इसका सबसे बड़ा उदाहरण है। इस फिल्म के लिए आमिर ने बिल्कुल

'तलाश' फिल्म की इस तसवीर में रानी मुखर्जी और बाल कलाकार जिनीत रथ के साथ आमिर।

'राजा हिंदुस्तानी' के एक ग्लैमरस शॉट में आमिर व करिश्मा कपूर।

स्पष्ट मार्केटिंग रणनीति बनाई, जिसने बॉक्स ऑफिस के सभी रिकॉर्ड तोड़ दिए। इसने इस स्टार के आत्मविश्वास को बढ़ा दिया। उन्होंने सिगरेट पीना छोड़ दिया। इससे पहले वो रोजाना चालीस से अधिक सिगरेट पीते थे। लेकिन उनका परिवार, खासतौर पर उनके बच्चे उन्हें यह आदत छोड़ने को कहते रहते थे। आमिर कहते हैं, ''इनसान का दिमाग बहुत ताकतवर चीज है। यह मैंने 'गजनी' के लिए एक वर्ष से अधिक चली रोज तीन घंटे और हफ्ते के छह दिन ट्रेनिंग के दौरान जाना। अगर वह किसी चीज को बुरी तरह चाहता है तो उसका शरीर उसमें साथ देता है। यह बिल्कुल वैसा ही है, जैसा योगियों ने बताया है।'' यह शायद उन कारणों में से एक है, जो उन्हें सदा तरोताजा रखते हैं।

आमिर ने 'तलाश' में पुलिसकर्मी के रोल के लिए एक अन्य ट्रेनर दीपेश भट्ट का भी सहयोग लिया। जब अगस्त 2012 में 'स्टारडस्ट' पत्रिका ने अपने विशेष अंक 'स्टाइल' के लिए इस ट्रेनर का साक्षात्कार किया तो उन्होंने कहा, ''आमिर कभी किसी ट्रेनिंग सत्र से चूके नहीं। अब मैं समझ गया हूँ कि उन्हें 'मिस्टर परफेक्ट' क्यों कहा जाता है। उन्होंने मेरा पूरा आदर किया और मैं भविष्य में उन्हें फिर से ट्रेंड करना चाहूँगा।'' जहाँ '3 ईडियट्स' में उन्हें युवा दिखना था और ऐट-पैक ऐब्स की आवश्यकता नहीं थी, वहीं 'तलाश' के लिए उन्हें तैराकी सीखनी पड़ी; क्योंकि फिल्म में पानी के नीचे के कई आवश्यक दृश्य शामिल थे। तैराकी न जाननेवाले इस अभिनेता ने उन दृश्यों को निर्दोष बनाने के लिए तैराकी सीखी। वो तीन महीनों में ही कुशल तैराक बन गए। आमिर ने बताया, ''मेरी माँ हमेशा डरती थीं कि पानी के नीचे हमें कुछ हो जाएगा, तो उन्होंने न मुझे और न ही मेरे अन्य भाई-बहनों को पानी में उतरने दिया। इसका परिणाम यह हुआ कि हम में से कोई भी तैराकी नहीं सीख सका। मैं 'तलाश' का शुक्रगुजार हूँ, जिसके कारण मैं एक और चीज सीख सका।'' आमिर ने हाथ व पैर की मूलभूत क्रियाएँ और साँस लेने की विधि सीखी, जिससे उन्हें पानी के नीचे लंबे समय तक बने रहने में मदद मिली।

'धूम-3' के वाणिज्यिक लॉन्च पर कैटरीना कैफ के साथ आमिर।

जब से 'यश राज फिल्म्स' ने आमिर की बहुप्रत्याशित फिल्म 'धूम-3' के दिसंबर 2013 में रिलीज होने की घोषणा की, तभी से ट्रेनिंग शुरू करने में आमिर की दिलचस्पी यह दरशाती है कि वह चुस्त रहने के लिए नए माध्यमों को जाँचने के लिए हमेशा तैयार हैं। वे फिल्म के लिए पारकोर व बैलेट की फ्रेंच तकनीक, एरोबेटिक्स सीख रहे हैं। उन्होंने फिल्म में बिल्कुल सही दिखने के लिए अमेरिका से डेविड नाम के फिटनेस ट्रेनर को बुलाया। आमिर इस फिल्म में जिमनास्ट और प्रतिनायक का किरदार निभा रहे हैं। उनका यह रूपांतर इतना महत्त्वपूर्ण है कि फिल्म की शूटिंग की तारीखों को आगे बढ़ाया गया, जिससे वह और उनकी सह-कलाकार कैटरीना साथ में फिल्माए जानेवाले एक्शन दृश्यों के लिए तैयार हो सकें। कैटरीना को भी एक्शन दृश्यों के लिए कठोर ट्रेनिंग लेने के अलावा पैराग्लाइडिंग और गाना भी सीखना पड़ा।

इंडोमेडिकॉन के अध्यक्ष डॉ. दीपक चतुर्वेदी जब भी अपने मरीजों से उम्र को धता बतानेवालों के संबंध में बात करते हैं, वो हमेशा आमिर का उदाहरण देते हैं। वो मानते हैं कि उम्र-प्रतिरोधन (एंटी-एजिंग) का हार्मोन व जीवन-शैली से घनिष्ठ संबंध है। इसलिए उन्हें पूरा विश्वास है कि आमिर के कार्य में दिखनेवाला अनुशासन उनकी स्वस्थ जीवन-शैली का परिचायक है। वो कहते हैं, "अगर हम हार्मोन की बात करें तो उनकी 'सरफरोश' व 'गजनी' जैसी फिल्मों में उनमें टेस्टोस्टेरोन की उच्च मात्रा दिखाई देती है। '3 ईडियट्स' के उनके सौम्य व्यक्तित्व में इस्ट्रोजेन की

ताज होटल में शेखर कपूर और उनकी पत्नी सुचित्रा कृष्णमूर्ति से बातचीत करते आमिर व रीना।

खूबसूरती झलकती है। उनके संपूर्ण काम में उनमें मौजूद एड्रेनेलाइन और थायरॉयड क्रियाशीलता हमेशा दिखती है। उनके कार्य की सबसे बेहतरीन बात यह है कि उनकी आकर्षक छवि देखने से दर्शकों में ऑक्सीटोसिन का स्राव शुरू हो जाता है, जो उनके व दर्शकों के जुड़ाव को और भी मजबूत बनाता है। आमिर में मुझे सभी हार्मोन भरपूर मात्रा में काम करते दिखाई देते हैं और मैं आशा करता हूँ कि उनका यह जोश हमेशा कायम रहेगा।'' अन्य लोगों की तरह निर्देशक शेखर कपूर भी मानते हैं कि बीते वर्षों में आमिर की उम्र जरा भी नहीं बढ़ी। उनके महत्त्वाकांक्षी प्रोजेक्ट 'टाइम मशीन' के लिए आमिर पहली पसंद थे, इस कारण यह फिल्म अभी तक शुरू नहीं हो सकी, वो उनकी तारीफ करते हुए कहते हैं, ''मेरी पहली पसंद आमिर हैं, क्योंकि उनके पास अंतरिक्ष में खोया संवेदनशील चेहरा है। उनमें चिर युवा आकर्षण है, जिस पर हमारे आस-पास दिखाई देनेवाले लगभग हर चेहरे पर चिपकी उदासी जैसा लेशमात्र प्रभाव भी नहीं है। मुझे लगता है कि आमिर में देव आनंद की सौम्यता को फिर से जीवित करने की क्षमता मौजूद है। उनमें किसी शिशु जैसी अविस्मरणीय उत्सुकता है, जो अपने आस-पास की सभी चीजों के बारे में जानना चाहता है।''

अपने किरदार के प्रति अकृत्रिम और काम के प्रति लगन रखने के अलावा आमिर इस इंडस्ट्री में बदलाव लाने के लिए भी आवाज उठाते रहे हैं। ''सिर्फ पाँच की जगह हमारे यहाँ कई बड़े सितारे होने चाहिए। हमें युवा प्रतिभा को प्रोत्साहित

करना चाहिए।'' कई अन्य बदलावों में से दो बदलाव सबसे महत्त्वपूर्ण हैं, जिन्हें वे इस इंडस्ट्री में लागू देखना चाहते हैं और जिनकी माँग वो लंबे समय से करते रहे हैं। वो जोर देकर कहते हैं, ''मैं इस इंडस्ट्री में जो दो मुख्य बदलाव देखना चाहता हूँ, वे हैं—साप्ताहिक आधार पर लाभ-सहभागिता पद्धति अपनाना और दूसरा, हमें फिल्म लेखकों की अहमियत समझते हुए उन्हें अधिक पैसे देने चाहिए।'' उन्होंने अपनी फिल्मों में इसे कुछ हद तक सच कर दिखाया है; लेकिन वो इसे और बड़े पैमाने पर संभव बनाना चाहते हैं। एक मनोरंजनकर्ता के तौर पर वो अपने किरदारों में जान फूँकने के लिए किसी भी हद तक जा सकते हैं। उनकी हर नई फिल्म में कला के प्रति उनका यह समर्पण दिखाई देता है।

□

ड्रम बजाकर आनंद लेते आमिर।

अपनी ही धुन में

'कयामत से कयामत तक' से आज तक आमिर ने कई संगीतमयी पारियाँ खेली हैं।'

सदी का चतुर्थांश बीतने के बाद भी वह तसवीर अभी भी आँखों के सामने है, जब वो सफेद कमीज पर बिना बाँहों की जैकेट एवं ढीली टाई पहने हैं और गिटार पर उनकी थिरकती उँगलियों के साथ 'पापा कहते हैं बड़ा नाम करेगा, बेटा हमारा ऐसा काम करेगा…' गीत गूँज रहा है। तब आमिर खान ने जैकपॉट जीत लिया था।

इससे पहले उन्होंने 'होली' में अभिनय किया था; लेकिन सन् 1988 में रिलीज हुई 'कयामत से कयामत तक' ने आमिर के अगला बड़ा स्टार बनने की पुष्टि कर दी थी। इसके साथ ही जूही चावला के कॅरियर ने भी उड़ान भरी। इस फिल्म के हर गीत ने वो धमाल मचाया कि इसके बाद संगीतमयी फिल्मों के नए दौर की शुरुआत हो गई। इससे संगीत निर्देशक जोड़ी आनंद-मिलिंद और गायक उदित नारायण को भी प्रसिद्धि मिली और अलका याग्निक को उनके शुरुआती हिट गीत प्राप्त हुए। आज भी फिल्म संगीत के चाहनेवाले 'पापा कहते हैं', 'ऐ मेरे हमसफर', 'गजब का है दिन' और 'अकेले हैं तो क्या गम है' जैसे गीत अकसर गुनगुनाते रहते हैं। पेड़ों की पंक्तियों के बीच आमिर व जूही पर फिल्माए गीत 'गजब का है दिन' को विशेष रूप से याद किया जाता है।

…बहुत से लोग ठीक ही समझते हैं कि 'कयामत से कयामत तक' आमिर की अब तक की सबसे बड़ी संगीतमयी सफलता है। यदि नया ट्रेंड सेट करने, अधिक ख्याति होना और आर्थिक सफलता को ध्यान में रखें तो यह बहुत बड़ी सफलता थी। लेकिन यह तो अभी केवल शुरुआत ही थी। पिछले वर्षों में उनकी बहुत सी फिल्मों में बेहतरीन संगीत रहा। देव आनंद, राजेश खन्ना व अमिताभ बच्चन पर उनके स्वर्णिम काल में और बाद में शाहरुख पर जैसे शानदार गीतों का फिल्मांकन हुआ, वैसा ही आमिर पर भी हुआ।

यदि आमिर के कॅरियर ग्राफ का उनकी फिल्मों के संगीत से सह संबंध बनाया जाए

रानी मुखर्जी के साथ अभिनीत मशहूर 'आती क्या खंडाला' गाना,
जिसमें आमिर ने पहली बार फिल्म के लिए गीत गाया।

तो कुछ बिंदु सामने आते हैं। पहला, उनके लिए कई गायकों ने गीत गाए, लेकिन उनमें उदित नारायण और कुमार शानू प्रमुख रहे। अगला बिंदु यह कि पिछले पच्चीस वर्षों में लोकप्रिय हुए गीतों में से बहुत उन्हीं की फिल्मों में से थे। यह बात भी ध्यान देने योग्य

फिल्म 'मन' के 'नशा ये प्यार का नशा है' पर थिरकते आमिर।

है कि उनके कॅरियर के विभिन्न पड़ावों पर उनकी कुछ बेहद सफल फिल्मों का संगीत कुछ विशेष संगीत निर्देशकों ने ही दिया है। यदि हम इस आकलन में उनकी वर्ष 1973 में बाल कलाकार के तौर पर की गई फिल्म 'यादों की बारात' को भी शामिल करें तो हम आर.डी. बर्मन से शुरू कर ऐसे कई संगीत निर्देशकों को इसमें जोड़ सकते हैं, जिन्होंने आमिर के साथ केवल एक ही फिल्म की। इन पर हम लेख के अगले हिस्से में बात करेंगे।

हम शुरुआत में केवल उन संगीतकारों पर ध्यान केंद्रित करेंगे, जिन्होंने उनके साथ लगातार काम किया। हम उन्हें विभिन्न अवधि में बाँटने के अतिरिक्त एक ही समय पर काम करनेवालों को जोड़ भी सकते हैं।

कालक्रम के अनुसार प्रमुख फिल्मों व समय दरशाते वर्ष, जिस दौरान इन संगीतकारों ने आमिर के साथ काम किया, वे हैं—

- आनंद-मिलिंद : 1988-1991
- बप्पी लाहिड़ी : 1989-1995
- नदीम-श्रवण : 1991-1996
- जतिन-ललित : 1992-2006
- अनु मलिक : 1995-2000
- ए.आर. रहमान : 1996-2008
- शंकर-एहसान-लॉय : 2001-2009

अब इनपर विस्तार से चर्चा करते हैं।

इन सभी संगीत निर्देशकों में पहले कुछ वर्षों में साफ तौर पर आनंद-मिलिंद और बप्पी लाहिड़ी छाए रहे। 'कयामत से कयामत तक' के लिए 'फिल्मफेयर अवार्ड' से नवाजे गए आनंद-मिलिंद ने बाद में प्रसिद्ध फिल्म 'दिल' (जिसमें खूबसूरत माधुरी दीक्षित नायिका थीं और 'मुझे नींद न आए' तथा 'खंभे जैसी खड़ी है' जैसे हिट गीत भी थे) में भी काम किया। इस जोड़ी ने आमिर की जिन अन्य फिल्मों में काम किया, वे हैं 'दीवाना मुझ सा नहीं' (अपने शीर्षक गीत के लिए प्रसिद्ध) और कुछ कम सफल फिल्मों में 'तुम मेरे हो', 'जवानी जिंदाबाद' एवं 'दौलत की जंग' थीं।

इसके बाद बप्पी ने 'लव लव लव', 'अव्वल नंबर', 'इसी का नाम जिंदगी', 'आतंक ही आतंक' और 'अफसाना प्यार का' में संगीत दिया, जिनमें अंतिम ज्ञात हिट गीत अमित कुमार (गायक किशोर कुमार के पुत्र) और आशा भोंसले का गाया 'टिप टिप बारिश' था। मजेदार बात यह है कि जहाँ आनंद-मिलिंद ने शुरुआती दिनों में उदित को चुना, वहीं बप्पी ने अमित को मौका दिया और फिल्म 'लव लव लव' में विजय बेनेडिक्ट को भी परखा। विजय ने इससे पहले मिथुन चक्रवर्ती की पहचान बनी फिल्म

'डिस्को डांसर' (1982) के लिए 'आई एम ए डिस्को डांसर' गीत गाया था।

नदीम-श्रवण और जतिन-ललित इन दोनों जोड़ियों ने आमिर खान के लिए बढ़िया संगीत बनाया। वर्ष 1991 में रिलीज हुई फिल्म 'दिल है कि मानता नहीं' में दिए संगीत से नदीम-श्रवण को बड़ी सफलता मिली। फिल्म का शीर्षक गीत 'कैसे मिजाज आपके हैं' एवं 'अदाएँ भी हैं, मुहब्बत भी है' कुमार शानू और अनुराधा पौडवाल द्वारा गाए तथा आमिर व पूजा भट्ट पर फिल्माए गए इन दोनों गीतों ने दर्शकों के मन को छू लिया। इसी फिल्म का 'तू प्यार है किसी और का' बहुत लोकप्रिय हुआ; हालाँकि यह गजल सम्राट् मेहँदी हसन की पुरानी गजल 'मैं खयाल हूँ किसी और का' का नवीन रूप था।

नदीम-श्रवण ने आमिर के लिए दो और असाधारण सफलता हासिल कीं। आमिर-जूही चावला अभिनीत 'हम हैं राही प्यार के' (1993) में 'घूँघट की आड़ से दिलबर का', 'यूँ ही कट जाएगा सफर' और 'मुझसे मुहब्बत का इजहार करती' (कुमार शानू व अलका याग्निक) और 'चिकनी सूरत तू कहाँ' (कुमार शानू व अन्य) गीत हिट रहे। इस फिल्म के लिए अलका याग्निक को वर्ष 1994 में सर्वश्रेष्ठ महिला पार्श्व गायिका का राष्ट्रीय पुरस्कार मिला। तीन वर्ष बाद करिश्मा कपूर के साथ आमिर की 'राजा हिंदुस्तानी' आई, जिसके 'पूछो जरा पूछो' (अलका-शानू), 'परदेसी परदेसी' (तीन वर्जन) और 'कितना प्यारा तुझे रब ने बनाया' (अलका-उदित), जो नुसरत फतह अली खान के 'किन्ना सोना तेनु रब ने बनाया' से प्रेरित था।

जहाँ तक जतिन-ललित की बात है, उन्होंने इस अभिनेता के कॅरियर के सबसे बेहतरीन गीतों में से एक बनाया था—वह कर्णप्रिय गीत था 'जो जीता वही सिकंदर' का 'पहला नशा', जिसमें उदित नारायण और साधना सरगम ने अपनी आवाज दी। मजरूह सुलतानपुरी का लिखा गीत 'पहला नशा, पहला खुमार; नया प्यार है, नया इंतजार; कर लूँ मैं क्या अपना हाल, ऐ दिल-ए-बेकरार; मेरे दिल-ए-बेकरार, तू ही बता' आज भी उतना ही प्रासंगिक है। आमिर व आयशा जुल्का का चमकती आँखोंवाला वो उल्लास भुलाए नहीं भूलता। समय के साथ यह सर्वश्रेष्ठ रोमांटिक गीत बनकर संगीत-प्रेमियों के मन में बस गया। इस फिल्म में 'यहाँ के हम सिकंदर' शीर्षक गीत भी था।

जतिन-ललित ने आमिर की तीन अन्य लोकप्रिय फिल्मों में संगीत दिया। वर्ष 1998 में 'गुलाम' का 'आती क्या खंडाला' सुपर हिट रहा। आमिर ने बोलचाल की शैली में यह गाना खुद गाया और रानी मुखर्जी को अलका याग्निक ने अपनी आवाज दी। यह गीत तुरंत प्रसिद्ध हो गया। आनेवाले वर्षों में 'सरफरोश' के संगीत में खुशदिल गीत 'इस दीवाने लड़के को' और 'जो हाल दिल का' जैसे संवेदनशील रोमांटिक गीत पर आमिर के साथ बेहद सुंदर सोनाली बेंद्रे ने नृत्य किया। लेकिन फिल्म में नसीरुद्दीन शाह (इसके कुछ शॉट्स में आमिर भी थे) पर फिल्माया और जगजीत सिंह का गाया

'होशवालों को खबर क्या' सबसे बड़ा हिट गीत रहा। इसके अलावा, सोनू निगम के 'जिंदगी मौत न बन जाए' की भी सराहना हुई।

इसके लंबे समय बाद जतिन-ललित ने आमिर की वर्ष 2006 में रिलीज हुई फिल्म 'फना' का संगीत दिया। यह फिल्म इन दोनों भाइयों की जोड़ी के रूप में किया गया अंतिम काम था। प्रसून जोशी के लिखे तथा शान द्वारा गाए 'चाँद सिफारिश' गाने में पृष्ठभूमि में कैलाश खेर की आवाज थी यह गीत आमिर ने काजोल अभिनीत नेत्रहीन लड़की के किरदार के लिए दिल्ली के एक पर्यटन स्थल पर गाया। 'मेरे हाथ में तेरा हाथ हो' और 'देखो न' गानों में सोनू निगम व सुनिधि चौहान ने श्रोताओं को अपनी दिलकश आवाज से मंत्रमुग्ध कर दिया।

वर्ष 1990 के दूसरे हिस्से में अनु मलिक को विवादित रूप से परदे का सबसे उर्वर संगीतकार माना जाता था, क्योंकि उनके कई प्रसिद्ध गीत विदेशी गीतों से प्रेरित थे। आमिर से उनका संबंध 'बाजी' और 'अकेले हम अकेले तुम' से वर्ष 1995 में शुरू हुआ, जो वर्ष 2000 में 'मेला' तक जारी रहा।

'बाजी' में उदित नारायण-साधना सरगम का गाया मशहूर गीत 'धीरे-धीरे आप मेरे दिल के मेहमाँ हो गए' सीधे मेहँदी हसन के 'रफ्ता रफ्ता वो मेरी हस्ती का सामाँ हो गए' से उठा लिया गया था। इसी फिल्म के 'जाने मुझे क्या हुआ' गीत को अनु मलिक ने पाश्चात्य शास्त्रीय संगीतकार बीथोवन के 'फुर एलाइस' से नकल किया था। इस

फिल्म 'मेला' के एक दृश्य में ट्विंकल खन्ना के साथ आमिर।

फिल्म के एक गीत 'डोले-डोले दिल डोले' में आमिर ने महिला का रूप धरा था। यह गीत भी अंतरराष्ट्रीय हिट गीत 'कम सेप्टेम्बर' से सीधे उठा लिया गया था।

मनीषा कोइराला के साथ अभिनीत 'अकेले हम अकेले तुम' का शीर्षक गीत 'राजा को रानी से प्यार हो गया' (यह 1972 में रिलीज हुई प्रसिद्ध फिल्म 'द गॉडफादर' के मुख्य थीम संगीत पर आधारित था) और 'दिल मेरा चुराया क्यों' (पॉप ग्रुप व्हाम के 'लास्ट क्रिसमस' से प्रेरित) सफल रहे।

आमिर के साथ वर्ष 1997 में की अनु की फिल्म 'इश्क' में भी कुछ बेहतरीन गाने थे; जैसे 'नींद चुराई मेरी', 'इश्क हुआ, कैसे हुआ' और 'मिस्टर लोवा लोवा' जो विख्यात रेगे पॉप स्टार शैगी के 'मिस्टर लोवा लोवा' का रूपांतर था। 'मेला' में अनु के साथ संगीत निर्देशक के तौर पर राजेश रोशन और लेस्ली लुइस का नाम भी था; लेकिन इसमें उनके गानों 'मेला दिलों का' और 'तुझे रब ने बनाया कमाल' गाने लोकप्रिय हुए।

आमिर के कॅरियर के पहले भाग में संगीत पर जहाँ आनंद-मिलिंद, नदीम-श्रवण और जतिन-ललित का अधिकार रहा, वहीं दूसरे भाग में ए.आर. रहमान पूरी तरह छाए रहे। इसकी शुरुआत रान गोपाल वर्मा की वर्ष 1996 में रिलीज हुई फिल्म 'रंगीला' से हुई, जिसमें उदित ने आमिर के लिए 'क्या करें क्या न करें' और 'यारो सुन लो जरा' गीत गाए। यह पहली हिंदी फिल्म थी, जिसमें रहमान ने संगीत दिया। उन्हें इसके लिए 'फिल्मफेयर' पुरस्कार मिला। दो वर्ष बाद दीपा मेहता की 'अर्थ' में सुखविंदर सिंह के सुरीले 'रुत आ गई रे' और परेशानी भरे 'रात की दलदल है' गीतों के साथ ही श्रीनिवास का दिल को छू लेनेवाले 'ये जो जिंदगी है' (दो वर्जन) खूब चले। ये सभी गीत परिस्थिति के अनुकूल थे और इन्होंने फिल्म के मूड को और अधिक बढ़ा दिया।

निस्संदेह आमिर के साथ रहमान को सबसे बड़ी संगीतमयी सफलता आशुतोष गोवारिकर की वर्ष 2001 में रिलीज हुई फिल्म 'लगान' से मिली। इस फिल्म के गीत जावेद अख्तर ने लिखे थे। क्रिकेट पर आधारित इस फिल्म से उदित नारायण को आमिर के लिए गाने का अपना टैलेंट फिर से स्थापित करने का मौका मिला और उन्होंने 'घनन घनन' (जहाँ गाँववाले बारिश आने की खुशी मनाते हैं), 'मितवा' 'राधा कैसे न जले' और 'ओ रे छोरी' में यह सफलतापूर्वक कर दिखाया। आमिर व ग्रेसी सिंह जब किसी दृश्य में साथ दिखते तो उनके बीच के परदे के सह-संबंध साफ झलकते। फिल्म के प्रेरणादायक थीम गीत 'चले चलो' में पार्श्व गायन का बीड़ा खुद ए.आर. रहमान ने उठाया। मिट्टी से जुड़े संगीत और गीत के बोलों ने गाँव का दृश्य, वहाँ की परिस्थिति, लोगों की भावनाएँ और उनके अनिश्चित भविष्य को सजीव कर दिया। यह एक पीरियड फिल्म थी, फिर भी इसका संगीत हर वर्ग के लोगों को पसंद आया।

वर्ष 2005 में जब आमिर ने फिर से रुपहले परदे का रुख किया तो इस शानदार

'रँग दे बसंती' के शीर्षक गीत में उल्लसित मूड में आमिर।

संगीतकार ने एक और पीरियड फिल्म 'मंगल पांडे : द राइजिंग' में इनके साथ काम किया। इस फिल्म में जावेद अख्तर के विचारपूर्ण बोलों के लिए रहमान ने बहुत ध्यान से धुनें बनाईं। इसका शीर्षक गीत 'मंगल मंगल' के उद्घोष को कैलाश खेर ने आवाज दी। इसके दो और वर्जन तैयार किए गए, जिन्हें 'अग्नि' और 'आत्मा' नाम मिला। 'आत्मा' में सुखविंदर सिंह की आवाज को भी शामिल किया गया है। कविता कृष्णमूर्ति एवं रीना भारद्वाज की गहन आवाज में और अत्यंत सम्मोहक संगीत से सजा मुजरा भी फिल्म के बेहतरीन गीतों में से एक है। रहमान की अद्वितीय आवाज में 'अल मदद मौला' कव्वाली सुनने में अति मधुर है, जो साउंडट्रैक को नया रस प्रदान करती है।

वर्ष 2006 में रहमान–आमिर की जोड़ी ने 'रँग दे बसंती' के साथ धमाकेदार वापसी की। इस अलबम की शुरुआत हर्षदीप कौर की मीठी आवाज में गुरबाणी 'इक ओंकार' से हुई। इसके बाद प्रसून जोशी लिखित और दलेर मेहँदी का गाया शीर्षक गीत 'रँग दे बसंती' था, जो ठेठ भाँगड़ा समूह गान से शुरू होकर रॉक संगीत की धमक और इलेक्ट्रिक उपकरणों के मेल से जिंदादिल हो गया। इस गीत में चित्रा की भूमिका बहुत संक्षिप्त, लेकिन शानदार रही। इसमें युवा कदमों को थिरकाने के लिए ऊर्जा से भरपूर गीत 'पाठशाला' भी था, जिसमें नरेश अय्यर एवं मोहम्मद असलम की आवाज और आमिर के नृत्य की विशिष्ट शैली शामिल थी। इसकी शुरुआत टेक्नो ट्रैक से हुई, लेकिन अंत आने तक इसमें विभिन्न शैलियाँ आ मिलीं। इसी गीत के एक अन्य वर्जन 'पाठशाला' (बी ए रिबेल) में ब्लेज का रैप भी बहुत लोकप्रिय हुआ। मधुश्री की आवाज

में 'तू बिन बताए' धीमा गीत है, लेकिन यह मस्तिष्क को शांति प्रदान करता है। पिछले गीत से यह बिल्कुल उलट प्रकृति का है। इस गीत की मधुर लोरी तुरंत ही 'खलबली' गीत में परिवर्तित हो जाती है, जिसे अरबी गायक नसीम के साथ रहमान एवं मोहम्मद असलम ने गाया और इसमें मध्य पूर्व की धुन समाहित है। 'खूँ चला' के बोल बहुत बेहतरीन हैं और मोहित चौहान ने इसमें शानदार काम किया है। फिल्म के सभी गीतों का फिल्मांकन भी बेहद उम्दा रहा। रहमान ने वरिष्ठ गायिका लता मंगेशकर के साथ मिलकर 'लुका-छुपी' गाया, जो इस फिल्म का संभवतः सबसे उत्तम गीत रहा। इसके भावना-प्रधान बोल आपके मन में लंबे समय तक जगह बनाए रखेंगे। फिल्म के अंत में नरेश अय्यर और रहमान की आवाज में 'रूबरू' जैसे प्रफुल्लित, दैवी व गुनगुनाने लायक गीत ने चार चाँद लगा दिए। इस फिल्म के गीतों में निहित संगीत वैविध्यता ए.आर. रहमान की प्रतिभा का प्रत्यक्ष उदाहरण है।

वर्ष 2008 में आमिर ने 'गजनी' में काम किया, जिसमें संगीत ए.आर.रहमान का था। इसमें आमिर और आसिन पर खूबसूरत आउटडोर दृश्यों में सोनू निगम-जावेद अली का हिट गीत 'गुजारिश' फिल्माया गया। बेनी दयाल और श्रेया घोषाल की आवाज में 'कैसे मुझे' एक विशुद्ध रोमांटिक गीत है। इसके अलावा, अन्य कर्णप्रिय गीतों में सुजैन डी'मेलो की उन्मुक्त शैली में गाया 'ऐ बच्चू' और श्रेया घोषाल का नृत्य गीत 'लट्टू' शामिल रहे। इस अलबम का सबसे बेहतरीन गीत 'बहका' रहा, जिसे कार्तिक ने बहुत खूबसूरती से गाया। फिल्म के संगीत में हिप हॉप, पॉप और जाज शैली का सुरीला मिश्रण था; जबकि साजों के उपयोग से शानदार लयबद्धता उत्पन्न की गई।

रहमान ने वर्ष 2008 में ही 'जाने तू... या जाने न' में भी काम किया, जिसके सह-निर्माता आमिर थे और इसमें उनके भानजे इमरान एवं चुलबुली जेनीलिया डिसूजा ने अदाकारी की। इसका संगीत बहुत ताजा और नई रीति का था, जो फिल्मी संगीत चार्ट में कई हफ्तों तक नंबर वन रहा। राशिद अली का 'कभी-कभी अदिति' और बेनी दयाल, मोहम्मद असलम, ब्लाज, अनुपमा एवं अन्य युवा गायकों का 'पप्पू कांट डांस' अन्य हिट गीतों में रहे।

शंकर-एहसान-लॉय की संगीतमयी तिकड़ी ने फरहान अख्तर की वर्ष 2001 में रिलीज हुई फिल्म 'दिल चाहता है' में लीक से हटकर संगीत दिया। इस फिल्म में आमिर के साथ सैफ अली खान, प्रीति जिंटा और अक्षय खन्ना थे। इसके कई गीत हिट रहे, जिनमें आमिर पर फिल्माए गीतों में उदित नारायण व अलका याग्निक का 'जाने क्यूँ' जिसमें ऑस्ट्रेलियाई वाद्य डिडगेरिडो का उपयोग किया गया और सोनू निगम का करुणापूर्ण 'तनहाई' शामिल थे। शंकर महादेवन, शान और केके का गाया 'कोई कहे कहता रहे' और शंकर महादेवन व क्लिंटन सेरेजो का गाया 'दिल चाहता है' जैसे गीत,

जिनमें तीनों सितारे एक साथ दिखे, खूब लोकप्रिय हुए। यह संगीत अलबम इसलिए भी विशेष रहा, क्योंकि इसमें विभिन्न शैलियों के संगीत का उपयोग कर ऐसी धुन तैयार की गई, जो उन दिनों बन रहे सामान्य संगीत से बहुत अलग थी।

शंकर-एहसान-लॉय ने वर्ष 2007 में आमिर के निर्देशन में बनी पहली फिल्म 'तारे जमीं पर' से फिर वापसी की। इस फिल्म के बाल कलाकार दर्शील सफारी पर शंकर महादेवन द्वारा कुशलतापूर्वक गाया बेहद भावुक व छू लेनेवाला गीत 'माँ' किसी बच्चे के उसकी माँ से दूर होने के बाद उत्पन्न असुरक्षा को व्यक्त करने में पूर्णत: सफल रहा। शंकर महादेवन का गाया शीर्षक गीत 'तारे जमीं पर' श्रोताओं को अनंत संभावनाओं की दुनिया में ले जाता है। प्रसून जोशी के दिल से लिखे बोल हमें अपने बचपन की याद दिला देते हैं। आमिर के साथ शान द्वारा गाए चुलबुले गीत 'बम-बम भोले' में आमिर ने जोकर का रूप धरकर स्कूल के छात्रों का खूब मनोरंजन किया। 'जमे रहो' परिस्थितिजन्य व भावनापूर्ण गीत है, जबकि 'मेरा जहान' में अदनान सामी की रसपूर्ण आवाज के साथ बच्चों का समूह गान हमें बच्चों के भोले-भाले जगत् में उनका पक्ष दरशाता है।

अन्य : आमिर की शुरुआती फिल्मों में उनके साथ काम करनेवालों में 'होली' में रजत ढोलकिया और 'राख' में रणजीत बरोट थे। शिव-हरि ने 'परंपरा' फिल्म के 'फूलों के इस शहर में' के लिए अभिजीत व लता मंगेशकर की आवाज लेना पसंद किया। अन्य संगीत निर्देशकों में से दो या तीन को ही आमिर के साथ कोई बड़ी सफलता मिल

'यमला पगला दीवाना 2' के संगीत रिलीज पर सनी देओल (बिल्कुल बाएँ), शाहरुख खान, जूही चावला (आमिर से गले मिलते हुए), नेहा शर्मा और लेखक-निर्देशक कुणाल कोहली।

सकी। इनमें प्रथम हैं तुषार भाटिया, जिन्होंने वर्ष 1994 में राजकुमार संतोषी की कॉमेडी फिल्म 'अंदाज अपना-अपना' में बेहतरीन संगीत दिया। इसमें से दो गीत 'एलो एलो' और 'दिल करता है' आमिर पर फिल्माए गए थे।

इसके बाद आती है संजीव-दर्शन की जोड़ी, जो संगीत निर्देशक श्रवण के पुत्र हैं। फिल्म 'मन' में 'नशा ये प्यार का नशा है', 'मेरा मन', 'तिनक तिन ताना', 'चाहा है तुझको', 'खुशियाँ और गम' में अलका याग्निक व अनुराधा पौडवाल के संग युगल व एकल गीतों में उदित नारायण ने पूरा साथ निभाया। इस फिल्म के गीत समीर ने लिखे थे।

वर्ष 2009 में शांतनु मोइत्रा के हाथ तब सोने की खान लग गई, जब उन्होंने राजकुमार हीरानी की सह-कलाकारों के रूप में करीना कपूर, आर. माधवन एवं शरमन जोशी अभिनीत फिल्म '3 ईडियट्स' का संगीत दिया। बहु प्रतिभावान् संगीतज्ञ और गीतकार स्वानंद किरकिरे ने गीतों के लिए उचित, हास्यजनक और भावपूर्ण बोल लिखे। इस अलबम के कई गीत सुपर हिट रहे, जिनमें सोनू निगम का शान व स्वानंद किरकिरे के साथ 'ऑल इज वेल' श्रेया घोषाल के संग युगल गीत 'जूबी डूबी' दिल को छूने वाला 'जाने नहीं देंगे तुझे' और शान का एकल गीत 'बहती हवा-सा था वो' शामिल रहे।

वर्ष 2010 में अर्जेंटीना के संगीतज्ञ गुस्ताव सेंटोलाला ने 'धोबी घाट' में संगीत दिया। उन्होंने 'अल्जांद्रो गोंजालेज इनरूटू की अमोरेस पेरोस' (2000), '21 ग्राम्स' (2003), 'बाबेल' (2006), 'ब्यूटीफुल' (2010), वॉल्टर सेलेस की 'द मोटरसाइकिल डायरीज' (2004) और अंग ली की 'ब्रोकबैक माउंटेन' (2005) जैसी कई अन्य बेहतरीन फिल्मों में संगीत दिया है। प्रसिद्ध फ्यूजन म्यूजिक बैंड 'इंडियन ओशियन' ने आमिर की प्रोडक्शन 'पीपली (लाइव)' के कुछ गीतों में संगीत दिया। आमिर की आनेवाली फिल्मों में 'धूम-3 : बैक इन एक्शन' का संगीत प्रीतम ने और 'पी.के.' का संगीत अमर मोहिले ने दिया है।

हाल ही में राम संपत ने आमिर के साथ मिलकर कुछ शानदार काम किए। उन्होंने 'पीपली (लाइव)' के लिए एक रीमिक्स बनाया। हालाँकि वास्तविकता में उनके संबंध 'डेल्ही बेली' से जुड़े, जिसके आमिर सह-निर्माता थे। इसमें 'भाग डी.के. बोस', 'जा चुडैल', 'बेदर्दी राजा' और 'स्विटी तेरा प्यार चाइदा' जैसे अश्लीलता के मुहाने पर डगमगाते हुए शरारती लेकिन बहुत जीवंत गीत थे, जो तत्कालीन युवा वर्ग के बीच बहुत लोकप्रिय हुए। अन्य गीतों के अलावा राम ने 'आई हेट यू' (लाइक आई लव यू) गीत भी कंपोज किया, जिसमें आमिर ने चमकदार पोशाक और विशाल गॉगल्स पहनकर विशेष भूमिका निभाई, जिसने डिस्को इरा की याद दिला दी।

निस्संदेह, राम के लिए सबसे बड़ा ब्रेक आमिर द्वारा संचालित टी.वी. सीरीज 'सत्यमेव जयते' रहा, जहाँ उन्होंने शीर्षक गीत के अलावा एपिसोड के अंत में आनेवाले

थीम-आधारित गीतों का भी संगीत दिया। उसी समय राम ने रीमा काग्ती की फिल्म 'तलाश' (2012) के लिए भी अपना संगीत दिया। इसमें सुमन श्रीधर का रेट्रो स्पर्श वाला गीत 'मुसकानें झूठी हैं', सोना महापात्र व रविंद्र उपाध्याय द्वारा बहुत खूबसूरती से गाया 'जिया लागे ना' और विशाल डडलानी का ऊँचे स्वर का 'जी ले जरा' भी शामिल रहे।

सारांश यह कि आमिर ने 'कयामत से कयामत तक' की रिलीज से लेकर अब तक बहुत शानदार संगीतमयी पारी खेली है। उन्हें खुद भी संगीत का बेहद शौक है। मुझे याद आता है कि मैंने नौ साल पहले उन्हें 'मंगल पांडे' बनने के दौरान मुंबई के होमी भाभा ऑडिटोरियम में अपने प्रिय रॉक बैंड 'जेथ्रो टुल' को सुनते देखा था। और हाँ, उन्होंने एक टी.वी. शो के दौरान बीथोवन का 'फुर एलाइस' पियानो पर बजाकर सुनाया। इसके अलावा 'पीपली (लाइव)' के संगीत लॉञ्च के अवसर पर बैंड 'इंडियन ओशियन' का ड्रम बजाकर साथ दिया था।

फिल्म 'दिल' के एक दृश्य में प्रेमपूर्वक माधुरी का हाथ पकड़े आमिर।

बेशक, आमिर में संगीत को पहचानने की अद्‌भुत क्षमता है। उनके नजदीकी लोग उनके द्वारा गीतों की गुणवत्ता पर नजर बनाए रखने की बात बताते हैं। इसका परिणाम उनके सभी फैंस को सुनने के बाद प्रत्यक्ष तौर पर दिखा।

—नरेंद्र कुसनूर मुंबई स्थित संगीत स्तंभकार व समीक्षक हैं

□

टेक टू : सार्थक सिनेमा और निर्देशन की शुरुआत

''फिल्मों की अपनी जिंदगी होती है।
वह बेलगाम घोड़े जैसी है।
अगर आप इसे काबू नहीं कर सके
तो यह अपने सवार को काबू कर लेती है।''

AFE

'दिल चाहता है' के एक फोटो सेशन के दौरान चिंतनशील मुद्रा में आमिर।
पिछले पृष्ठ पर—'दिल चाहता है' का एक दृश्य, जिसमें आमिर के स्पाइक बाल हैं और होंठों के नीचे छोटी सी दाढ़ी है।

वर्ष 2001 में आमिर ने अच्छे व बुरे दोनों तरह के दिन देखे। उनकी पहली प्रोडक्शन 'लगान' को शानदार सफलता मिली तो उसी वर्ष वह अपनी पहली पत्नी रीना से अलग हो गए। जहाँ 'लगान' और 'दिल चाहता है' की सफलता ने उन्हें अत्यधिक संबल देते हुए उनके खुद में विश्वास को पुनर्जीवित किया, वहीं उनके तलाक ने उन्हें तोड़कर रख दिया। वर्ष 2001 से 2005 के बीच आमिर ने एक भी फिल्म साइन नहीं की; यहाँ तक कि उन्होंने पटकथा सुनने से भी इनकार कर दिया था। वह उनके जीवन का सबसे दु:खद समय था। 'एम' पत्रिका को दिए एक साक्षात्कार में उन्होंने बताया, ''जब मैं रीना से अलग हुआ तो मुझे महसूस हुआ कि मैं मानसिक व भावनात्मक तौर पर काम करने की स्थिति में नहीं हूँ। इसलिए मैंने काम करना बंद कर दिया।' उन्हें इस बात का संतोष था कि उन्होंने पहले से कोई ऐसी फिल्म साइन नहीं कर रखी थी, जिसका शूट पूरा करने की बाध्यता हो। एक बार में एक ही प्रोजेक्ट पर ध्यान केंद्रित करने का संकल्प उनके हित में रहा। उन्हें इस बात की कोई परवाह नहीं थी कि लोग उन्हें याद रखते हैं या नहीं। जीवन के उस भाग में उनके सामने सिर्फ एक बात स्पष्ट

आमिर ने खुद को मंगल पांडे के चरित्र में पूरी तरह से ढाल लिया था।

केतन मेहता के ऑफिस में आधी रात के बाद हुए 'मंगल पांडे' के एक फोटो शूट के दौरान आमिर।

मंगल पांडे के रूप में अपनी मूँछें उमेठते आमिर।

थी कि फिलहाल वह काम करने की स्थिति में नहीं हैं। उस समय उनकी एकमात्र चिंता उनके बच्चे थे। उपर्युक्त साक्षात्कार में उन्होंने खुलासा किया, ''मैं अपना पूरा समय उनके साथ गुजारना चाहता था···मैं सिर्फ उनका साथ चाहता था, उन्हें सँभालना चाहता था, उन्हें आश्वस्त करना चाहता था। इसलिए मैं उनसे अलग नहीं हुआ; मैं पूरा समय घर पर ही रहा।''

तो आखिर वह कौन सी वजह थी, जिसने आमिर को अपनी आरामगाह छोड़ फिल्मों में लौटने के लिए विवश कर दिया? फिल्म चुनने में निर्देशकों को पहली प्राथमिकता देनेवाले आमिर से जब वर्ष 2003 में केतन मेहता ने एक बार फिर संपर्क किया तो वह मना नहीं कर सके। इस अभिनेता की फिल्में चुनने की दूसरी कसौटी अच्छी पटकथा के पैमाने पर आमिर को केतन की सुनाई कहानी पसंद आई। यह एक पीरियड फिल्म थी और जो फिल्म उन्होंने आमिर को उनके किशोर वय में ऑफर की थी, यह फिल्म उससे बहुत अलग थी। आमिर ने एक साक्षात्कार में बताया, ''किसी कंपनी द्वारा एक देश पर शासन करने की धारणा मुझे बहुत आकर्षक लगी। ये घटनाएँ भले ही वर्ष 1857 में घटी हों, लेकिन ये मुद्‍दे आज भी उतने ही प्रासंगिक हैं।'' स्वतंत्रता की अवधारणा के हवाले से किसी एक समाज का दूसरे समाज पर हावी हो उस पर कब्जा करने के अधिकार पर प्रश्न उठाना इस फिल्म का मूल विचार था। उनके केतन मेहता की फिल्म 'मंगल पांडे : द राइजिंग' को चुनने का चाहे जो भी कारण रहा हो, यह बात साफ थी कि यह अभिनेता अब अपनी मरजी का मालिक था। अब वह अपनी शर्तों पर अपनी इच्छा के मुताबिक चुनाव करने की स्थिति में थे।

फिल्म साइन करने के बाद उन्होंने खुद को पूरी तरह से भारत के पहले स्वतंत्रता सेनानी मंगल पांडे के चरित्र में ढाल लिया। यद्यपि मंगल पांडे के बारे में कोई रिकॉर्ड मौजूद नहीं था, इसलिए उस दौर के बारे में जितनी जानकारी मिल सकी, उसे एकत्रित किया गया, जिससे आमिर को कहानी के कालक्रम के बारे में समझने में मदद मिली। आमिर याद करते हुए कहते हैं, ''इसमें बहुत कुछ नहीं था; लेकिन इससे मुझे उस कालखंड के बारे में प्रारंभिक जानकारी मिल गई। इस फिल्म में मंगल पांडे को स्वतंत्रता के प्रतीक के रूप में दरशाया गया, जो भारतीय समाज के उस तबके का प्रतिनिधित्व करता है, जिसने प्रश्न उठाए और गुलामी के खिलाफ खड़ा हुआ।'' चूँकि आमिर ने बहुत लंबे समय के बाद कोई फिल्म साइन की थी, इसलिए इसकी घोषणा होते ही ट्रेड क्षेत्र में तहलका मच गया।

इस फिल्म के बनने के दौरान आमिर ने एक सिपाही की जीवन-शैली अपना ली। उनके लंबे बाल, मूँछ व पगड़ी कैमरे के इतर भी उनके जीवन का हिस्सा बन गईं। प्रोजेक्ट मुश्किल होने के बावजूद आमिर इसके प्रति पूरे तीन वर्षों तक समर्पित रहे।

रील और रीयल—अपनी फिल्म 'मंगल पांडे' के कार्डबोर्ड कटआउट के सामने पोज देते आमिर।

उन दिनों उन्होंने उसी रूप में टाइटन घड़ियों के लिए एक विज्ञापन भी किया। जब तक फिल्म का अंतिम दृश्य नहीं फिल्मा लिया गया, वह उसी रूप में बने रहे। आमिर कहते हैं, ''इस फिल्म से जुड़ना बहुत कठिन कार्य था। यह फिल्म आपसे बहुत कुछ चाहती थी; लेकिन अंततः यह बहुत संतोषप्रद अनुभव रहा।''

इस फिल्म की घोषणा के साथ ही दर्शक इसके रिलीज की प्रतीक्षा करने लगे। उनके प्रशंसक यह जानने को उत्सुक थे कि उनका पसंदीदा एंटरटेनर उनके लिए इस बार क्या लाया है! पिछले वर्ष इसी समय पर शाहरुख खान की फिल्म 'वीर जारा' रिलीज हुई थी। 'यश राज फिल्म्स' इन दोनों ही फिल्मों के वितरक थे। इस बात का खुलासा काफी बाद में किया गया कि भले ही 'मंगल पांडे' सफल फिल्मों की श्रेणी में नहीं आती, लेकिन फिर भी इसका शुरुआती बॉक्स ऑफिस कलेक्शन 'वीर जारा' से अधिक रहा। बावजूद इसके, आमिर इस वित्तीय व्यवहार से अप्रभावित रहे और उन्हें आज भी इस फिल्म पर गर्व है। कुछ वर्ष बाद एक टेलीविजन शो 'आपकी अदालत' में आमिर ने यह खुलासा किया कि 'मंगल पांडे' ने उनकी कई अन्य सफल फिल्मों से दो या तीन गुना अधिक कमाई की थी। इसी शो में आमिर ने इस फिल्म के असफल होने के कारणों पर भी बात की। उनके अनुसार, इन कारणों में एक इस फिल्म का दर्शकों के साथ भावनात्मक संबंध बनाने में असफल रहना था। आवेशी देशभक्त भारतीय इस फिल्म में उन्हें वर्षों तक दबाए रखनेवाली ब्रिटिश सत्ता का सर्वनाश देखना चाहते थे। लेकिन ऐतिहासिक पक्ष को ध्यान में रखते हुए आमिर इस फिल्म के अंत को बदल नहीं सकते थे, इसलिए उनके किरदार को फाँसी हुई और दर्शकों ने शायद इस बात को पसंद नहीं किया।

आमिर अब अपने कॅरियर में उस जगह पहुँच गए हैं, जहाँ उनकी फिल्मों की सफलता या असफलता उनके लिए कोई गंभीर बात नहीं है। उनके लिए महत्त्व अब इस बात का है कि जिन प्रोजेक्ट से वो जुड़ें, उनसे वो खुश और तृप्त हों। वर्ष 2006 में रिलीज हुई उनकी अगली दो फिल्मों 'रँग दे बसंती' और 'फना' ने उन्हें बहुमुखी

'फना' में जूनी (काजोल) के साथ टूरिस्ट गाइड रेहान (आमिर)।

अभिनेता के रूप में स्थापित कर दिया। 'रँग दे बसंती' में जहाँ उनका किरदार दिल्ली में रहनेवाले जिंदादिल युवक का था, वहीं 'फना' में उन्होंने निर्मम हत्यारे का रोल बहुत प्रभावकारी तरीके से निभाया। दर्शकों ने उनके निभाए सकारात्मक और नकारात्मक रोल बहुत सहजता से स्वीकार किए। दोनों ही फिल्मों में उस काल की सामाजिक बुराइयों को दरशाते हुए उनका समाधान निकालने का रास्ता सुझाया गया।

जब उन्होंने 'रँग दे बसंती' साइन की, तब वो जानते थे कि स्वतंत्रता सेनानी भगत सिंह और चंद्रशेखर आजाद की कहानी पर तब तक चार फिल्में बन चुकी थीं और उनमें से एक भी सफल नहीं हुई। जब आमिर ने न्यूयॉर्क में रह रही अपनी बहन को इस नए प्रोजेक्ट के बारे में बताया तो वह हैरान रही गईं और उन्होंने आमिर से अपने निर्णय पर एक बार फिर विचार करने को कहा। लेकिन आमिर यह जोखिम उठाने को तैयार थे, क्योंकि उन्हें यह पटकथा पसंद आई थी, जिसमें आधुनिक नायक एवं उनकी प्रेरणा भारतीय स्वतंत्रता सेनानियों की ऐतिहासिक कहानी समानांतर चलती हैं। आमिर के शब्दों में, ''यह फिल्म आज के युवाओं के तत्कालीन सामाजिक व राजनीतिक मामलों से जुड़ाव के अभाव के बारे में है।''

फिल्म के निर्देशक राकेश ओमप्रकाश मेहरा ने बतौर अभिनेता आमिर की संवेदनशीलता पर बताया कि ''मुझे उन्हें कभी यह बताने की आवश्यकता नहीं हुई कि उन्हें इस दृश्य में क्या करना होगा। मुझे उन्हें केवल यह बताना होता था कि उन्हें क्या नहीं करना है। 'रँग दे बसंती' में एक दृश्य है, जहाँ एक प्लेन क्रैश में आर. माधवन की मृत्यु हो गई है और आमिर यह खबर सुनकर टूट जाते हैं। यह दृश्य सोमवार को

फिल्माया जाना था। आमिर ने पूरे एक हफ्ते तक इसकी तैयारी की। लेकिन सोमवार को मैं खुद को भावनात्मक रूप से उस दृश्य को फिल्माने के लिए तैयार नहीं कर सका। मैं उन्हें टूटता हुआ नहीं देख सकता था। मैं दो-तीन दिनों तक इस बारे में सोचता रहा।···और जब हमने वो दृश्य फिल्माया तो आमिर कैमरे के सामने रो रहे थे और मैं कैमरे के पीछे।'' इस फिल्म को बॉक्स ऑफिस पर मिली सफलता ने इस तथ्य को स्पष्ट किया कि इससे दर्शकों के दिल में गर्व व क्रोध के मिले-जुले भाव उदय हुए हैं। ऐसा बहुत कम होता है कि किसी फिल्म को देखकर दर्शकों की चेतना इस हद तक आंदोलित हो जाए कि जब वे थिएटर से निकलें तो उनके मन में स्वयं को तथा समाज को बदलने की भावना मौजूद हो। 'रँग दे बसंती' जैसी फिल्में बहुत कम बनती हैं और इस फिल्म के निर्देशक राकेश को उनके इस जमीनी बदलाव के प्रयासों के लिए 'फिल्मफेयर' सर्वश्रेष्ठ निर्देशक का पुरस्कार प्राप्त हुआ।

'सरफरोश' के एक रोमांटिक दृश्य में सोनाली बेंद्रे के साथ। पिछले पृष्ठ पर—'रँग दे बसंती' के किरदार में आमिर।

इस फिल्म में दिखाए विनाशवाद पर बहस शुरू हो गई, जबकि इसके भावनात्मक सक्रियावाद ने कैंडल लाइट प्रदर्शन का दौर शुरू कर दिया। इन आंदोलनों का असर तो जल्द ही समाप्त हो गया, लेकिन इस फिल्म में निभाया आमिर का किरदार हमेशा याद किया जाएगा। इन सब पर आमिर की प्रतिक्रिया थी, ''यह अच्छा रहा।'' इस फिल्म के देश पर हुए प्रभाव से संबंधित 85 मिनट की एक डॉक्युमेंट्री बनाई गई, जिसे 'रूबरू' नाम दिया गया। इसकी कहानी कुछ बेपरवाह मित्रों के समूह के इर्द-गिर्द रची गई थी, जो विद्रोह करते हैं और भारत में बढ़ते भ्रष्टाचार का हिसाब सरकार से पूरी कठोरता से लेते हैं। इसमें जेसिका लाल के हत्यारे की गिरफ्तारी के लिए विरोध-स्वरूप निकाले गए कैंडल मार्च और अन्ना हजारे के प्रतिवाद जैसे वास्तविक जीवन के दृश्यों को भी शामिल किया गया, जो फिल्म में दरशाए मामलों जैसे ही थे। मेहरा ने खुद भी वर्ष 1989 में पूर्व प्रधानमंत्री वी.पी. सिंह द्वारा मंडल कमीशन की संस्तुति और उसे अमल में लाने के विरोध में प्रदर्शन किया था। जब मेहरा 'रँग दे बसंती' का निर्माण कर रहे थे तो उन अशांत दिनों की यादों ने भी इसमें अहम भूमिका निभाई।

आमिर खुद को अपने किरदार में ढालने की विधा में माहिर हैं, चाहे इसके

लिए उन्हें कुछ भी करना पड़े। हर फिल्म में अपने किरदार के साथ कुछ नया कर दिखानेवाले आमिर ने 'फना' में दो भिन्न रूप दरशाए और दोनों ही में वह एक समान सहज दिखे। आमिर मानते हैं कि एक रचनात्मक व्यक्ति की जिम्मेदारी दर्शकों का मनोरंजन करने से कहीं अधिक होती है। उसे लोगों के मन में मूल्य बैठाकर समाज को सुंदर बनाना होता है। उन्हें लगाता है कि उनका कार्य सामाजिक मुद्दों के प्रति लोगों को संवेदनशील बनाना भी है। उनकी इस मान्यता से गुजरात में उनकी फिल्म की व्यावसायिक सफलता को गहरा धक्का पहुँचा। उनके नर्मदा बाँध के विरुद्ध दिए बयान के चलते कुणाल कोहली की फिल्म 'फना' की गुजरात में रिलीज को कुछ समय के लिए प्रतिबंधित कर दिया गया। लेकिन आमिर ने अपनी बात से पलटने से इनकार कर दिया और वह नर्मदा बाँध के मुद्दे पर दिए अपने बयान पर डटे रहे। चूँकि वह मानते थे कि इस मुद्दे पर अपना मत जाहिर करके उन्होंने कुछ गलत नहीं किया है, इसलिए उन्हें अपने बयान के लिए किसी से माफी माँगने की आवश्यकता नहीं है। आखिरकार, जब यह फिल्म गुजरात के कुछ थिएटरों में रिलीज हुई तो उसने ठीक-ठाक पैसा कमाया।

अपनी फिल्म के प्रचार हेतु '10 का दम' के सेट पर सलमान के साथ 'गजनी' लुक में आमिर।
पिछले पृष्ठ पर—'गजनी' के लिए ऐट-पैक ऐब्स और तराशा हुआ जिस्म पाने के लिए आमिर ने कड़ी मेहनत की।

आमिर अपनी फिल्मों के प्रति पूर्णरूप से प्रतिबद्ध हैं, जो उनका ऊँचे दर्जे का पेशेवर होना दरशाता है। उनके निर्देशक विशेष तौर पर आमिर के इस गुण की प्रशंसा करते हैं। राकेश ओमप्रकाश मेहरा कहते हैं, "वो खुद को पूरी तरह निर्माता के हाथों सौंप देते हैं।" कुणाल कोहली इसका समर्थन करते हुए कहते हैं, "चाहे अध्ययन की बात हो या पोशाकों की आजमाइश, आमिर हमेशा उपस्थित रहते हैं।" कुणाल बहुत अनुराग सहित याद करते हैं कि कैसे वर्ष 2005 में आमिर ने उनसे माफी के साथ शूटिंग के बीच में चार दिन की छुट्टी माँगी थी, क्योंकि उन्हें किरण राव से शादी करनी थी। कुणाल कार्य के अलावा आमिर की बुद्धि की भी तारीफ करते हैं, "...वो बहुत

लद्दाख में लेह के 'द ड्रंक व्हाइट लोटस स्कूल' के छात्रों द्वारा दिए गए ग्रीटिंग काड्‌र्स को देखकर प्रफुल्लित हुए आमिर। इस स्कूल में '3 ईडियट्स' का कुछ भाग फिल्माया गया था।

बुद्धिमान हैं। आप ऐसे कितने लोगों को जानते हैं, जो 'रुबिक क्यूब' को एक ही हाथ से सुलझा लेते हों?''

एक अभिनेता के तौर पर हाल के वर्षों में उनकी दो बेहतरीन फिल्में आईं— मनोवैज्ञानिक थ्रिलर 'गजनी' और हास्य-ड्रामा वाली '3 ईडियट्स'। इस स्टार ने इन दोनों फिल्मों में खुद को दुनिया के सामने पेश करने के लिए जिस तरह की तैयारी की, वह तारीफ के काबिल है। दोनों फिल्मों में अपना किरदार निभाने में उन्होंने जिन तकनीकों का उपयोग किया, उसने उनके आलोचकों के मुँह बंद कर दिए और प्रतिस्पर्धियों को अवाक् कर दिया। उनके प्रयासों की महानता इसी बात से जानी जा सकती है कि जब उसी वर्ष अक्षय कुमार को लोकप्रिय अभिनेता की श्रेणी में पुरस्कृत किया गया तो उन्होंने यह कहते हुए उसे लेने से इनकार कर दिया कि 'गजनी' में किए अभिनय के आधार पर इस पर आमिर का हक बनता है। सलमान ने आमिर के घर जाकर व्यक्तिगत तौर पर उनके इस अद्‌भुत अभिनय के लिए उन्हें बधाई दी। जहाँ अन्य अभिनेता बहुत गर्व से अपने सिक्स पैक्स दरशा रहे थे, आमिर ने अपने ऐट पैक्स और सुगठित शरीर के बल पर उन सब को पीछे छोड़ दिया। अपने बेहतरीन शारीरिक गठन के लिए मशहूर सलमान ने आमिर के ऐट पैक्स के लिए उनकी तारीफ की। अपना शरीर बनाने में कड़ी मेहनत के पीछे आमिर का ध्येय किसी फिटनेस के दीवाने से मुकाबला करना नहीं, बल्कि अपने

'3 ईडियट्स' के पोस्टर के सामने मुसकान बिखेरते आमिर।

किरदार को और अधिक विश्वस्त बनाना था। आज जब उनकी तारीफ हो रही है तो वह इसे अपनी कड़ी मेहनत का प्रतिफल मानते हैं। 'एच.टी. कैफे' को दिए एक साक्षात्कार में उनके भानजे इमरान खान ने कहा, ''यह बहुत असाधारण बात है कि इतने वर्षों बाद भी आमिर खुद को छिपाकर अपनी फिल्मों के किरदारों को उभारने में सफल रहते हैं।''

आमिर के 'लगान' में प्रमुख सहायक रहे अपूर्व लखिया ने अप्रैल 2009 में 'स्टारडस्ट' पत्रिका को बताया, ''आमिर भारत के एकमात्र अभिनेता हैं, जिन पर दर्शक भरोसा करते हैं। आमिर की प्रत्येक फिल्म की पहले दिन से ही असाधारण शुरुआत होती है। करोड़ों लोगों का खुद पर विश्वास बनाए रखना सरल कार्य नहीं है, लेकिन आमिर ने इसे संभव कर दिखाया।'' आमिर के टैलेंट ने यह साबित कर दिया कि इस अभिनेता को सफलता के लिए बड़े निर्माताओं की आवश्यकता नहीं है।

'आमिर खान प्रोडक्शंस' द्वारा सार्थक सिनेमा की शुरुआत

आमिर को 'लगान' में पहली बार अभिनय के साथ निर्माता की गद्‍दी भी सँभालनी पड़ी। लेकिन वो केवल एक बार निर्माता बनने की जगह अपने बैनर का झंडा फहराना चाहते थे। आमिर ने अपने पिता और चाचा से फिल्म-निर्माण के बहुत से गुर सीखे थे। उन्हें भारतीय सिनेमा पर गर्व था और जरूरत के समय वो हमेशा इसका साथ देते; लेकिन वह जानते थे कि कमजोर पटकथा वाली घटिया फिल्में भी इसी सिनेमा का हिस्सा हैं। तब उन्होंने अपने प्रोडक्शन के बैनर तले सार्थक, लेकिन सबसे अलग सिनेमा तैयार करने का निश्चय किया।

'आमिर खान प्रोडक्शंस' की शुरुआत के साथ ही अब नए निर्देशकों को पेश करने का वक्त आ गया था। अमोल गुप्ते एवं उनकी पत्नी दीपा भाटिया अपनी कहानी पर काम कर रहे थे, जिसमें यह समझने की कोशिश की जा रही थी कि क्यों कुछ बच्चे पारंपरिक शिक्षा-पद्धति से खुद को जोड़ नहीं पाते? शुरुआत में कई वर्षों तक एक लघु कथा 'हाई जंप' को फिल्म की पटकथा के रूप में विकसित करने का प्रयास चलता रहा।

'तारे जमीं पर' के एक भावपूर्ण दृश्य में दर्शील सफारी के साथ आमिर।

'तारे जमीं पर' के लिए बनाई समीर मंडल की पेंटिंग।

वर्ष 2008 में 'द हिंदू' को दिए एक साक्षात्कार में दीपा ने बताया कि उनका प्रारंभिक विचार 'डिस्लेक्सिया' नहीं बल्कि एक प्रसिद्ध जापानी फिल्म निर्माता अकिरा कुरोसावा का बचपन था, जिनका स्कूल में शुरुआती प्रदर्शन बहुत अच्छा नहीं था; लेकिन एक प्रबुद्ध कला शिक्षक ने उनका जीवन बदल दिया, जिसके बाद उनके प्रदर्शन में बहुत सुधार हुआ। छोटे बच्चों के पढ़ाई में खराब प्रदर्शन के संबंध में शोध के दौरान यह प्रश्न अमोल और दीपा के सामने बारंबार खड़ा होता कि आखिर इसका कारण क्या है ? क्या इन बच्चों की सीखने की गति धीमी है, उदासीनता है या उनकी असमर्थता है ? इस उत्तर की खोज में उनकी कई शिक्षकों, अभिभावकों और महाराष्ट्र डिस्लेक्सिया एसोसिएशन के केट कुरावाला और 'पेस' (पैरेंट्स एसोसिएशन फॉर एपरोप्रिएट एजुकेशन ऑफ द चाइल्ड) की मेधा लोल्तिकर से मुलाकात हुई। इन विशेषज्ञ शिक्षकों से बात करने के बाद अमोल व दीपा बच्चों के संसार को समझने लगे। अंतत: डिस्लेक्सिया को फिल्म का केंद्रबिंदु बनाया गया और इस जोड़ी ने स्कूल में पढ़ाई के दौरान सीखने में अक्षमता का सामना करनेवाले इन बच्चों की परेशानियों, घबराहट और उल्लास का प्रत्यक्ष अनुभव लिया। अमोल गुप्ते ने इन बच्चों को और अधिक जानने के लिए कुछ आर्ट व ड्रामा वर्कशॉप भी आयोजित कीं, जिससे वे बच्चों के सोचने का तरीका समझ सकें। उन्हें यह पता लगा कि उनमें से अधिकांश बच्चों की सोच लीक से हटकर है। उनकी यह विशिष्टता अमोल को बहुत पसंद आई।

अमोल गुप्ते की डिस्लेक्सिया से पीड़ित बच्चे की कथा ही फिल्म 'तारे जमीं पर' की कहानी बनी। यह कहानी सुनकर आमिर के मन में ऐसी बेचैनी पैदा हो गई, जिसे वह सबके साथ बाँटना चाहते थे, इसलिए उन्होंने इस फिल्म का निर्माता बनने का निश्चय किया। वो जानते थे कि इस विषय के बारे में कभी किसी ने कुछ नहीं सुना होगा। इस फिल्म में कोई नायिका नहीं थी और फिल्म का मुख्य कलाकार एक बच्चा था। निर्माताओं के इनकार के लिए ये कारण काफी थे, लेकिन आमिर उनमें से नहीं थे। जब लोगों को आमिर के इस नए प्रोजेक्ट की जानकारी हुई तो उनका पहला सवाल था कि क्या

'अंदाज अपना-अपना' में एक एक्शन दृश्य के दौरान सलमान के साथ आमिर।

आमिर कोई डॉक्यूमेंट्री बना रहे हैं? क्योंकि व्यावसायिक फिल्मों में ऐसे विषय नहीं होते। बहुत से लोग तो यह जानते भी नहीं थे कि डिस्लेक्सिया होता क्या है!

निर्माण के दौरान ही फिल्म के निर्माता व निर्देशक में मतभेद हो गए और टीम टूट गई। चूँकि फिल्म के अधिकार अमोल गुप्ते के पास थे, इसलिए वो यह फिल्म किसी के भी साथ बना सकते थे। उन्होंने आमिर से इसका निर्देशन करने के बारे में पूछा। आमिर के दिमाग में फिल्म निर्देशक बनने का विचार अभिनेता बनने से पहले से था, अंततः उन्हें यह मौका वर्ष 2007 में 'तारे जमीं पर' से मिला। इस फिल्म की प्रामाणिकता और विश्वसनीयता बनाए न रखने पर यह ऐसी भावनात्मक अनुभूति होती, जिसे दर्शक समझ नहीं पाते। फिल्म यथार्थ होने के साथ ही कथानक के तौर पर भी असाधारण रूप से प्रभावकारी थी। दर्शील सफारी को ईशान का रोल देने से फिल्म हास्य व ड्रामा का उत्तम मिश्रण बन गई। यह फिल्म इसे देख बहे खुशी के हर आँसू के योग्य थी। आमिर की इसके लिए खूब सराहना हुई। यह फिल्म देखने के बाद अब हर बच्चा आमिर जैसा उदार, सहायक व उल्लासप्रिय शिक्षक पाने का सपना देखता है। उन्होंने मानवीय स्वभाव का हर रंग दरशाने के लिए अपने लुक पर पूरा ध्यान दिया। दर्शकों को फिल्म बहुत पसंद आई—खासतौर पर उन माता-पिता को, जिनकी अपनी संतान भी ऐसी ही थी। इस फिल्म द्वारा बच्चों व शिक्षा के प्रति लोगों के दृष्टिकोण में बदलाव आया। फिल्म ने दर्शकों के अलावा आमिर के जीवन को भी प्रभावित किया। आमिर को 'तारे जमीं पर' के लिए 'गोल्लापुडी श्रीनिवास अवॉर्ड' प्राप्त हुआ। यह राष्ट्रीय स्तर का निजी अवॉर्ड है, जो भारतीय सिनेमा में पहली बार निर्देशन करनेवाले किसी व्यक्ति को प्रतिवर्ष दिया जाता है। इस अवॉर्ड की शुरुआत युवा निर्देशक गोलापुडी श्रीनिवास के परिवार द्वारा की गई, जिनका निधन अपनी पहली फिल्म की शूटिंग के नौवें दिन हो गया था। हालाँकि आमिर अवॉर्ड कार्यक्रमों में नहीं जाते, लेकिन उन्होंने इसे भ्रातृत्व भाव से दिया महान् सम्मान मानते हुए खुद ही प्राप्त किया।

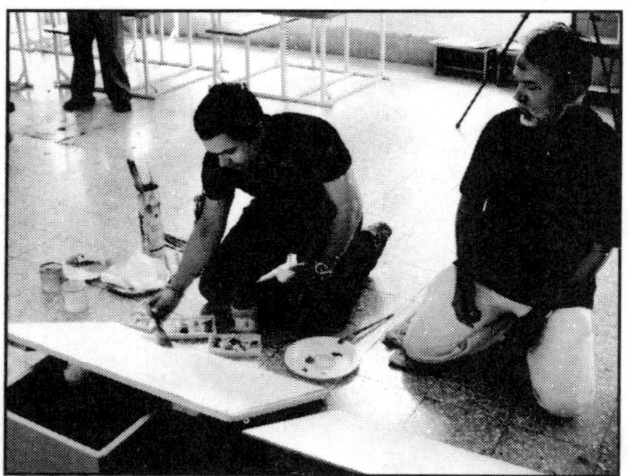

'तारे जमीं पर' के दौरान उन्हें जलरंगों से चित्रकारी सिखानेवाले कलाकार समीर मंडल के साथ आमिर।

जब राकेश ओमप्रकाश मेहरा से आमिर का अभिनेता, निर्माता व निर्देशक के तौर पर वर्णन करने को कहा जाता है

तो वो कहते हैं, ''मैं आमिर को एक अभिनेता, मित्र व निर्माता के मिश्रित रूप में देखता हूँ। एक निर्देशक के रूप में मैंने अभिनय के प्रति उनकी स्पष्टता को देखा है। वह कहानी पर टिके रहते हैं। उन्हें पटकथा व निर्देशक के दृष्टिकोण का भक्त भी कहा जा सकता है। एक निर्माता के तौर पर वह मुखिया या रीढ़ जैसे हैं, जिनसे हर तरह की सहायता मिलती है।'' सच तो ये है कि फिल्म का यह नाम सलमान खान ने ही आमिर को एक पार्टी में मिलने पर सुझाया था। यह फिल्म देखकर भारत की बुलबुल कही जानेवाली लता मंगेशकर ने कहा, ''मैंने आमिर खान की 'तारे जमीं पर' देखी। वो जितने अच्छे अभिनेता हैं, निर्देशक भी उतने ही बेहतरीन हैं। मैं उन्हें अपना व्यक्तिगत मित्र मानते हुए उनका आदर करती हूँ।''

जहाँ आमिर के निर्देशन डेब्यू की हर ओर से सराहना हो रही थी, वहीं इस समय उन्हें अपने चाचा नासिर हुसैन की दुआओं की कमी खल रही थी। उनके चाचा के करीबी रहे शम्मी कपूर ही आमिर की इस कमी को पूरा कर सकते थे। 'तारे जमीं पर' के संगीत रिलीज के बाद आमिर अपनी संगीत टीम के साथ शम्मीजी के दक्षिण मुंबई स्थित घर गए। आमिर ने बाद में बताया, ''चाचाजान अब हमारे बीच नहीं हैं। मैं चाहता था कि शम्मी अंकल यह संगीत सुनें और हमें आशीर्वाद दें। शम्मी अंकल बढ़िया व्यक्ति हैं और मुझे उनके साथ वक्त बिताना अच्छा लगता है। शम्मी अंकल जैसी जीने की स्पिरिट बहुत कम लोगों में होती है। उनसे बहुत कुछ सीखा जा सकता है। उन्होंने

'तारे जमीं पर' के निर्माण के दौरान आमिर ने चित्रकार समीर मंडल को अपने साथ रहने के लिए बुला लिया, ताकि वह एक चित्रकार को बारीकी से समझ सकें।

मुझे अपने कमरे में लगी एक तसवीर दिखाई, जिसमें वह और चाचाजान उनकी किसी फिल्म के सेट पर एक साथ थे। मुझे वह देखकर बहुत खुशी हुई। 'तारे जमीं पर' के साथ ही आमिर एक पूर्ण एंटरटेनर बन गए। एक अभिनेता के तौर पर उन्होंने खुद को और सान चढ़ाकर अपने प्रोडक्शन हाउस की कीमत और बढ़ा दी। लेकिन उन्हें अभी और भी बहुत कुछ प्राप्त करना है।

जहाँ एक ओर वो 'लगान' और 'तारे जमीं पर' जैसी मौलिक व मार्मिक फिल्में बना रहे थे, वहीं अपने भानजे इमरान खान को लॉञ्च करने के लिए वह 'जाने तू··· या जाने न' जैसी खुशदिल फिल्म के निर्माता बने। इस फिल्म में उन्होंने 'दोस्ती आगे चलकर प्यार बन जाती है' की पुरानी धारणा को नई कलेवर में पेश किया, जो दर्शकों को खूब पसंद आई। आमिर ने अपने भानजे को लॉञ्च करने के लिए इसी फिल्म को क्यों चुना? दरअसल इस फिल्म के निर्माण की कहानी में कई पेंच हैं। पहले झामू सुघंद इस फिल्म के निर्माता थे; लेकिन उनके वित्तीय परेशानी में फँसने से यह फिल्म रुक गई और अचानक ही आमिर के पास पहुँच गई। हालाँकि इमरान अपने मामा के प्रोडक्शन हाउस की सफलता से वाकिफ थे, लेकिन वो यह नहीं जानते थे कि आमिर 'जाने तू··· या जाने न' जैसी रोमांटिक कॉमेडी फिल्म का निर्माता बनना चाहेंगे या नहीं। इसलिए उन्होंने अपने मामा से उन्हें तथा फिल्म के निर्देशक अब्बास टायरवाला को उस समय बन रही 'रँग दे बसंती' की निर्माता यू.टी.वी. प्रोडक्शंस में किसी से मिलवाने को कहा।

'डेल्ही बेली' की टीम के साथ आमिर।

आमिर ने कहा कि वो पहले उन्हें फिल्म की कहानी सुनाएँ। फिल्म की कहानी और इसके लिए बने संगीत को सुनकर आमिर इसको बनाने के लिए तैयार हो गए। लेकिन इसमें एक शर्त भी थी। चूँकि आमिर उस समय 'तारे जमीं पर' में व्यस्त थे, इसलिए उन्हें एक वर्ष तक प्रतीक्षा करनी होगी। आमिर के साथ जुड़ने को किसी भी अभिनेता या निर्देशक के लिए एक वर्ष लंबा समय नहीं है। जब यह फिल्म रिलीज हुई तो सब जान गए कि उनका प्रतीक्षा करना व्यर्थ नहीं गया। इससे आमिर के उच्चतम पेशेवर रवैए का पता चलता है, जो अपने परिवार के सदस्य के साथ भी अन्यों जैसा ही है। बात जब काम की हो तो वे सभी के लिए समान हैं।

एक निर्माता के तौर पर आमिर केवल सफल फिल्में बनाकर ही संतुष्ट नहीं हो जाते, बल्कि वह अपनी फिल्मों के माध्यम से मनोरंजन के साथ ही समाज में फैली बुराइयों के प्रति लोगों को जागरूक करना चाहते हैं। मनोरंजन के साथ सामाजिक मुद्दों के मिश्रण का एक बेहतरीन उदाहरण अनुषा रिजवी की 'पीपली (लाइव)' थी। इसका विषय शहरी और ग्रामीण जीवन के बीच की बढ़ती खाई था। यह फिल्म कई मामलों में विशिष्ट थी। इसमें रघुवीर यादव के अलावा इंडस्ट्री का कोई भी प्रसिद्ध अभिनेता नहीं था; अन्य कलाकारों में थिएटर कलाकार व स्थानीय लोग थे। ऐसी फिल्म बनाना सरल

'डेल्ही बेली' के प्रचार के दौरान आमिर व उनके भानजे इमरान खान के साथ शहनाज ट्रेजरीवाला (मध्य में)।

कार्य नहीं था, वह भी तब, जब आपका लक्ष्य दुनिया भर के दर्शक हों। इस फिल्म को वैश्विक पटल पर कैसे पेश किया जाए, इसपर आमिर ने अपनी टीम के साथ कई बार चर्चा की। इस तरह की लगातार हो रही मीटिंग से एक सहायक इस कदर थक गया कि उसने खीजकर कहा, ''आमिर, यह बहुत छोटी सी फिल्म है। इसमें कोई स्टार नहीं है, कोई बड़े कलाकार नहीं हैं और हम हैं कि इस पर लगातार चर्चा किए जा रहे हैं!'' यह सुनकर आमिर खामोश हो गए और इसके बाद उन्होंने कहा कि अगर और किसी को भी यह लगता है कि यह फिल्म इतनी खराब है तो वो इसे छोड़कर जा सकता है, लेकिन वो इस फिल्म का प्रचार करना जारी रखेंगे।

आमिर को इसकी कहानी पर भरोसा था और वो इसे प्रोत्साहित करना चाहते थे। भले ही इसमें व्यावसायिक स्तर का कोई मनोरंजन न हो, लेकिन इसमें सुनाने के लिए कहानी मौजूद है। वो उसे प्रोत्साहित करना चाहते थे, भले ही वो फ्लॉप क्यों न हो जाए। उन्होंने पूरी आस्था से इस फिल्म के बारे में जागरूकता फैलाई। दर्शकों को ग्रामीण भारत की समस्याओं से रूबरू करवानेवाले इस हास्यप्रद प्रहसन या ब्लैक कॉमेडी की हर खास व आम ने सराहना की। आम दर्शकों व आलोचकों ने इसकी भूरि-भूरि प्रशंसा की। तत्कालीन प्रधानमंत्री डॉ. मनमोहन सिंह ने अपने व्यस्त कार्यक्रम में से समय निकालकर यह फिल्म देखी। उन्होंने फिल्म की निर्देशक अनुषा और उनकी टीम के इस साहसी प्रयास की तारीफ कि। उन्होंने माना की फिल्म में उन मुद्दों को उठाया गया है, जो हम सभी के लिए महत्त्वपूर्ण हैं। इसके साथ ही उन्हें यह फिल्म विचारोत्तेजक लगी और उन्होंने इंडस्ट्री से इस तरह की और अधिक फिल्में बनाने का आग्रह किया। उस वर्ष यह फिल्म भारत की ओर से आधिकारिक तौर पर ऑस्कर के लिए सर्वश्रेष्ठ विदेशी भाषा फिल्म श्रेणी में नामित हुई और इसे सनडांस फिल्म फेस्टिवल के लिए भी चुना गया।

'जो जीता वही सिकंदर' का एक दृश्य, जिसमें आमिर व आयशा जुल्का के बीच पहली नजर में प्यार होना दरशाया गया।

आमिर खान के प्रोडक्शन हाउस द्वारा बनाई गई दूसरी फिल्म 'डेल्ही बेली' थी। पूरी तरह से आधुनिक रूप-रंगवाली इस फिल्म में इमरान खान और दो

नवोदित अभिनेता कुणाल रॉय कपूर एवं वीर दास भी थे। फिल्म के निर्देशक अभिनय देव ने इससे पहले औसत से कम स्तर की फिल्में बनाई थीं। कई लोगों का मानना था कि इस फिल्म में कुछ खास नहीं होगा और आलोचकों व प्रतिद्वंद्वियों ने इसकी कटु आलोचना की। उन्होंने प्रश्न किया कि आमिर जैसा सुपर स्टार ऐसी बेतुकी फिल्म से कैसे जुड़ गया, जिसमें अश्लील भाषा व अत्यधिक वयस्क सामग्री भरी हुई है; लेकिन यह फिल्म हर जगह हिट रही। इस तरह आमिर ने सबका मुँह बंद कर दिया! यहाँ तक कि इसका विवादास्पद गीत 'भाग डी.के. बोस' भी तुरंत ही लोकप्रिय हो गया। फिल्म के मुख्य कलाकार इमरान ने 'डेल्ही बेली' की सफलता पर बताया, ''मुझे कभी नहीं लगा कि 'डेल्ही बेली' को बॉक्स ऑफिस पर सफलता मिलेगी। आप यह कभी नहीं जान सकते कि दर्शक क्या देखना चाहते हैं।''

'द टाइम्स ऑफ इंडिया' के फिल्म समीक्षक निखत काजमी ने लिखा—''डेल्ही बेली' इस बात का उदाहरण है, जब चतुर व निर्भीक लोगों के अपनी प्रतिभा को एक साथ लाने से एक ऐसी फिल्म बनती है, जो खुद पर लगे पैसे वापस दिलाने में सक्षम होती है, चाहे उसमें इंडस्ट्री के कितने ही पुराने नियमों को ठोकर मार दी गई हो। इस अनुभव का मजा लीजिए।'' 'द टेलीग्राफ' में फिल्म आलोचक ने लेखक अक्षत वर्मा की तारीफ करते हुए इसे एक मौलिक पटकथा बताया, जो 'वास्तविक कॉमेडी और हास्यास्पद तमाशे का अंतर समझती है।' विख्यात फिल्म व्यापार विश्लेषक तरन आदर्श ने लिखा—'डेल्ही बेली' की सफलता का मुख्य कारण यह है कि ये वो पहली व असाधारण फिल्म है, जिसने बिल्कुल नए और अनछुए मुकाम को पेश करने का साहस दिखाया है। निर्दोष और चुस्त पटकथा के साथ शानदार अभिनय और धमाकेदार संगीत ने इसकी सफलता का मार्ग प्रशस्त किया।'' भारत से बाहर 'द हॉलीवुड रिपोर्टर' की लिजा सीरिंग, 'द लॉस एंजेलिस टाइम्स' के केविन थॉमस और 'द गार्जियन' के पीटर ब्रेडशॉ जैसे विदेशी आलोचकों ने भी फिल्म की सराहना की। इसपर कुछ नकारात्मक टिप्पणियाँ भी हुईं; लेकिन उनकी संख्या सकारात्मक टिप्पणियों से अधिक नहीं थी।

आमिर के लिए केवल बढ़िया काम मायने रखता है और इसके लिए वह किसी भी हद तक जा सकते हैं। जब उन्हें अपनी पत्नी किरण राव द्वारा निर्देशित पहली फिल्म 'धोबी घाट' (एक अन्य नाम 'मुंबई डायरीज' भी है) में रोल के लिए ऑडिशन देना पड़ा तो उन्हें कोई दु:ख नहीं हुआ। किरण की ही लिखी इस फिल्म में मुंबई के चार किरदारों की जिंदगी का कुछ हिस्सा और वे किस तरह एक-दूसरे से जुड़ जाते हैं, यह दरशाया गया था। यह उनका इस शहर के प्रति आभार व्यक्त करने का तरीका था। इसमें आमिर ने एक पेंटर का किरदार निभाया। इस फिल्म पर दर्शकों की मिली-जुली प्रतिक्रिया रही। इसका कारण शायद यह था कि यह फिल्म न तो मनोरंजन से भरी व्यावसायिक

'धूम-3' के शीर्षक गीत 'धूम मचा ले' के लॉञ्च पर मीडिया से बात करते आमिर व कैटरीना।

फिल्म थी और न ही इसे कला फिल्म की श्रेणी में रखा जा सकता था।

रिलीज के बाद आलोचकों ने फिल्म के बारे में अधिकतर सकारात्मक ही लिखा। 'टिकट प्लीज' की वरिष्ठ संपादक भावना सोमैया ने लिखा—''राव ने इसमें शहर के कठिन श्रम और वैभव की कभी न भूलनेवाली तसवीरें पेश की हैं।'' वो आगे लिखती हैं—''इस बात में कोई संदेह नहीं है कि 'धोबी घाट' भारतीय सिनेमा के इतिहास की कुछ महत्त्वपूर्ण फिल्मों में से एक है।'' 'द स्टेट्समैन' के माथुर्स पॉल ने लिखा—''धोबी घाट' कहीं वातावरण को दरशाती हुई तो कहीं वीडियो डायरी जैसी लगती है, जिसमें कई ऐसे दिल दुखाने वाले पल हैं, जिन्हें आप देखना नहीं चाहेंगे; लेकिन इनसे मुँह भी नहीं मोड़ा जा सकता।'' 'हिंदुस्तान टाइम्स' के मयंक शेखर ने लिखा—''इस फिल्म का केंद्र बंबई है। यह शायद दुनिया का इकलौता शहर है, जहाँ विभिन्न स्तर के लोग दुःख, सौंदर्य व

'सरफरोश' के साहसी ए.सी.पी. अजय सिंह राठौड़ के किरदार में।

आशा की नदी में घुल–मिलकर रहते हैं, बिना यह जाने कि कैसे वे रोजाना एक–दूसरे को प्रभावित कर रहे हैं। यह प्रथम श्रेणी की श्रद्धांजलि और बहुत अंतरंग फिल्म है—और मुझे लगता है, ये दोनों ही बातें इसकी प्रशंसा हैं। इससे अधिक उपयुक्त कुछ नहीं हो सकता।'' कुछ समीक्षकों ने फिल्म की सुस्त गति, इसके अत्यधिक उदासी भरे माहौल, मिथ्याभिमान, निष्प्रभ क्षणों और अस्थिर कथानक की आलोचना की। इन सब कमियों के बावजूद यह फिल्म बहुत अच्छी थी, जिसमें सभी कलाकारों ने बेहतरीन अभिनय किया।

यद्यपि आमिर मानते थे कि 'पीपली (लाइव)', 'डेल्ही बेली' और 'धोबी घाट' विशिष्ट दर्शकों के लिए थीं, इसलिए इनमें जोखिम भी अधिक था। उन्होंने इन फिल्मों का निर्माता बनने का फैसला इसीलिए किया, क्योंकि वे अपने दर्शकों को अच्छी तरह जानते थे और उनके पास इन फिल्मों को धनार्जन करने योग्य बनाने की योजना भी थी। उन्होंने ये फिल्में वैश्विक दर्शकों को ध्यान में रखकर बनाईं और इसका वितरण भी इसी तरह किया। उन्होंने 'धोबी घाट' को कला-गृह कहा, क्योंकि उनके अनुसार यह फिल्म ऐसी ही थी और जिन दर्शकों ने हमेशा उनपर बहुत भरोसा किया हो, उनसे वे झूठ नहीं बोलना चाहते थे।

चाचा नासिर हुसैन के करीबी रहे शम्मी कपूर से बातचीत करते हुए आमिर।

बात जब आमिर की हो, तो कुछ भी संभव है। निर्देशक राम गोपाल वर्मा (रामू) ने तो आमिर को भगवान् मानने की हद तक चले गए। उन्होंने कहा, 'मैं उन्हें भगवान् कहता हूँ, क्योंकि 'लगान,' इसके बाद 'तारे जमीं पर' और फिर 'डेल्ही बेली'—ये तीनों बहुत अलग विषय व मानसिकता पर आधारित होने के बावजूद सफल रहीं। मैंने कभी भी अल्लाह, राम या ईसा को ऐसा करते नहीं देखा।''

इनकी फिल्म '3 ईडियट्स' भारतीय फिल्म इंडस्ट्री की सबसे अधिक कमाई करनेवाली फिल्मों में से एक है। समाज के लिए संदेश वाली इस जिंदादिल, आनंद से भरपूर और मनोरंजक फिल्म में मानव जीवन के सबसे महत्त्वपूर्ण पक्ष स्व-वास्तविकीकरण के बारे में बात की गई। दर्शकों को यह फिल्म बहुत मनोरंजक लगी। यह उत्तेजक व हास्यप्रद होने के साथ ही अंतर्दृष्टि से संपन्न भी थी। ये सब कारक दर्शकों को बार-बार थिएटर की ओर खींच लाते। इस फिल्म द्वारा वर्तमान शिक्षा-प्रणाली, जिसमें छात्रों की सहज बुद्धिमत्ता और सामान्य बोध को घटाकर उनका प्रदर्शन बेहतर बनाने की कोशिशों पर सवाल उठाए गए। प्रश्न उठाने के साथ ही इस फिल्म के किरदारों आर. माधवन, शरमन जोशी और आमिर के माध्यम से उनके उत्तर भी सुझाए गए। यह फिल्म हर कीमत पर जीतने की बात नहीं करती, बल्कि लोगों को यह आशा देती है कि यदि आप अपने दिल की बात सुनोगे तो खुश रहने के साथ ही सफलता भी प्राप्त कर सकोगे। चूँकि इस फिल्म को बहुत बारीकी से बनाया गया था, इसलिए इसका दर्शकों पर बहुत प्रभाव पड़ा। हमें आज भी ऐसे व्यक्ति मिल सकते हैं, जो अति गंभीर स्थितियों में भी 'ऑल इज वेल' (इस फिल्म में एक गीत के माध्यम से दिया संदेश) कहकर खुद को दिलासा देते मिल जाएँगे। यह फिल्म पूरी मजबूती के साथ लोगों को सफलता की ओर दौड़ने को नहीं बल्कि श्रेष्ठता हासिल करने को कहती है—और श्रेष्ठता हासिल करने की इस प्रक्रिया में सफलता अवश्य मिलेगी, यही सिद्धांत इस फिल्म का आधार है।

आमिर कहते हैं कि सफलता व्यक्ति पर निर्भर करती है और केवल इसे प्राप्त करनेवाला ही इसका आकलन कर सकता है। 'टाइम्स नाउ' पर न्यूज एंकर व प्रधान संपादक अर्णव गोस्वामी को उनके टेलीविजन शो 'फ्रैंकली स्पीकिंग' के दौरान दिए एक साक्षात्कार में आमिर ने कहा, ''आपकी सफलता का मापन केवल आप खुद ही कर सकते हैं। यही इस फिल्म का मूल संदेश है।'' '3 ईडियट्स' में उनका किरदार रैंचो कॉलेज में सीखने आया है, न कि डिग्री लेने के लिए। आमिर का अपना स्वभाव भी इस किरदार जैसा ही है। अपनी पहली फिल्म के सफल होने के बाद उन्होंने बहुत सी फिल्में कीं, लेकिन इनमें किसी में भी उन्हें खुशी नहीं मिली। उस समय उन्होंने खुद से वादा किया कि अब से वो केवल अपने दिल की सुनेंगे, चाहे इसमें उन्हें सफलता न मिले। कम-से-कम वो यह सोचकर तो खुश रहेंगे कि वो अपनी पसंद का काम कर

लद्दाख के जिस स्कूल में '3 ईडियट्स' की शूटिंग हुई थी, उसी 'द ड्रंक व्हाइट लोटस स्कूल' में आमिर का स्वागत हुआ।

रहे हैं। इसी चैट शो में बातचीत के दौरान आमिर ने कहा, ''मैं बहुत कुछ रैंचो जैसा ही हूँ। मैंने 'लगान', 'सरफरोश', 'रँग दे बसंती', 'तारे जमीं पर' जैसी कई फिल्में की हैं। ये सभी फिल्में अपरंपरागत थीं, इसलिए इनमें बहुत जोखिम भी था।''

उत्साह से भरा, दरियादिल किरदार रैंचो जहाँ आपको हँसाता है, वहीं आप उसकी चंचल मुक्त-विचारी बुद्धि की भी प्रशंसा करते हैं; वो अपने अनोखे तरीकों से बहुत से लोगों का जीवन बदल देता है। चौवालीस वर्ष के आमिर ने इस फिल्म में किशोरवय की प्रफुल्लता व कॉलेज छात्र की चुस्ती, जिस दृढविश्वास से दिखाई, वैसी क्षमता उनकी उम्र का कोई अन्य अभिनेता नहीं दिखा सका है। इस फिल्म में शरमन जोशी और आर. माधवन ने आमिर का पूरा साथ दिया। शरमन की विशेष तौर पर तारीफ करनी होगी कि उन्होंने अपने किरदार के नाटकीय व हास्यप्रद रूप को बखूबी उभारा।

इस फिल्म के सार्वभौमिक मूल्यों ने इसे दुनिया भर के दर्शकों से जोड़ दिया। अनिल अंबानी के रिलायंस एंटरटेनमेंट द्वारा आयोजित एक कार्यक्रम के दौरान हॉलीवुड के नामचीन फिल्म निर्देशक स्टीवन स्पीलबर्ग ने '3 ईडियट्स' के लेखक- निर्देशक राजकुमार हीरानी से मुलाकात में उनसे पूछा, ''मैंने आपकी फिल्म '3 ईडियट्स' तीन बार देखी है। मुझे उसका मानवीय व भावनात्मक आंतरिक गुण पसंद आया। आपने यह कैसे लिखी ?'' इन्हीं सब खूबियों के चलते बहुत से अंतरराष्ट्रीय स्टूडियो इस फिल्म का रीमेक बनाने की योजना बना रहे हैं। यह पहली हिंदी फिल्म थी, जिसकी चीन में

सस्पेंस ड्रामा फिल्म 'तलाश' में आमिर। पिछले पृष्ठ पर : 'तलाश' के संगीत लॉञ्च पर खूबसूरत रानी मुखर्जी के साथ आमिर।

900 प्रिंट की बड़ी मात्रा उतारी गई। ताइवान में इस फिल्म के आधार पर एक संगीतमय नाटक भी तैयार किया गया।

'3 ईडियट्स' के बाद इस अभिनेता ने कुछ अन्य फिल्मों का निर्माण किया। इसके बाद आई फिल्म 'तलाश' में वो इंस्पेक्टर सुरजन सिंह शेखावत के रूप में दिखाई दिए। 'बाजी' और 'सरफरोश' के बाद वो इस फिल्म में तीसरी बार पुलिसकर्मी का किरदार निभा रहे थे। हमेशा की तरह इस बार उनके अनूठे रूप में मूँछ शामिल हुई। भारतीय फिल्म इंडस्ट्री में सामान्य तौर पर माना जाता है कि नकारात्मक भावनाओं द्वारा अच्छी व्यावसायिक फिल्म नहीं बनाई जा सकती। आमिर ने पहली बार यह कहानी सुनते ही यह फिल्म करने का फैसला कर लिया, क्योंकि उन्हें इसकी कहानी दिलचस्प होने के साथ ही काफी संवेदनशील भी लगी।

'दिल चाहता है' के ग्यारह वर्ष बाद फिल्म 'तलाश' में एक बार फिर आमिर, फरहान अख्तर और रितेश सिधवानी एक साथ आए। यह फिल्म सस्पेंस ड्रामा थी, जिसके कई दृश्यों ने दर्शकों के दिल की धड़कन बढ़ा दी। इसमें रिश्तों के विभिन्न पहलुओं को भी दरशाया गया। आमिर ने 'बॉम्बे टाइम्स' से कहा, ''ऐसे लोगों के साथ काम करना बहुत आसान होता है, जिनमें सिनेमा के प्रति उतना ही जोश हो, जितना मुझमें है। यह फिल्म जैसी बनी है, उसे देखकर मैं बहुत खुश हूँ और मुझे लगता है कि इससे सस्पेंस शैली की फिल्मों के लिए नए दरवाजे खुल जाएँगे।'' आमिर की पत्नी किरण को 'तलाश' बहुत पसंद आई। वो कहती हैं, ''यह मेरी मनपसंद फिल्म है। इसकी कहानी में सभी के लिए कुछ-न-कुछ है। यह भावपूर्ण फिल्म है, इसलिए दर्शकों के मन को छूने के साथ ही उन्हें विचार करने पर भी मजबूर कर देगी।''

अन्य लोगों की तरह फिल्म की निर्देशक रीमा काग्ती को भी आमिर के साथ काम करने में बहुत आनंद आया। उन्होंने 'एच.टी. कैफे' से कहा, ''वो बहुत सहज, धैर्यवान् और साथ देनेवाले हैं। वो इस प्रोजेक्ट को लेकर बहुत उत्साहित थे, जो बहुत प्रेरणादायक रहा।'' आमिर की दखलंदाजी के बारे में रीमा के विचार बिल्कुल उलट थे। रीमा ने

'धूम-3' के प्रोमो लॉन्च पर बॉउलर हैट पहने खूबसूरत दिख रहे आमिर।

बताया, ''एक बार जब हम पटकथा पर सहमत हो गए तो उसी पर टिके रहे।'' आमिर से अपने संबंधों पर फरहान ने 'बॉम्बे टाइम्स' को बताया, ''उनकी फिल्मों के प्रति निष्ठा और प्रतिबद्धता सदा एक जैसी रहती है।''

आमिर का इस फिल्म में मनपसंद दृश्य वो है, जहाँ उनका किरदार रात को सो नहीं पाता और उस वैकल्पिक परिदृश्य की कल्पना करता है, जहाँ वो अपने पुत्र की मृत्यु को टाल सकता था। आमिर ने 'स्क्रीन' पत्रिका को दिए साक्षात्कार में कहा, ''इस किरदार को निभाना सबसे मुश्किल रहा; क्योंकि किसी अपने को खो देना बहुत दु:खद होता है। असमय दुर्घटना होना मेरा सबसे बड़ा दु:स्वप्न, सबसे बड़ा डर रहा है। और इस किरदार को निभाते हुए मुझे अपने उस सबसे बड़े डर से रोज गुजरना पड़ता था, क्योंकि शेखावत हर पल किसी अपने को खो देने की बुनियादी भावना का वास्तविकता में सामना करता है।''

अपनी सह-कलाकार रानी मुखर्जी और करीना कपूर के बारे में 'बॉम्बे टाइम्स' को उत्साहपूर्वक बताते हुए आमिर कहते हैं, ''मैं खुशनसीब हूँ कि मुझे इन दो खूबसूरत बालाओं के साथ रोमांस करने का मौका मिला। मेरे लिए यह ध्यान भंग करनेवाला रहा··· साथ ही, उन दोनों के साथ मेरा कार्य संबंधी संतुलन बहुत बढ़िया रहा।···वे दोनों ही मेरे लिए सौभाग्यशाली रहीं। वे दोनों ही बहुत अच्छी अभिनेत्री और बहुत प्यारी इनसान हैं।'' उन दोनों के साथ काम करने में आमिर बहुत सहज रहे। 'दोनों चुनिंदा काम करती हैं। दोनों को अपने काम से प्यार है और इसके साथ ही वे दोनों ही बहुत मजाकिया भी हैं। उनके होने से सेट का वातावरण बहुत खुशनुमा और ऊर्जा से भरपूर हो जाता था।''

कुछ दर्शकों को 'तलाश' धीमी लगी, लेकिन फिल्म हिट रही। आमिर ने 'पीपल' (People) पत्रिका से कहा, ''इस फिल्म को मिली कामयाबी से मैं बहुत खुश हूँ। मुझे भूतों पर विश्वास नहीं है और न ही मुझे कभी कोई अलौकिक अनुभव हुआ। लेकिन विश्वास तो मुझे सुपरमैन और स्पाइडरमैन पर भी नहीं है, पर फिर भी मुझे उनकी फिल्में देखने में मजा आता है।''

आमिर खान की फिल्मों की प्रशंसक लता मंगेशकर ने कहा कि उनकी हाल ही में रिलीज हुई फिल्म 'तलाश' उनकी सबसे अच्छी फिल्मों में से एक है। ''मुझे यह बात

शिकागो में फिल्म 'धूम-3' की शूटिंग के दौरान आमिर।

पसंद है कि आमिर नई कहानियाँ और नए तरह के रोल आजमाते रहते हैं। वह फिल्म निर्माण के हर पक्ष के बारे में जानते हैं और उससे पूरी तरह जुड़े रहते हैं। वो किसी भी बात पर समझौता नहीं करते, जो किसी भी फिल्म के लिए सबसे अच्छी बात है।'' ऐसी सस्पेंस फिल्में दुर्लभ हो गई हैं। इन अनुभवी गायिका ने फिल्म में खान के साथी कलाकारों की भी खूब तारीफ की। ''रानी का रोल छोटा था, लेकिन उनका अभिनय सराहनीय है। वो अच्छी अभिनेत्री हैं। इस फिल्म में करीना का रोल उनकी पिछली फिल्मों से बिल्कुल अलग है। उन्होंने इसे बहुत खूबी व प्रभावकारी तरीके से निभाया।''

समय बीतने के साथ ही आमिर से दर्शकों की उम्मीदें कई मायनों में बढ़ गई हैं, जिससे यह अभिनेता भयग्रस्त भी हो जाता है। आमिर ने 'बॉम्बे टाइम्स' से कहा, ''जब दर्शक आपसे उम्मीद रखने लगते हैं तो यह बहुत भयभीत करनेवाला होता है। जब मैं 'गजनी' (2008) या '3 ईडियट्स' (2009) जैसी फिल्में करता हूँ तो उनके मुख्यधारा की फिल्में होने के कारण मैं अधिक सहज रहता हूँ। और जब फिल्म अच्छा व्यवसाय करती है तो आप समझ जाते हो कि उन्हें वह पसंद आई। लेकिन जब आप 'तारे जमीं पर', 'रँग दे बसंती' या 'तलाश' करते हैं तो उनके सफल होने के बावजूद आप यह नहीं समझ पाते कि वे दर्शकों को पसंद आई भी हैं या नहीं।''

अब सबकी निगाहें आमिर के अगले प्रोजेक्ट 'धूम-3' पर टिकी हैं। चोरी करनेवाले पेशेवर सर्कस कलाकार का किरदार निभाने के लिए आमिर को एक बार फिर कसरत के कड़े सत्रों से गुजरना पड़ा। इस रोल के लिए आमिर को ट्रेनिंग देनेवाले डेविड पोजनेंटर कहते हैं, ''मैं पेशेवर सर्कस कलाकार, कोच और निजी ट्रेनर हूँ। इस नाते मैं उन्हें वेट ट्रेनिंग के साथ ही सर्कस के बारे में भी सिखा रहा हूँ।'' इसका नतीजा रहा—अधिक

'धूम-3' के प्रोमो लॉन्च पर दर्शकों के प्रश्नों का उत्तर देते सह-कलाकार अभिषेक बच्चन के साथ आमिर।

पतले व तराशे जिस्मवाले आमिर। उन्होंने 'पीपल' पत्रिका में खुलासा किया—"मैं 'धूम-3' में एक जिमनास्ट का किरदार निभा रहा हूँ, जिसमें मुझे पतला शरीर और एक-अंक का बॉडी फैट प्रतिशत चाहिए था। इसके लिए मैंने एक साल से भी अधिक ट्रेनिंग ली। और हाँ, किरण भी मानती हैं कि मैं इतना अच्छा पहले कभी नहीं दिखा।"

वर्ष 2012 में आमिर शिकागो शहर में 'धूम-3' की शूटिंग कर रहे थे। शूटिंग का शिड्यूल लंबा होने के चलते आमिर अपनी पत्नी किरण और आठ माह के बेटे आजाद को भी अपने साथ शिकागो ले गए। 'धूम' फिल्मों और मोटर साइकिल का चोली-दामन का साथ है, इसलिए इस एक्शन-थ्रिलर फिल्म के बहुत से दृश्यों के फिल्मांकन में भी यह दिखाई दी। यह देखना बहुत अद्‌भुत रहा कि जब एक्शन मास्टर सब लोगों को छोटे खिलौनों के माध्यम से दृश्य समझा रहे थे, उसी समय आमिर काली पोशाक व काली हैट लगाकर काली बीएमडब्ल्यू बाइक पर वहाँ आए तो सभी की आँखें उनकी ओर घूम गईं। आमिर ने नया हेयरस्टाइल अपनाया था, जो उनके खलनायक के रोल के साथ जँच रहा था। प्रत्यक्षदर्शी बिदिशा रॉय ने बताया कि जब सब लोग दृश्य फिल्मांकन में व्यस्त रहते, आमिर कुरसी पर बैठे आराम से अपना पढ़ने का चश्मा लगाए विलियम एल. शिरर की महात्मा गांधी पर लिखी पुस्तक 'गांधी : ए मेमोयर' पढ़ने का आनंद लेते। इस फिल्म में कैटरीना कैफ नायिका हैं, जबकि अभिषेक बच्चन व उदय चोपड़ा क्रमश: अपने जय दीक्षित और अली का किरदार ही निभा रहे हैं। 'धूम-3' वर्ष 2013 में रिलीज हुई। आमिर इस फिल्म में मुख्य खलनायक हैं, जबकि अभिषेक बच्चन इस एक्शन फिल्म में तीसरी बार ए.सी.पी. जय दीक्षित की भूमिका निभा रहे हैं। वो कहते

हैं, ''आमिर के साथ काम करना बहुत अच्छा लगता है। आपको बहुत कुछ सीखने को मिलता है। वो सेट पर बहुत मजाक करते हैं। सेट पर वो एक बच्चे जैसे होते हैं। वो हर चीज के प्रति बहुत उत्सुक रहते हैं और उसे बहुत ध्यान से देखते हैं।''

उनकी अन्य प्रतीक्षित फिल्मों में राजकुमार हीरानी की 'पी.के.' है। राजस्थान में इस फिल्म की शूटिंग के दौरान आमिर व अभिनेता संजय दत्त ने एक-दूसरे को ठीक से जाना और उनमें प्रगाढ़ संबंध बन गया। अभिनेता के तौर पर आमिर के बारे में संजय कहते हैं, ''पूरी दुनिया जानती है कि आमिर बहुत दक्ष और बारीकी से काम करते हैं। साथी कलाकार के तौर पर वह बहुत अच्छे हैं और राजस्थान में हुआ हमारा शूट बहुत अच्छा रहा।'' यद्यपि ये दोनों मुंबई में एक-दूसरे से केवल पाँच मिनट की दूरी पर रहते हैं, लेकिन उनकी सार्वजनिक रूप से कभी मुलाकात नहीं हुई। संजय ने बताया, ''मेरे जुड़वाँ बच्चे इकारा और शहरान की आमिर के बेटे आजाद से अच्छी दोस्ती है।'' और बच्चों के अभिभावक एक-दूसरे को बच्चों के कारण ही जानते हैं।

पिछले कुछ समय में आमिर ने खुद को केवल ऑल-राउंडर अभिनेता के तौर पर ही नहीं, बल्कि मार्केटिंग के जादूगर के रूप में भी साबित किया है। आमिर अपनी सभी फिल्मों के प्रचार में भिन्न तरीके अपनाते हैं और उनके दिमाग में हमेशा यही चलता रहता है कि वो किस तरह और अधिक प्रचार कर सकते हैं। वह कहते हैं, ''मैं हमेशा आधारभूत धरातल खोजता हूँ। मुझे लगता है कि किसी भी फिल्म

एक पार्टी में संजय दत्त के साथ युवा आमिर।

'3 ईडियट्स' में करीना कपूर के साथ नृत्य करते आमिर।

की सफलता के लिए यह सबसे जरूरी है। आप में यह क्षमता होनी चाहिए कि आप फिल्म के मूल विचार को सरलता से एक पंक्ति में बयान कर सकें।'' उनकी फिल्मों की रिलीज से पहले कोई नहीं जान सकता कि आमिर के दिमाग में क्या चल रहा है; वहाँ अपनी प्रत्येक फिल्म द्वारा दर्शकों तक अलग तरीके से अपनी बात पहुँचाने के नवीन विचार हमेशा मौजूद रहते हैं। इसलिए किसी को जानकारी नहीं थी कि 'मंगल पांडे : द राइजिंग' के संगीत लॉञ्च पर आमिर उस काल एवं फिल्म के मूड को दरशाने के लिए हाथियों को लाना चाहते हैं। हालाँकि अनुमति न मिलने से यह संभव नहीं हो सका, लेकिन इससे आमिर के कुछ अलग सोचने पर रोक नहीं लगी।

आमिर हमेशा एक वैश्विक स्टार की तरह सोचते हैं। वह किसी प्रोजेक्ट पर फौरन काम शुरू नहीं कर देते, बल्कि उस विषय का अध्ययन कर फिल्म-निर्माण के हर कार्य से जुड़े रहते हैं। प्रोजेक्ट पूरा होने पर वो उसके धुआँधार प्रचार व मार्केटिंग से यह सुनिश्चित कर देते हैं कि उसके बारे में शहर का हर व्यक्ति जान जाए। यही कारण है कि उनकी 'लगान', 'रंग दे बसंती', '3 ईडियट्स', 'तारे जमीं पर' और 'धोबी घाट' जैसे सभी प्रोजेक्ट को सभी अंतरराष्ट्रीय फिल्म महोत्सवों में जगह मिली, जहाँ दुनिया भर के दर्शकों ने उन्हें भारतीय दर्शकों की तरह ही देखा

और उनकी सराहना की।

आमिर अपनी फिल्मों का प्रचार करने का हर संभव प्रयास करते हैं; लेकिन प्रत्येक बार यह तरीका इतना नवीन व अलग होता है कि इन्हें देखकर बाजार विश्लेषक सोच में पड़ जाते हैं कि वो ये योजनाएँ कैसे सोच लेते हैं। जैसे, एक मित्र के बुलाने पर अब्बास-मस्तान की फिल्म 'रेस' के प्रचार कार्यक्रम में आमिर गए, जहाँ पहली बार उनका 'गजनी' रूप सामने आया। तुरंत ही लोगों के मन में उनके इस नए अवतार के प्रति उत्सुकता जाग गई। यह सुनियोजित कदम नहीं था, लेकिन यहाँ भी आमिर ने अपनी फिल्म के इस रूप के प्रचार का बढ़िया तरीका खोज लिया। इसके बाद उन्होंने भारत के सभी मल्टीप्लेक्स के साथ समझौता किया कि वह खुद उनके स्टाफ के लोगों को 'गजनी' हेयरस्टाइल देंगे। इस सामाजिक व चतुराई भरे कार्य से हर जगह लोगों को आमिर का 'गजनी' रूप देखने को मिला और यह चर्चा का विषय बन गया।

'तलाश' और '3 ईडियट्स' में आमिर की सह-कलाकार रहीं करीना कपूर उनके साथ एक के बाद एक फिल्म करने से खुद को बहुत भाग्यशाली मानती

एक पुरस्कार समारोह के दौरान ली गई तसवीर में रिलायंस इंडस्ट्रीज लिमिटेड के एम.डी. मुकेश अंबानी (बिल्कुल बाएँ), तत्कालीन शहरी विकास मंत्री कमल नाथ, आमिर खान और आदित्य बिड़ला ग्रुप के चेयरमैन कुमार मंगलम बिड़ला।

हैं। वो अपने इस पसंदीदा अभिनेता की खूब तारीफ तो करती हैं, लेकिन खुद को आमिर की मार्केटिंग रणनीति पर कोई टिप्पणी करने लायक नहीं समझतीं। उन्होंने 'मिड डे' से कहा, ''वो इस क्षेत्र के जादूगर हैं और हम सभी जानते हैं कि जब किसी फिल्म के साथ उनका नाम जुड़ जाता है तो वह कितनी सफल रहती है।''

उनका टेलीविजन शो हो या फिल्में, आमिर की अपरंपरागत बाजार रणनीति हमेशा सफल रहती है, बावजूद इसके वह खुद को मार्केटिंग गुरु नहीं मानते। यह अभिनेता इस हद तक विनम्र हैं। वह इसे अपनी जिम्मेदारी मानते हैं और यह सुनिश्चित करते हैं कि जो लोग उनके प्रोजेक्ट में अपनी गाढ़ी कमाई निवेश करें, उन्हें उसमें पूरा लाभ प्राप्त हो। लेकिन इसका प्रभाव कभी उनके काम की गुणवत्ता पर नहीं हुआ। आमिर खुलासा करते हैं, ''इसका यह अर्थ नहीं कि मैं अपने काम के चयन में कोई समझौता करता हूँ। लेकिन जैसा कि बताया जा रहा है, मैं वैसा कोई मार्केटिंग गुरु नहीं हूँ...मेरे लिए लोगों तक पहुँचना ही मार्केटिंग है। इसके लिए मुझे जो करना होता है, वह स्वतः ही होता है।''

आज, इंडस्ट्री के बहुत से लोग मानते हैं कि आमिर शोबिज में शीर्ष स्थान पर हैं। खुद को संपूर्ण सुपर स्टार में बदलनेवाले इस अभिनेता को अब कोई नहीं रोक सकता। '3 ईडियट्स' का वितरण करनेवाले रिलायंस बिग एंटरटेनमेंट के चेयरमैन

वर्ष 2009 में निर्माताओं व प्रदर्शकों के बीच मुनाफा बँटवारे संबंधी विवाद पर हुई निर्माताओं की बैठक में आमिर व शाहरुख।

अमित खन्ना मानते हैं कि आमिर ने दिलीप कुमार-राज कपूर-देव आनंद के उस युग को पीछे छोड़ दिया है, जहाँ निर्माता सिनेमा के लिए ही जीते थे और मानते थे कि इसका पैसे कमाने से इतर कहीं अधिक ऊँचा सामाजिक उद्देश्य है। फेसबुक व ब्लॉगिंग जैसे सोशल मीडिया को लेकर वो उतने ही उत्सुक हैं, जितना कोई सामान्य नवयुवक होता है। वह इतने विश्वसनीय हैं कि उनके मित्र व 'लगान' में उनके सहायक रहे अपूर्व लखिया कहते हैं, ''टाटा ब्रांड के साथ प्रतिष्ठा जुड़ी हुई है। जब रतन टाटा ने नैनो पेश की तो हम जानते थे कि क्या होगा! आमिर की प्रतिष्ठा भी वैसी ही है। वो ऐसे प्रतिष्ठित ब्रांड हैं, जो कभी असफल नहीं हो सकते।''

आमिर मानते हैं कि वह ऐसी अप्रत्याशित वस्तु हैं, जिसकी कोई स्थिर गति नहीं है। सौभाग्यवश, यह बात भी उनकी ताकत ही है। वो पूरे उत्साह से बताते हैं, ''लोग यह भविष्यवाणी नहीं कर पाते कि मेरी फिल्म कितनी कमाई करेगी या किन नियमों को परिवर्तित कर देगी। यह तथ्य मुझे बहुत रोमांचित कर देता है। मैं भी नहीं बता सकता कि मेरी फिल्म क्या करने वाली है। अज्ञात के अनुभव का मजा ही अलग होता है।''

उन्हें अपनी फिल्मों के लिए विभिन्न श्रेणियों में बहुत से पुरस्कार मिले हैं; लेकिन पिछले दो दशकों से वह कुछ चुनिंदा पुरस्कार समारोहों में ही शामिल होते हैं। इसके पीछे उनके अपने तर्क हैं। आमिर हमेशा से मानते थे कि पुरस्कार वो वार्षिक समारोह है, जहाँ इंडस्ट्री साथ बैठकर एक-दूसरे के कार्यों की समीक्षा करती है; लेकिन वह जल्द ही समझ गए कि इन पुरस्कारों के पीछे की मंशा कुछ और ही है, इसलिए उन्होंने इनसे दूर रहने का निर्णय लिया। वो मानते हैं कि विषयों में विविधता के चलते यह निर्णय लेना संभव नहीं है कि किसी एक व्यक्ति ने दूसरे से बेहतर कार्य किया है। आमिर ने अपने विचार बताते हुए कहा, ''लगभग 50,000 पुरस्कार होते हैं। सभी को कुछ-न-कुछ मिलता है और प्रति वर्ष पाँच नई श्रेणियाँ जोड़ दी जाती हैं। इसका टी.वी. पर सीधा प्रसारण होता है। लेकिन यह अवॉर्ड नाइट नहीं है, बल्कि यह ऐसा प्रोग्राम है, जिसमें विज्ञापन दिखाने के लिए सितारों को जमा किया जाता है। मैं ऐसी किसी चीज से जुड़ना नहीं चाहता। मेरे हिसाब से यह बहुत बचकाना है। मुझे पुरस्कार देने के नाम पर, लोग टी.आर.पी. बढ़ाने में मेरा उपयोग कर अपना विज्ञापन समय बेच रहे हैं।'' वे जानते हैं कि उनके दर्शक उन्हें ऐसे शो में शामिल होते देखना चाहते हैं, ताकि वे उनसे जुड़े रह सकें। लेकिन बिना किसी अभिमान के आमिर उन चीजों को नकार देते हैं, जिनपर उन्हें विश्वास नहीं है।

अभिनेता, निर्माता व निर्देशक के रूप में इतनी सफलता पाने के बाद भी आमिर के कुछ स्वप्न अभी भी अधूरे हैं, जिसमें के. आसिफ, गुरु दत्त, विमल रॉय, महबूब

राजेश खन्ना को भारतीय सिनेमा का पहला सुपर स्टार कहा जाता है।

खान, वी. शांताराम और विजय आनंद जैसे किसी पिछले जमाने के दिग्गज निर्देशकों के साथ काम करना भी शामिल है। हम जानते हैं कि वे अपने इन सपनों को कभी पूरा नहीं कर पाएँगे; लेकिन यह बात हम निश्चित रूप से जानते हैं कि इन महान् विभूतियों के काम की झलक हमें आमिर की फिल्मों में दिखती रहेगी; क्योंकि इस फिल्म निर्माता के दिमाग पर इन लोगों का बहुत अधिक प्रभाव है। आमिर को सलमान, शाहरुख, अक्षय कुमार और साथ ही महान् अमिताभ बच्चन जैसे तत्कालीन अभिनेताओं के साथ काम करने का भी खूब चाव है। वह कामना करते हैं कि कभी कोई इन सब को एक ही फिल्म में जरूर मौका दे।

इस झूठी व्यवहार-कुशलता व कपटपूर्ण दुनिया में आमिर ईमानदार व्यक्ति हैं। वो अपनी बात पर टिके रहते हैं। उनकी फिल्में व्यावसायिक सफलता प्राप्त करने के अलावा वैश्विक स्तर पर महत्त्वपूर्ण संदेश पहुँचाने के साथ ही विचारोद्दीपक भी होती हैं। उनका टेलीविजन शो 'सत्यमेव जयते' आंशिक रूप से टॉक शो तथा आंशिक रूप से पत्रकारिता है। आमिर की इन सब खूबियों ने उन्हें भारतीय सिनेमा का चेहरा बना दिया है। उन्हें चिर युवा अभिनेता माना जाता है। लेकिन आमिर मानते हैं कि किसी भी अभिनेता का चरम समय अधिक-से-अधिक आठ से दस वर्षों का होता है। वो कहते हैं, ''चाहे वो अभिनेता हो या अभिनेत्री, वो इतना समय ही चल सकते हैं। इस दौरान वो पूरी तरह चमकते हैं। अपना समय आने पर हर किसी को चमकने का मौका मिलता है। जिस जगह आज मैं हूँ, कल वहाँ कोई और होगा।''

आमिर खान की इस अंतिम बात से पहले सुपर स्टार राजेश खन्ना की याद आती है, जिन्होंने फिल्म 'दाग' में शायर साहिर लुधियानवी के लिखे इस खूबसूरत वाक्य को बोला था—

'इज्जतें शोहरतें चाहतें उलफतें
कोई भी चीज दुनिया में रहती नहीं।
आज मैं हूँ जहाँ कल कोई और था··आज मैं हूँ जहाँ
कल कोई और था
ये भी एक दौर है, वो भी एक दौर था···'

लेकिन फिलहाल, आमिर ने अपने नियमों पर चलते हुए दुनिया भर में सभी के दिल पर अपना राज कायम कर लिया है।

□

घर में : एक गृहस्थ

''मैं खुद को बहुत खुशनसीब मानता हूँ कि मेरे परिवार में सब इतने प्यारे लोग हैं। वे सभी समझदार, संवेदनशील, परवाह करनेवाले, स्नेहमयी व विश्वसनीय हैं।''

अपनी माँ जीनत हुसैन (बाएँ) और पत्नी किरण (दाएँ) के साथ अच्छे पल गुजारते आमिर।
पिछले पृष्ठ पर—एक चेहरा, जिसमें अनगिनत कहानियाँ छुपी हैं।

महिलाएँ हमेशा से ही आमिर की जिंदगी का आंतरिक हिस्सा रही हैं। उन्हें महिला अधिकारों पर पूरी निष्ठापूर्वक विश्वास है। यह अभिनेता जिन महिलाओं का प्रशंसक रहा है, इन्हें हमेशा उनसे ताकत मिली है। आमिर की जिंदगी की तीन सबसे अहम महिलाओं में उनकी माँ जीनत, उनकी पहली पत्नी रीना और वर्तमान पत्नी किरण हैं। अब भी इन तीनों महिलाओं पर वह खुले दिल से बात करते हैं। इन तीनों ने ही उनके व्यक्तित्व को आकार दिया है। उन्होंने कभी आमिर से किसी एक को चुनने को नहीं कहा। एक ईमानदार दिल और भावुक स्वभाव वे गुण हैं, जिन्होंने इस सर्वप्रिय पुरुष के चरित्र का निर्माण किया है, जिनके फैंस में महिलाओं की संख्या भी बहुत अधिक है।

व्यक्तिगत व पेशेवर स्तर पर आमिर को हमेशा उनकी समझदारी के लिए जाना जाता है। काफी हद तक इसका श्रेय उनकी माँ को जाता है, जिन्होंने उनके स्वभाव को आकार दिया; जबकि उनके पिता ने उनके जीवन पर बहुत प्रभाव डाला है। आमिर कहते हैं, ''मेरे पिता की मजबूत इच्छा-शक्ति और बेहद ईमानदारी मेरे लिए हमेशा प्रेरणादायक रही है।'' वो अपने पिता को सच्चा योद्धा मानते हैं, जिन्होंने खराब हालात होने पर भी मैदान नहीं छोड़ा। आमिर बताते हैं, ''हो सकता है, मेरी सोच उनसे कुछ अलग हो; लेकिन मुझे उनके कुछ गुण विरासत में जरूर मिले हैं।'' उन्हें इस बात का भी श्रेय जाता है कि अपने टेलीविजन चैट शो 'सत्यमेव जयते' में विवाह, दहेज, कन्या भ्रूण-हत्या जैसे

आमिर का पुत्र आजाद राव खान अपनी प्यारी माँ किरण के साथ।

परिवार व मित्रों के साथ हुए एक फुटबॉल मैच के बाद आमिर की पुत्री इरा (फोन पर)।

मुद्‌दों को शामिल कर उन्होंने महिलाओं के प्रति पुरुषों के दृष्टिकोण में परिवर्तन किया है। उनमें स्टारडम स्पष्ट दिखता है और यह तब और उभरकर आता है, जब वह अपने वास्तविक रूप में लोगों से बात करते हैं। अपने परिवार के अलावा वह अपनी चचेरी बहन नुजहत को भी श्रेय देते हैं, जिन्होंने महिलाओं की दुर्दशा के संबंध में उनके विचारों को प्रभावित किया। 'फेमिना' पत्रिका को दिए एक साक्षात्कार में आमिर ने बताया, "जब मैं सिर्फ 14 साल का था, तब उन्होंने मुझे सिमोन डी बोउवार की 'द सेकंड सेक्स' पढ़ने को कहा।" नुजहत ने ही आमिर को कला, संगीत, राजनीति के नवीन विचारों से अवगत कराया और उन्हें मानवीय रिश्तों के सूक्ष्म अंतर के संबंध में समझाया।

अपने चाचा और उस्ताद नासिर हुसैन के साथ आमिर।

आज दुनिया भर में अभिनेता-निर्माता-निर्देशक आमिर खान को ईमानदार मूल्यों वाली बड़ी सार्वजनिक शख्सियत माना जाता है। लेकिन उनके महान् व्यक्तित्व के बारे में लोग जितना जानते हैं, वह उससे बढ़कर हैं। उन्होंने सही संतुलन साधने के प्रयास में हमेशा अपने पेशेवर जीवन को अपने निजी जीवन से अलग रखा, जो उनके जैसे लोकप्रिय व्यक्ति के लिए आसान नहीं था। उनकी सार्वजनिक छवि हमेशा निष्कलंक रही, स्वाभाविक है, इससे उनके निजी जीवन के प्रति कौतूहल बढ़ा और उन्होंने बहुत प्रखरता से इसकी सुरक्षा की। महानगरीय हिंदी फिल्म इंडस्ट्री के मुसलिम परिवार में रहने से इस योग्य स्टार ने मीडिया की नजरों में रहते हुए जीवन के प्रति कुछ अधिक सहनशीलता को अपना लिया है। वो अपने निजी जीवन को खुद तक सीमित रखते हैं। उदाहरण के तौर पर, जब तक उनकी दूसरी पत्नी किरण और उन्होंने अपने पहले बच्चे के जन्म की घोषणा नहीं की थी, तब तक इसकी जानकारी किसी को नहीं थी। उन्होंने इस खबर को लीक होने से सफलतापूर्वक बचाए रखा। निश्चित तौर पर वह जानते हैं कि अपनी इच्छा न होने तक अपने पारिवारिक जीवन को कैसे गुप्त रखा जाता है। लेकिन जब भी वह अपने निजी जीवन से जुड़ी किसी खबर का खुलासा करते हैं तो

आमिर खान के प्रभाव के चलते पूरे मीडिया का ध्यान उनकी ओर हो जाता है; जैसे अपनी माँ के साथ हज यात्रा पर जाने की खबर वाले मामले में हुआ। उनकी मुंबई हवाई अड्डे से लेकर पाकिस्तानी क्रिकेटर शाहिद अफरीदी के साथ भोजन करने तक की तसवीरें खींची गईं।

मुंबई जैसे शहर में हुए उदार पालन–पोषण से आमिर को स्वतंत्र प्रवृत्ति मिली। वो आस–पड़ोस के विभिन्न धर्मोंवाले मित्रों के बीच पले–बढ़े। इसलिए इसमें कोई आश्चर्य नहीं है कि जब उन्होंने अपनी बचपन की प्रेमिका रीना दत्ता से विवाह करने का निर्णय किया तो उन्होंने एक बार भी दोनों के बीच के धार्मिक अंतर पर विचार नहीं किया। दोनों एक–दूसरे के प्रति आकर्षण महसूस करते थे और प्यार में डूबे युवा जोड़े की तरह उनके दिल ने उनसे जो कहा, उन्होंने वही किया। शुरुआती विरोध के बाद दोनों परिवारों ने परिपक्वता व समझदारी दिखाई और 18 अप्रैल, 1986 को इक्कीस वर्ष के आमिर ने उन्नीस वर्षीया रीना से विवाह कर लिया। यह तब की बात है, जब उन्होंने फिल्म इंडस्ट्री में अपना कॅरियर शुरू ही किया था। 'कयामत से कयामत तक' से जुड़े सभी लोगों के कॅरियर को ध्यान में रखते हुए आमिर को रीना से अपने विवाह की खबर को कुछ समय तक गुप्त रखना पड़ा; लेकिन जैसे ही फिल्म के सुपर हिट होने की खबरें आईं, उन्होंने बहुत गर्व के साथ मीडिया को यह खबर बताई। युवावस्था में ही रीना से विवाह का निर्णय यह साबित करता है कि वह मानसिक रूप से परिपक्व थे। इस विवाह से उनकी दो संतानें जुनैद (उनका पहला पुत्र) व इरा (उनकी इकलौती पुत्री) हैं।

'सत्यमेव जयते' के लिए आयोजित एक प्रेस कॉन्फ्रेंस के दौरान आमिर।

बाएँ, एक चुटकुले पर हँसते आमिर, रीना और जया बच्चन।

मीडिया ने उनकी लगभग सभी नायिकाओं के साथ उनके संबंध जोड़े। उनकी खूबसूरत सह–कलाकारों के साथ उनके प्रेम की कहानियाँ मीडिया में खूब उछलीं; लेकिन उन्होंने इन सब अफवाहों का असर अपने वैवाहिक जीवन पर नहीं होने दिया। आमिर ने कभी किसी को अपने निजी जीवन में झाँकने की अनुमति नहीं दी, क्योंकि वो सार्वजनिक शख्सियत होने के नैतिक गुणों से भलीभाँति परिचित थे। उनके अनुसार, 'वो ऐसे सार्वजनिक व्यक्ति हैं, जिनके खुद के बारे में जानने का तो सभी को हक है, लेकिन उनके निजी जीवन के बारे में नहीं; और वो इसे ऐसे ही बनाए रखना चाहते हैं।' जब इस अभिनेता को यह अहसास हो गया कि अफवाह उनकी पेशेवर जिंदगी का हिस्सा है तो उन्होंने इससे अति व्यावहारिक रीति से निपटने का फैसला किया। उन्होंने उन मीडिया कर्मियों के साथ बातचीत करना बिल्कुल बंद कर दिया, जो उनके पास

पहली व इकलौती 'फिल्मफेयर अवॉर्ड' ट्रॉफी, जो आमिर को 'कयामत से कयामत तक' में सर्वश्रेष्ठ पुरुष डेब्यू के लिए मिली।

उनके प्रेम संबंधों की दैनिक कहानियों के लिए आते थे।

जब आमिर ने निर्माता के तौर पर अपने अत्यधिक महत्त्वाकांक्षी वेंचर 'लगान' की बागडोर सँभाली तो उन्होंने एक पर्यटन एजेंसी में काम कर रहीं रीना से उनके प्रोडक्शन का हिस्सा बनने को कहा। दोनों एक साथ बड़े हुए थे और उन्होंने जीवन के बहुत से ऊँचे-नीचे रास्ते मिलकर पार किए थे। यह ऐसी प्रेम कहानी थी, जो सोलह साल तक चट्टान की तरह अडिग रही। दिसंबर 2002 में दोनों ने आपसी सहमति से अपने विवाह को समाप्त कर दिया। तो उन दोनों के बीच ऐसा क्या हुआ, जिसने उनके रास्ते अलग कर दिए? दोनों आज तक इस बात पर चुप्पी साधे हुए हैं। दोनों में से कोई भी अपने दिल टूटने और दु:ख के बारे में बात नहीं करना चाहता। रीना और आमिर में से किसी ने भी उनकी जोड़ी तोड़नेवाली घटना की जानकारी किसी को नहीं दी। दोनों के बीच कोई कलह नहीं हुई, कोई घटिया हमलों की बाढ़ नहीं आई और न ही किसी ने दूसरे पर कीचड़ उछाला। समाज को अपनी परेशानी बताए बिना उन दोनों ने तलाक ले लिया। उन दोनों के बीच अभी भी स्वस्थ संबंध हैं, जो उनके बच्चों के कारण जुड़े हैं। आमिर ने पहली बार जब अपने अलगाव की बात मीडिया को बताई तो वो बोले, "शायद तलाक मेरे जीवन का सबसे दु:खद कालखंड था—मुझे लगता है कि सिर्फ मेरे लिए ही नहीं बल्कि मुझसे जुड़े हर व्यक्ति के लिए। मुझे इससे अधिक बुरा कोई समय याद नहीं आता।" वो मानते हैं कि वो तीन वर्ष तक डिप्रेशन में रहे। उन्होंने काम करना बंद कर दिया और एक कदम भी अपने घर से बाहर नहीं निकाला। यह बात उन्होंने 'स्टार प्लस' के एक विशेष शो के दौरान अपने जीवन की विशिष्ट महिलाओं पर बात करते हुए कही। आज भी उन दोनों को अपने खुशी व दु:ख के पलों में एक साथ देखा जाता है। उन्होंने 'हिंदुस्तान टाइम्स' से कहा, "मैं उन 16 वर्षों की कद्र करता हूँ, जो मैंने और रीना ने एक साथ बिताए। मेरे मन में उनके लिए अत्यधिक सम्मान और प्रेम है। और मेरे मन में ये हमेशा बना रहेगा।" 'फेमिना' पत्रिका को वर्ष 2013 में दिए एक साक्षात्कार में उन्होंने कहा, "उनमें सहनशीलता और चारित्रिक मजबूती बहुत अधिक है। वो मेरे जीवन का अनमोल हिस्सा हैं। हमारा रिश्ता भले ही खत्म हो गया हो, लेकिन हमने एक साथ जो पल गुजारे, उसे न तो कोई हमसे छीन सकता है और न ही उसे बदल सकता है।"

पिछले वर्षों में निजी व्यक्ति के तौर पर आमिर ने बहुत कम लोगों को अपने निजी जीवन में झाँकने का मौका दिया है। हाल ही में 'सत्यमेव जयते' के एक एपिसोड को होस्ट करते हुए इस अभिनेता ने विवाह के संबंध में अपने विचार प्रकट किए। 'हिंदुस्तान टाइम्स' के अपने लेख में युवाओं को संबोधित करते हुए उन्होंने समुचित ढंग से समझाया—"हमें विवाह को आर्थिक, भावनात्मक, मानसिक हर अर्थ में वह

एक प्रेमपूर्ण क्षण में अपनी प्रिय पत्नी किरण के कान में बाली पहनाते आमिर।

महत्त्व देना चाहिए, जिसका वो हकदार है। विवाह जीवन का बहुत महत्त्वपूर्ण अंग है। यह भागीदारी आप स्वयं करते हैं। आप खुद अपना साथी चुनते हैं, वो भी संभवतः जीवन भर के लिए।''

रीना से तलाक के चार वर्ष बाद 28 दिसंबर, 2005 को आमिर ने 'लगान' के दौरान निर्देशक आशुतोष गोवारिकर की सहायक रहीं किरण राव से विवाह कर लिया। यह विवाह मुंबई में विशेष विवाह अधिनियम के तहत रजिस्टर हुआ। डेढ़ साल तक 'लिव-इन रिलेशनशिप' में रहते हुए उन्होंने मीडिया को अपने इस रिश्ते के बारे में कुछ नहीं बताया और जब वो इसे दुनिया को बताने को तैयार हुए तो उन्होंने ऐसा कर दिया। यद्यपि जब आमिर ने किरण से विवाह की घोषणा की तो इसके साथ ही अटकलबाजियाँ शुरू हो गईं—किसी को विश्वास नहीं हो रहा था कि उनके जैसा बड़ा स्टार किसी ऐसे व्यक्ति के साथ विवाह करेगा, जो फिलहाल इंडस्ट्री में अपना नाम स्थापित करने के लिए संघर्षरत है। यह विवाह उनके पंचगनी स्थित फार्म हाउस में पूरे परिवार की उपस्थिति में हुआ।

किरण ने चौदह वर्ष की उम्र में अपने परिवार द्वारा खरीदे गए नए वी.सी.आर. पर 'कयामत से कयामत तक' देखी थी। वो बताती हैं, ''मुझे वो बहुत पसंद आए, लेकिन मुझे फिल्म देखने में अधिक मजा आया। मैंने सोचा, क्या बढ़िया फिल्म है! कितना बढ़िया संगीत, क्या एक्टिंग और कितना सुंदर हीरो!'' उन्होंने सोचा भी नहीं होगा कि वर्षों बाद उनका विवाह इसी सुंदर हीरो के साथ हो जाएगा। आमिर को करीब से

एक सार्वजनिक समारोह के दौरान मुकेश अंबानी का अभिवादन करते आमिर।

जानने से पहले किरण को उनके बारे में सिर्फ यही पता था कि वो इंडस्ट्री के बहुत थोड़े से बेहतरीन अभिनेताओं में से एक हैं।

इसलिए जब किरण को आमिर खान के प्रोडक्शन हाउस में काम करने का मौका मिला तो इस फिल्म का हिस्सा बनने के विचार ने ही उनपर जैसे जादू कर दिया। हालाँकि वह जानती थीं कि आमिर से बात करने का उन्हें शायद ही मौका मिले। आमिर से उनकी पहली मुलाकात तब हुई, जब वे सब बस द्वारा भुज में जगह देखने जा रहे थे। किसी को भी वहाँ आमिर के होने की उम्मीद नहीं थी; क्योंकि बस में केवल तकनीकी जानकार और क्रू के सदस्य ही मौजूद थे। किरण ने बाद में बताया, ''सुपर स्टार आमिर खान भी उसी बस में थे।'' वो आगे कहती हैं, ''लेकिन आमिर बस में केवल बैठे ही नहीं रहे, बल्कि उन्होंने वहाँ मौजूद सभी सहायकों से बात की, उनके नाम पूछे और उन्हें अपने बारे में बताने को कहा।'' आमिर से हुई इस पहली मुलाकात में ही किरण समझ गईं कि वो सामान्य स्वभाव वाले व्यक्ति हैं, न कि नखरे दिखानेवाले स्टार। उन्होंने खुलासा किया, ''उनमें कोई फिल्मी बनावटीपन नहीं था।'' उनके आस-पास सुरक्षा गार्ड मौजूद थे, लेकिन किरण को वो जमीन से जुड़े व्यक्ति लगे। उन्हें लगा कि आमिर में कोई अभिमान या 'मैं सहायकों से बात नहीं करता' जैसा रवैया नहीं था। और इसी बात ने किरण को प्रभावित किया।

आमिर को वो शब्द-निर्माण खेल याद आता है, जिसे वे लोग 'लगान' के सेट पर अकसर खेला करते थे। वे किरण को ऐसी अच्छी, उत्साही, खुशमिजाज और समझदार लड़की के रूप में जानते थे, जिनके साथ रहना उन्हें अच्छा लगता था। उन्होंने स्वीकार किया कि 'लगान' में भुवन की पहनी बालियाँ दरअसल किरण की थीं, जिन्हें आमिर ने उनसे उधार लिया था। इसके बाद उनकी मुलाकात तब हुई, जब किरण 'दिल चाहता है' के गोवा शिड्यूल के साथ काम कर रही थीं। वहाँ उन्होंने आमिर को 'लगान' के दौरान उधार ली गई बालियों के बदले दूसरी दिलवाने की बात याद दिलाई। आमिर उसी

सुरक्षा गार्डों के घेरे में 'तलाश' का विशेष प्रीव्यू देखने जाते आमिर व किरण।

समय अपनी पत्नी रीना के साथ ताज होटल स्थित दुकान पर गए और वहाँ से उन्होंने किरण के लिए बालियाँ खरीदीं।

यद्यपि आमिर को ठीक से जानने का मौका उन्हें काफी देर बाद तब मिला, जब वह 'कोक' के एक विज्ञापन में काम कर रहे थे। चूँकि आमिर ही उसके निर्माता थे, इसलिए उन्हें वहाँ एक साथ समय बिताने का मौका मिला। तब तक आमिर फिर अकेले हो गए थे और उन्होंने कभी-कभार मिलना शुरू कर दिया। उस समय वह दोनों किसी लंबे चलनेवाले रिश्ते के बारे में नहीं सोच रहे थे। लेकिन कुछ महीनों तक साथ समय बिताने के बाद किरण को आमिर से प्यार हो गया; हालाँकि उन्हें इस सामान्य रिश्ते के गंभीर होने की कोई उम्मीद नहीं थी। वह मानती हैं, ''मुझे लगता, 'ओह, यही वो व्यक्ति हैं, जिनके साथ मैं कुछ समय और बिताना और इनके बारे में और अधिक जानना चाहती हूँ।' मुझे उनसे प्यार तो बहुत पहले से ही था, लेकिन···उनके साथ कुछ अंतरंग माह बिताने के बाद तो मैं उनपर पूरी तरह लट्टू हो गई।''

उन दिनों रीना से अलग होने के बाद आमिर पूरी तरह टूट चुके थे। आमिर मानते हैं, ''भावनात्मक रूप से उस समय मैं बहुत नाजुक दौर में था।'' वो किसी भी रिश्ते में नहीं बँधना चाहते थे। लेकिन उनके लिए यह भी संभव नहीं था कि वो किरण के साथ अपने रिश्ते को अनौपचारिक समझें। वह आगे कहते हैं, ''धीरे-धीरे मुझे यह महसूस होने लगा कि जब मैं उनके साथ होता हूँ तो बहुत शांत व आनंदित रहते हुए

'दिल चाहता है' के एक दृश्य में सह-कलाकारों सैफ अली खान और अक्षय खन्ना के साथ आमिर।

उनके साथ खुलकर बात कर सकता हूँ। दरअसल, हम पहले दोस्त थे और उसके बाद प्रेमी युगल। मैं बहुत वर्षों बाद खुद को तनाव-मुक्त महसूस कर रहा था।'' तो आमिर को कब महसूस हुआ कि किरण उनके लिए कुछ खास हैं ? ऐसा तब हुआ, जब वह बहुत तनाव में थे, तभी किरण का फोन आ गया। उन्होंने लगभग आधे घंटे बातचीत की और जब आमिर ने फोन रखा, तब उन्होंने किरण की ओर खिंचाव महसूस किया। जब उन्होंने अपनी बहन नुजहत से अपने दिल की बात कही तो उन्होंने आमिर को किरण से दूर रहने की सलाह दी, क्योंकि वो इतना टूटे हुए थे कि इसपर आगे नहीं बढ़ सकते थे। लेकिन आमिर अपने दिल को न समझा सके और अपने रिश्ते को एक कदम आगे बढ़ाते हुए उन्होंने किरण को अपने साथ रहने को कहा।

चूँकि आमिर के लिए उनके बच्चे पहली प्राथमिकता हैं, इसलिए यह जरूरी था कि किरण के साथ रहने से पहले वह अपने बच्चों को विश्वास में ले सकें। रीना से उनके अलगाव के बाद बच्चे हफ्ते के तीन दिन आमिर के साथ बिताते थे। वे यह समझ चुके थे कि किरण आंटी उनके पिता के लिए मित्र से कुछ अधिक हैं। आमिर अपने बच्चों से हमेशा खुलकर बात करते हैं। तो जब उन्होंने किरण के संबंध में अपनी भावनाएँ बच्चों को बताईं तो उन्होंने सहमति जता दी। उनके रिश्ते की गहराई का अनुमान किरण व दोनों बच्चों के बीच बने विशिष्ट बंधन से हो जाता है। किरण उन दोनों से बहुत प्यार

अवंतिका मलिक से अपने भानजे इमरान खान के विवाह के अवसर पर आमिर व किरण।

करती हैं और उनकी तारीफ में कहती हैं, ''मैं उन्हें बहुत प्यार करती हूँ। वे दोनों बहुत प्यारे हैं और मुझे लगता है कि रीना ने उन दोनों की बेहतरीन परवरिश की है। वे बहुत स्नेहिल, प्रीतिकर, समझदार और जमीन से जुड़े बच्चे हैं।''

कुछ बेहतरीन समय साथ गुजारने के बाद दोनों ने विवाह का निश्चय किया। किरण मानती हैं कि उनके विवाह का मुख्य कारण बहुत से लोगों को खुश करना था। वो बताती हैं, ''हम दोनों एक साथ होने से भी खुश थे।'' अब आमिर एक ऐसे व्यक्ति के साथ सुखी वैवाहिक जीवन बिता रहे हैं, जिसमें फिल्मों के प्रति उन जैसा जोश है। किरण उन्हें प्यार से 'छोटे' कहकर बुलाती हैं। उनके रिश्ते में कई शानदार पल रहे, जिनमें से एक पंचगनी में किया उनका कैंडल लाइट डिनर भी है। 'द वीक' को एक साक्षात्कार में आमिर ने बताया, ''जब मैं 'तारे जमीं पर' में व्यस्त था, मैंने किरण को एक रात कहीं बाहर भोजन करने के लिए मना लिया। हम कार से महाबलेश्वर की ओर चल दिए और बीच जंगल में कहीं रुककर हमने कैंडल लाइट डिनर किया।'' उसी साक्षात्कार में किरण ने माना, ''मैं अपने जीवन में कुछ भी भूल सकती हूँ, लेकिन वह शाम भुलाना मेरे लिए नामुमकिन है।''

आमिर बताते हैं कि उन्हें किरण में क्या अच्छा लगता है, ''मुझे उनमें निहित

'10 का दम' के सेट पर सलमान खान के साथ 'अंदाज अपना-अपना' के दिनों को फिर से जीते आमिर।

ऊर्जा बहुत पसंद है; वो बहुत ही जीवंत और सकारात्मक ऊर्जा हैं, जो मुझे बहुत सुखद व आरोग्यकर लगती हैं। वो बहुत खुशमिजाज हैं।'' आमिर को लेकर किरण बहुत रक्षात्मक हैं और उन्हें परेशान करनेवाले व्यक्ति से निपटने के लिए वह किसी भी हद तक जा सकती हैं। हालाँकि आमिर को उनके कला, संगीत व अन्य कई चीजों से संबंधित ज्ञान ने आकर्षित किया था। आमिर को उनका सौंदर्य व डिजाइन का बोध अच्छा लगता है और उनकी रचनात्मक प्रतिभा के तो वे पूरी तरह से कायल हैं। आमिर की संवेदनशीलता हमेशा किरण का दिल छू जाती है। उन्हें आमिर का यह गुण बहुत प्यारा लगता है। आमिर उनका खूब मजाक उड़ाते हैं। इसमें किरण को भी खूब आनंद आता है और वह हँसी के कारण दोहरी हो जाती हैं। जब किरण से उनके पति को दो शब्दों में व्याख्यायित करने को कहा गया तो वो बोलीं, ''ऐसा व्यक्ति, जो अच्छा इनसान होने के साथ ही बहुत प्रतिभावान् भी है।''

आमिर नहीं चाहते कि किरण हमेशा उनके कहे पर चलें या उनके दैनिक कार्य करें। वो दृढतापूर्वक कहते हैं, ''ये उनका काम नहीं है और मैं अपनी देखभाल कर सकता हूँ।'' वो अपनी जिंदगी में किरण के योगदान की सराहना करते हुए कहते हैं, ''किरण ने मेरे लिए खासतौर पर मेरे व्यक्तित्व और अति व्यस्त कार्यक्रम को देखते हुए बहुत कुछ किया है। जब से वह मेरी जिंदगी में आई हैं, मैं खुद को बहुत निश्चिंत महसूस करता हूँ।'' उन्होंने आज तक आमिर के फिल्म चयन में कोई दखल नहीं दिया। वो स्पष्ट करते हुए कहते हैं, ''कभी-कभी उन्हें मेरा चयन पसंद नहीं आता; लेकिन जब वो फिल्म देखती हैं तो अपना मत बदल देती हैं। उदाहरण के लिए, उन्हें 'रँग दे बसंती' की पटकथा पसंद नहीं थी; लेकिन उन्हें वह फिल्म बहुत पसंद आई।''

इस युगल को एक-दूसरे के कुछ गुण खूब पसंद हैं और उनमें कुछ आदतें ऐसी भी हैं, जो दूसरे को परेशान करती हैं। जैसे आमिर की पढ़ने की आदत किरण के लिए समस्या है, जिसके चलते वह आमिर के साथ कई बार कोई जरूरी बात भी नहीं कर पातीं। वहीं किरण की बातें करने की आदत आमिर को कई बार बुरी लगती है, क्योंकि वह समय आमिर अपनी पुस्तकों के साथ गुजारना पसंद करते हैं। अधिकांश जोड़ियों

मुंबई एयरपोर्ट की ओर जाते आमिर, किरण व आजाद।

की तरह ही जहाँ आमिर सेट पर बॉस होते हैं, वहीं घर की बॉस किरण हैं; लेकिन जब भी कोई बड़ा निर्णय लेना होता है तो बाद में आमिर से शिकायत सुनने से बचने के लिए वह हमेशा उनसे भी मशविरा करती हैं।

विचार करें तो वर्ष 2012 आमिर के लिए सबसे बेहतरीन वर्ष रहा। उस वर्ष किरण व आमिर की संतान ने जन्म लिया, जिसका नाम उन्होंने 'आजाद राव खान' रखा। बच्चे का जन्म सेरोगेट मदर की कोख से आई.वी.आर. (इन-विट्रो फर्टिलाइजेशन) प्रक्रिया से 1 दिसंबर, 2011 को हुआ। आमिर ने 'पीपल' पत्रिका को बताया, "उसका जन्म और उसका हमारे आस-पास होने का अहसास हम दोनों के साथ हुई सबसे अच्छी घटना है।" उन्होंने 'फेमिना' को बताया कि आजाद बहुत विलक्षण बच्चा है। वो बहुत तेज और बातचीत को उतावला है। आमिर बताते हैं कि जब तक आजाद का जन्म नहीं हुआ था, किरण का ध्यान पूरी तरह उन्हीं पर केंद्रित था। वो प्रसन्नतापूर्वक कहते हैं, "अब मुझे उनका ध्यान आजाद के साथ बाँटना पड़ता है और इसमें मुझे बहुत खुशी होती है।"

इस अभिनेता के नजदीकी लोग बताते हैं कि आजाद के जन्म के बाद से वह बहुत बदल गए हैं। अब वह न केवल अधिक आत्मविश्वासी हो गए हैं, बल्कि उन्होंने खुद को बहुत गंभीरता से लेना भी बंद कर दिया है। आजाद के साथ आमिर प्रतिपल खुद को पहचान रहे हैं। वह जीवन के इस पहलू का पूरा आनंद ले रहे हैं। उनके एक मित्र ने 'मुंबई मिरर' को बताया, "आजाद आमिर की ही परछाईं हैं। उनके पुत्र ने उन्हें

और अधिक सामाजिक व जिंदादिल बना दिया है और अब इस अभिनेता का पहले से अधिक लोगों से मेल-मिलाप है।''

अपने व्यस्त कार्यक्रम के कारण पहले आमिर को आजाद के साथ अधिक समय बिताने का मौका नहीं मिलता था; लेकिन अब उन्होंने अपना कार्यक्रम इस तरह से बनाया है कि उन्हें प्रतिदिन सुबह कम-से-कम आधा घंटा अपने पुत्र के साथ गुजारने को मिल सके। किरण ही आजाद के अभिभावक की भूमिका निभा रही हैं। आमिर हँसते हुए कहते हैं, ''वो माँ होने का सुख उठा रही हैं। वो यही चाहती थीं। मैं कभी-कभी उन्हें छुट्टी देने के लिए मदद की पेशकश करता हूँ, लेकिन वो इसके लिए तैयार नहीं होतीं।''

यदि आजाद सकारात्मक मायनों में आमिर की कमजोरी हैं तो जुनैद और इरा उनकी ताकत हैं। दोनों के रीना के संरक्षण में होने के बावजूद आमिर उनके पिता होने का फर्ज निभाते हैं। उन्हें रीना व बच्चों के साथ रात्रिभोज का आनंद लेते अकसर देखा जाता है। वो स्वीकारते हैं, ''मैं हमेशा अपने बच्चों के हित को लेकर चिंतित रहता हूँ, और कई बार इस चिंता में खुद को असहाय महसूस करता हूँ।'' लेकिन अब वह अपनी पुत्री से शांत होना सीख रहे हैं, जो उन्हें शांत रहने के तरीके बताती रहती हैं। लेकिन आमिर के लिए उनकी सीख को वास्तविक बनाना सरल नहीं है। इक्कीस वर्षीय जुनैद फिलहाल आमिर की आनेवाली फिल्म 'पी.के.' में निर्देशक राजकुमार हीरानी के सहायक हैं। इस पर आमिर का कहना है, ''ये मेरा सुझाव था कि जुनैद सिनेमा के बारे में कुछ सीखे। मैं जुनैद के साथ 'पी.के.' में काम करने को उत्सुक हूँ। मैं नहीं जानता कि वह भविष्य में क्या करना चाहता है? यह उसका फिल्मों में पहला अनुभव है। मैं आशा करता हूँ कि उसका यह अनुभव रोमांचक, ज्ञानवर्धक और आनंददायक रहे।''

ऐसा लगता है कि जीवन घूमकर फिर वहीं आ गया है, जहाँ से इस अभिनेता ने शुरुआत की थी और अब उनके पुत्र उसी लकीर पर चल रहे हैं। वह मन से चाहते हैं

'कयामत से कयामत तक' की सिल्वर जुबली पार्टी में बाएँ से दाएँ : आमिर के बड़े पुत्र जुनैद, भाई फैजल, पूर्व पत्नी रीना, अवंतिका मलिक, इमरान खान, पुत्री इरा, आमिर खान, किरण राव, नुजहत, मंसूर खान सहित अन्य परिजन।

आमिर अपने ऑफिस में स्टाफ एवं अपनी पत्नी किरण के साथ बातचीत करते हुए।

कि जुनैद फिल्मों में अपना कॅरियर बनाए; लेकिन वह अगर इसके अलावा कुछ और भी करना चाहेंगे तो आमिर उनकी पूरी सहायता करेंगे। उनकी पुत्री इरा फिलहाल पढ़ रही हैं। आमिर अपनी औपचारिक शिक्षा पूरी नहीं कर पाए, हालाँकि वो शिक्षा का महत्त्व समझते हैं; पर वो इसके प्रचलित शाब्दिक अर्थ से सहमत नहीं हैं। औपचारिक शिक्षा से ज्यादा वो ज्ञान हासिल करने को महत्त्वपूर्ण मानते हैं। वो कहते हैं, ''ज्ञान व अनुभव प्राप्त करना और उसे ठीक से समझना बहुत महत्त्वपूर्ण है।'' उन्हें लगता है कि अभी इरा के कॅरियर के बारे में कोई योजना बनाना बहुत जल्दबाजी होगी; लेकिन यदि वह फिल्मों में कॅरियर बनाना चाहे तो उन्हें इसपर कोई आपत्ति नहीं होगी। उनका कहना है, ''अगर यह मेरे लिए ठीक है तो इरा के लिए भी ठीक है।''

आमिर के व्यक्तित्व में दिखनेवाली एक और चारित्रिक खूबी है—उनका अपने परिवार व मित्रों के लिए प्रतिबद्ध होना। उनका निजी जीवन हो या पेशेवर, वह कभी अपना वादा नहीं तोड़ते। उन्होंने बहुत पहले अपनी माँ से उन्हें हज करवाने का वादा किया था। अपनी पेशेवर प्रतिबद्धताओं में व्यस्त होने के बाद भी अपनी बात पर अडिग रहनेवाले आमिर अपनी माँ जीनत हुसैन के साथ मक्का की धार्मिक यात्रा पर गए थे। 'धूम-3' के शिकागो के थकाऊ कार्यक्रम से लौटने के बाद और 'तलाश' के संगीत लॉन्च में शामिल होने पर भी उन्होंने इस यात्रा के लिए समय निकाला। एक आज्ञाकारी

कौन बनेगा करोड़पति (केबीसी) के बाल दिवस पर शूट हुए विशेष एपिसोड में अमिताभ बच्चन तथा हरियाणा के आश्चर्यजनक बालक कौटिल्य के साथ आमिर।

पुत्र की तरह उन्होंने अपनी माँ के साथ चौदह दिन की पवित्र मक्का यात्रा की, जिसमें उनके साथ उनके परिवार के आठ अन्य सदस्य तथा एक मौलाना शामिल थे। आमिर ने मक्का की इस तीर्थयात्रा को सभी के लिए यादगार बनाने में कोई कसर नहीं छोड़ी। उनका ग्रुप मक्का के होटल 'अल मासा' और मदीना के होटल 'एलाफ तैयबा' में ठहरा। वे दोनों चार-सितारा होटल उन पवित्र स्थानों से पैदल की दूरी पर हैं, जो दुनिया भर के सभी सबसे प्रबुद्ध लोगों की सेवा के लिए जाने जाते हैं।

यह उनकी पहली हज यात्रा थी। आमिर ने साझा किया, "यह बहुत हृदयस्पर्शी और आध्यात्मिक तौर पर जाग्रत् करनेवाला अनुभव था। मेरे लिए यह बहुत भावुक व आत्म-निरीक्षण का क्षण था। साथ ही, मैंने वहाँ स्वयं को खुदा के बहुत नजदीक महसूस किया।" उन्होंने अपने अनुभव बताते हुए कहा, "उस स्थान के स्वरूप और सुंदरता में स्वप्निल अहसास है। विशेषकर जब आप अराफात के मैदान में पहुँचते हैं—वो मेरी यात्रा का सबसे महत्त्वपूर्ण क्षण था...संशुद्धि की भावना मुझ पर पूरी तरह छा गई थी।" अब वह खुद को बहुत शांत महसूस कर रहे हैं, "हाँ, अब मैं पहले से अधिक प्रसन्न व शांत हो गया हूँ। मैं कामना करता हूँ कि जो भी मुसलमान हज यात्रा करना चाहता है, उसकी यह इच्छा पूरी हो।" अब वो हाजी हैं, लेकिन उनके अनुसार उनके लिए यह महत्त्वपूर्ण नहीं कि लोग उन्हें क्या कहकर बुलाते हैं, बल्कि यह है कि वह भीतर से

कैसा महसूस कर रहे हैं। वे आगे कहते हैं, ''अब मैं पहले से अधिक धार्मिक हो गया हूँ...मैं निस्संदेह ऐसा उदार हृदय व अच्छा जीवन बिताना चाहूँगा, जो मैं आशा करता हूँ कि इससे पूर्व में हुईं गलतियाँ जैसा नहीं हो। मैं वैसी ही ईमानदारी से जीना चाहता हूँ, जैसे मैं पहले जिया हूँ, जिसमें न तो मुझे किसी से समझौता करना पड़ा और न ही मैंने किसी को दुःख पहुँचाया।''

किरण के साथ आमिर बांद्रा की उसी बिल्डिंग में रहते हैं, जहाँ उन्होंने अपना बचपन बिताया। घर के अंदर का चिकनी सतह वाला क्रीम रंग वाला खुला अंदरूनी हिस्सा इस दंपती के व्यक्तित्व को दरशाता है। लगभग 2,000 पुस्तकें, जो रसोई से लेकर घर के विभिन्न हिस्सों में फैली हुई हैं, उनके पढ़ने के प्रति रुझान की सूचक हैं। उनकी फिल्मों की तरह उनकी पुस्तकों का चयन भी अनूठा है—उनमें उर्दू शायरी, शेक्सपीयर, आत्मकथाओं के अलावा उपन्यास भी शामिल हैं। आमिर पुष्टि करते हैं, ''मैं जब भी घर लौटता हूँ तो मेरा पहला काम पुस्तक उठाना है, न कि रिमोट पकड़ना। मैं जब छह साल का था, तभी से पढ़ना मेरी आदत रही है।'' पुस्तकों के अलावा, उनके अन्य शौक हैं शतरंज और क्रिकेट। ''मुझे क्रिकेट और शतरंज बहुत पसंद हैं। अभी तक ऐसा कभी नहीं हुआ कि मेरी शूटिंग के दौरान कलाकारों और क्रू के बीच क्रिकेट मैच न हुआ हो।'' उन्हें कंप्यूटर गेम्स व संगीत का भी बहुत शौक है। उनके पास बॉब डायलन से लेकर सूफी कव्वाली तक की सीडी मौजूद हैं और वो उन सभी का लुत्फ लेते हैं।

आमिर की जिंदगी केवल उनके अपने परिवार के इर्द-गिर्द ही सीमित नहीं है, बल्कि उनके अपने रिश्ते के भाई-बहनों से भी गहरे संबंध हैं। बचपन से ही उन सबके बीच प्यार का कभी न टूटनेवाला बंधन रहा है। आमिर का अपने भाई-बहनों से बहुत मार्मिक संबंध है। उनकी चचेरी बहन नुजहत, जो एक पेशेवर मनोचिकित्सक हैं, उन्हें तब से वैचारिक सहयोग दे रही हैं, जब आमिर 10 वर्ष के और वह खुद 15 वर्ष की थीं। 'इंडिया टुडे' को दिए एक साक्षात्कार में आमिर ने बहुत स्नेहपूर्वक कहा, ''जब मुझे किसी भी मुद्दे पर बात करनी होती है तो मैं उनके पास जाता हूँ।'' वो आगे कहते हैं, ''वो बहुत अच्छी सलाहकार हैं।'' आमिर ने अपने प्यार में होने की बात सबसे पहले उन्हें ही बताई थी। नुजहत उनके हद दर्जे का पेशेवर होने का भी बहुत सम्मान करती हैं। उन्हें यह बात भी पसंद है कि उनका भाई अपने पेशेवर व निजी जीवन में सबका यथोचित आदर करता है। वो मानती हैं कि आमिर अपनी ईमानदारी पर बहुत पक्के हैं और वो झूठ नहीं बोल सकते। नुजहत कहती हैं, ''लेकिन वो कोई अतिमानव नहीं हैं। वो गलतियाँ भी करते हैं। वो खुद को चोट पहुँचा देते हैं। लेकिन वो सीखने और नए अनुभव पाने के लिए हमेशा तैयार रहते हैं, जो मेरे अनुसार उनका साहसी होना दरशाता है।'' मंसूर हमेशा उनके साथ नहीं रहते हैं, लेकिन फिर भी, वे दोनों एक मजबूत कड़ी

'गुलाम' फिल्म के दौरान प्रात: 6:30 पर हुआ फोटो शूट।

से जुड़े हैं। अपने परिवार व परिजनों से इतर आमिर जिन अन्य दो लोगों के करीब हैं, वे हैं 'सत्यमेव जयते' (और 'लगान' के निर्माण पर बनी डॉक्यूमेंट्री) के निर्देशक सत्यजित भटकल और अमीन हाजी, जिन्होंने 'लगान' में गूँगे व्यक्ति बाघा का किरदार निभाया था।

खान आज भी मध्य वर्ग के व्यक्ति हैं। वह अपने परिवार से जुड़े हुए हैं। वह बॉलीवुड ट्रेड पेपर्स पढ़ने को सगर्व स्वीकार करते हैं। जब वह छोटे थे तो उनके पिता अमरावती व औरंगाबाद जैसे स्थानों पर उनकी फिल्मों की बॉक्स ऑफिस कमाई को लिखने के लिए उनसे वहाँ फोन करने को कहते थे। उस समय उन्होंने

'धूम-3' के प्रोमो लॉन्च के बाद ऑडिटोरियम में दर्शकों से बात करते आमिर।

जो कुछ भी सीखा, वह अब उनके काम आ रहा है। आमिर हर व्यक्ति के साथ घुलते-मिलते नहीं हैं, लेकिन वो अपने रिश्ते सँजोकर रखना जानते हैं। चाहे वह उनके परिवार का कोई व्यक्ति हो या मित्र हो अथवा दस वर्ष से भी अधिक तक उनके साथ काम करनेवाला जोगी, या फ्राइडे, सुनील, वे सभी का सम्मान करते हैं और बदले में सम्मान पाते हैं। वो अपने पास सेलफोन नहीं रखते, लैंड क्रूजर में यात्रा करते हैं, सदा पुलिसवालों, निजी सुरक्षाकर्मियों और अन्य निजी व्यक्तियों के घेरे में रहते हैं। लेकिन उनके साथ होने पर किरण अपनी सिल्वर रंग की बीएमडब्ल्यू 5 सीरीज की कार में यात्रा करना पसंद करती हैं।

आमिर के लिए अकसर सभी लोग एक ही शब्द कहते हैं 'परफेक्शन' लेकिन यह कभी भी उनका लक्ष्य नहीं रहा। यह अभिनेता हमेशा अपने जोश से प्रेरित होता है। बात जब उनके फिल्म इंडस्ट्री में बिताए जीवन की हो तो वह मानते हैं कि मुकेशजी का गाया उनका यह प्रिय गीत इसे उचित ढंग से बयाँ करता है—

ओ रे ताल मिले नदी के जल में
नदी मिले सागर में
सागर मिले कौन से जल में
कोई जाने ना⋯

व्यक्तिगत तौर पर वह खुद को एक आम इनसान ही मानते हैं। चाहे आमिर खुद के बारे में कुछ भी सोचें, हमारे लिए वह आम इनसान से कहीं अधिक हैं। आज आमिर को किसी सहारे की आवश्यकता नहीं है, न उन्हें अपनी ब्रांड कीमत बतानेवाले चाहिए। समय-समय पर गेम चेंजर बनकर आज उन्होंने खुद को अपने समकालीन लोगों से बहुत ऊपर उठा लिया है।

□

'धूम-3' से आमिर का एक चित्र।

आमिर खान का सामान्य बोध

—मयंक शेखर

''मैं कोई आंदोलनकारी नहीं हूँ। मैं एक एंटरटेनर हूँ। मैं जानता हूँ कि यही मेरा मुख्य काम है। लेकिन कुछ मुद्दों पर मेरी भी कुछ भावनाएँ हैं, जिन्हें मैं किसी भी अन्य व्यक्ति की तरह समाज पर सकारात्मक प्रभाव डालने के लिए जब आवश्यकता समझूँगा, जरूर व्यक्त करूँगा।''

नई दिल्ली में किरण नागरकर की पुस्तक 'गॉड्स लिटिल सोल्जर' के लॉन्च से वापस लौटते समय जंतर-मंतर के निकट आमिर खान की कार ट्रैफिक जाम में फँस गई। कनॉट प्लेस के पास बनी खगोलीय वेधशाला एक खुला पर्यटन स्थल है, जो अकसर आंदोलकारियों द्वारा प्रदर्शन के लिए उपयोग में लाया जाता है। उस दिन सड़क के एक ओर 'नर्मदा बचाओ आंदोलन' के लोग—जिन किसानों की जमीन सरदार सरोवर बाँध की ऊँचाई बढ़ने से चली गई थी—उनके पुनर्वास के लिए प्रदर्शन कर रहे थे। वहीं उसी सड़क की दूसरी तरफ लंबे समय से अटकी भोपाल गैस त्रासदी के पीड़ितों हेतु जारी सहायता राशि की माँग पर प्रदर्शन चल रहा था।

आमिर ने कार में वहाँ चल रहे मामले के बारे में पूछताछ की। दोनों मामलों के महत्त्व को समझने के बाद वह नीचे उतरे और किसी आवेग से वशीभूत हो उन दोनों समूहों के साथ जंतर-मंतर पर बैठ गए। उस दिन विशिष्ट रिपोर्टिंग हुई। उनके शामिल होने से 'नर्मदा बचाओ आंदोलन' के प्रदर्शन का खूब प्रचार हुआ। गुजरात युवा कांग्रेस ने इस अभिनेता के पोस्टर जलाए। यही रवैया उस समय सरकार में रही भारतीय जनता पार्टी ने भी अपनाया। अब भी बहुत वर्षों से भाजपा ही सरकार में है। गुजरात के तब के मुख्यमंत्री नरेंद्र मोदी ने आमिर की ताजा रिलीज हुई फिल्म 'फना'

'फना' के प्रेमगीत 'चाँद सिफारिश' के दौरान आमिर।

के अपने राज्य में प्रदर्शन पर रोक लगा दी। यह बहुत अनपेक्षित निजी हमला था, जिसे किसी ने चुनौती नहीं दी। लोकतंत्र में किसी मुद्दे पर आवाज उठाना नागरिकों का नैसर्गिक अधिकार होता है। लेकिन मशहूर लोग आसान निशाना होते हैं। उनके पास खोने को बहुत कुछ होता है। यह आमिर की फिल्म के लिए आसन्न आर्थिक हानि थी। लेकिन आमिर ने इसके लिए कभी माफी नहीं माँगी।

यह वर्ष 2006 की घटना है। यह बताना कठिन नहीं है कि सुप्रीम कोर्ट द्वारा जायज ठहराई गई माँग के समर्थन में आवाज उठाने पर गुजरात सरकार किसी अभिनेता के पीछे क्यों पड़ गई थी। चूँकि यह मुद्दा पूरी तरह से राजनीतिक था, राज्य के पास बॉलीवुड के सितारे से डरने के पर्याप्त कारण थे। इससे किसी भी अनुभवी राजनेता की चुनाव पूर्व रैली से कहीं अधिक लोगों और बड़ी आबादी का ध्यान मुद्दे की ओर आकर्षित होता। निस्संदेह, सितारों को राजनेताओं से अधिक प्यार किया जाता है। उनकी बात लोग बहुत ध्यान से सुनते हैं। आमिर ने अपने सहज करिश्मा से इसपर विश्वसनीयता की मुहर लगा दी। वह सबके दिमाग पर छाए हुए हैं। निशाने पर आई राजनीतिक पार्टी इससे अवगत थी। उन्हें जल्द ही इसपर कोई कदम उठाना था, मुद्दे से लोगों का ध्यान भटकाकर उसे बहुत सफाई से किसी और तरफ मोड़ देना था। और वह सफल भी हुए। अल्पावधि के लिए राजनीति प्राय: जीत जाती है।

वर्ष 2003 में जब 'कोका कोला' अपने पेय में कीटनाशक व कीटाणुनाशक सामग्री होने के मुद्दे पर एक गैर-सरकारी संस्था से जूझ रही थी, कंपनी ने अपना पक्ष रखने हेतु एक विस्तृत विज्ञापन में आमिर को लिया। इस अभिनेता ने सार्वजनिक टेलीविजन पर खुद के द्वारा विज्ञापित किए जा रहे इस पेय के सुरक्षा स्तर को प्रमाणित किया। उन्होंने कहा कि यदि यह बात सत्य होती तो वह कंपनी के साथ अपना विज्ञापन करार समाप्त कर देते। इससे वह रातोरात देश के ऐसे हीरो बन गए, जो जनता के स्वास्थ्य के लिए किसी मल्टीब्रांड दिग्गज कंपनी से लड़ सकता था। बिना कंपनी को बताए उन्होंने सबसे पहले अपने वकीलों के माध्यम से एक निष्पक्ष लैबोरेटरी में कोका कोला के सभी दावों की जाँच करवाई। संतुष्ट होने पर उन्होंने इस सत्य का प्रचार किया। उनका तर्क बहुत सरल था, जिस पर अब तक आम जनता का ध्यान नहीं गया था—कोक बनाने में किसी भी तरह के

'सत्यमेव जयते' पर आयोजित प्रेस सम्मेलन में अपने मित्र प्रसून जोशी के साथ मीडिया से बात करते आमिर।

कीटनाशक या कीटाणुनाशक नहीं डाले जाते, बल्कि वे उस पानी में पहले से मौजूद रहते हैं, जो कृषि में उपयोग होता है। कोक के निर्माण में इसी पानी को पाँच स्तरों पर संशोधित किया जाता है, इसके बावजूद यदि कोला में किसी भी तरह के कीटनाशक की थोड़ी भी मात्रा मौजूद है तो उसका कारण हमारा वह पीनेवाला पानी है, जिसका हम सेवन करते हैं।

कुछ दशक बाद इस अभिनेता ने अपने सभी प्रोडक्ट समर्थक विज्ञापन स्थगित कर दिए, जिससे उन्हें प्रतिवर्ष 100 या उससे कुछ अधिक करोड़ रुपए का नुकसान हुआ। वह एक टेलीविजन शो के निर्माता और एंकर हैं, जो हर रविवार किसी नए सामाजिक मुद्दे को उठाता है। नैतिक रूप से यह ठीक नहीं है कि एक तरफ वह सामाजिक मुद्दे उठाएँ और वहीं दूसरी ओर विज्ञापन अंतराल के दौरान विज्ञापन द्वारा किसी प्रोडक्ट को बेचते दिखें। वह यह बात जानते थे। इस शो से उन्होंने जनता से लगभग 100 करोड़ रुपए जमा किए, जिसे हर एपिसोड से जुड़ी चुनिंदा स्वयंसेवी संस्थानों को चंदे में दे दिया जाता था।

छह वर्ष पहले पहली बार सामाजिक मुद्दे पर गुप्त रूप से कार्य करने के बाद अब आमिर के पास अपना मंच है, जहाँ से वह एक नागरिक तथा सार्वजनिक हस्ती के तौर पर अपने मन की बात कह सकते हैं। जब वह बोलते हैं तो राष्ट्र कम-से-कम सुनता तो है। वह इसे मानता है या नहीं, यह सुनिश्चित करना आसान नहीं है। आज की सरकारें—चाहे वह राज्य की हों या केंद्र की—उस पर संज्ञान लेती हैं और कई मामलों में उनपर तुरंत काररवाई भी हुई है। साफ है, इस बार जीत राजनीति की नहीं हुई। उनकी मंशा पर प्रश्न नहीं उठ सकते, क्योंकि तथ्य सबके सामने होते हैं। प्रत्येक रविवार राष्ट्र से संबंधित मुद्दा, ट्विटर पर ट्रेंड होता, हर फेसबुक अपडेट में शामिल होता और देश के कोने-कोने से लोग विभिन्न सामाजिक समस्याओं पर अपनी राय प्रकट करते।

मुझे लगता है कि मेरे कई जानकार पत्रकारों को यह शो 'सत्यमेव जयते' बहुत बुरा लगता है। इससे उन्हें अपनी नपुंसकता का अहसास होता है। उनमें से बहुत से लोग शायद उसी मिशन की उमंग में इस पेशे में आए थे, जिसे इस साप्ताहिक कार्यक्रम में उठाया गया है। व्यावसायिक लाभ और दूसरों की निगाह में चढ़ने की इच्छा के कारण

मुख्यधारा का खबरिया मीडिया वास्तविक, गहरे और दीर्घकालीन सार्वजनिक चिंता के मुद्दे उठाने में असमर्थ हो गया। लेखकों का प्रशिक्षण आज की ताजा खबर की 'दागो और भागो' पद्धति की रिपोर्टिंग के लिए होने लगा। 'सत्यमेव जयते' जनता के सरोकारों से जुड़ी वास्तविक पत्रकारिता का स्वरूप है, जिसकी शुरुआत एक बॉलीवुड स्टार ने की है। जनता के स्वीकार से इसके धन-प्राप्ति के रास्ते भी खुल गए। इससे आमिर को एक बार फिर 'मार्केटिंग गुरु' का तमगा हासिल हो गया।

आम सोच से अलग, पिछले कुछ वर्षों के दौरान आमिर से हुई थोड़ी-बहुत बातचीत में मुझे वह कहीं से भी प्रतिभाशाली नहीं लगे; बल्कि मुझे उनके तेज दौड़ते दिमाग में वह गुण दिखा, जो प्राय: प्रतिभाशाली लोगों में अनुपस्थित रहता है। वो है विचारों में स्पष्टता। यह बहुत अद्भुत बात है। मैं ऐसे बहुत कम लोगों को जानता हूँ, जो किसी मामले में अपने विचारों के सार को सीमित कर उस संबंध में बनी अपनी राय के तर्क की चट्टान को प्राथमिक सिद्धांत मानकर उस पर कायम रहते हुए दुनिया को अपनी नजरों से देखें। यकीनन वह अपने इस सार्वभौमिक दृष्टिकोण तक पहुँचने के लिए पर्याप्त अध्ययन करते हैं। लेकिन वह संभ्रमित विचार नहीं रखते। जब वह निर्णय ले लेते हैं तो उसी पर डटे रहते हैं। इस मामले में वह किसी भी तरह कमजोर नहीं पड़ते।

उनके शो की शुरुआत के कुछ महीने बाद मैंने उनसे अन्ना हजारे के बेजान हो रहे भ्रष्टाचार-विरोधी आंदोलन पर एक साक्षात्कार किया। उन्होंने दिल्ली में अनशन के दौरान काफी सक्रियता से हजारे की टीम के बीच रहकर उनका प्रचार किया था। इस पर आमिर का सीधा जवाब था, "कानून के अनुसार यदि आपको सार्वजनिक कोष से गबन करते पकड़ा गया तो आपको छह माह की जेल हो जाएगी। लेकिन उसमें यह नहीं कहा गया कि आपको वह पैसा लौटाना भी होगा। क्या आप ऐसा कानून नहीं चाहते, जो इस चुराए गए पैसे को वापस जनता तक पहुँचाए? हाँ या नहीं? मेरे खयाल से हाँ।"

'नर्मदा बचाओ आंदोलन' पर आमिर ने कहा, "मेरा सामान्य बोध आज तक मुझे यह नहीं समझा सका कि इन लोगों (राजनीतिज्ञ), जिन्हें जनता के लिए काम करना चाहिए, को लोगों के पुनर्वास में क्या समस्या है? वरना वे मेरे इसपर सवाल पूछने पर मुझ पर हमला न करते। मैं बस, वही बात कह रहा था, जो सुप्रीम कोर्ट पहले ही कह चुका था।"

इस निर्माता से बात करते समय आप गौर करेंगे कि 'सामान्य बोध' शब्द बार-बार चर्चा में आता है। वैसे यह शब्द अपने आप में ही मिथ्या है। एक ऐसी दुनिया में, जहाँ सामान्य बोध इतना असामान्य हो, वहाँ आमिर को पथ-भ्रष्टक कहना ठीक ही लगता है। वह अपनी फिल्मों में भी इसी प्राथमिक सिद्धांत को लागू करते हैं। इससे उन्हें बारंबार पारंपरिक बाजारू सोच की अवहेलना करने में मदद मिलती है।

यदि मुझे ठीक याद है तो वर्ष 2002 में क्रांतिकारी स्वतंत्रता सेनानी भगत सिंह पर

जन लोकपाल बिल के समर्थन में नई दिल्ली के रामलीला मैदान में मनीष सिसोदिया (बाएँ) के साथ खड़े अन्ना हजारे (मध्य में) से मिलने पहुँचे आमिर।

एक साथ तीन फिल्में रिलीज हुईं। वे सभी एक के पीछे एक थिएटरों पर धमक गईं। आमिर की वर्ष 2006 में आई 'रँग दे बसंती' में भी वही कालखंड और वही स्वतंत्रता सेनानी थे। इस फिल्म ने भारतीय सिनेमा में अपनी विशिष्ट पहचान बनाई। स्पष्टत: गाँव के सेट या खेल जैसे गंभीर विषयों पर बनी फिल्में बॉलीवुड में चल नहीं पातीं। 'लगान' का विषय खेल था और वह गाँव पर ही आधारित थी। इस तरह इसमें ये दोनों बातें थीं। 'तारे जमीं पर' डिस्लेक्सिया जैसे अति महत्त्वपूर्ण विषय और बाल शिक्षा-पद्धति से जुड़ी थी। 'पीपली (लाइव)' एक ग्रामीण फिल्म थी, जिसमें किसानों की आत्महत्या जैसा गंभीर विषय उठाया गया था। आज इन सभी को अलग तरह का बॉलीवुड मनोरंजनकर्ता माना जा रहा है। वास्तविकता यह है कि गंभीर विषयों के स्थान पर बाजारू तर्कों से समूचा पत्रकारिता बिजनेस ही सबसे अधिक पीड़ित है। 'सत्यमेव जयते' ने दिखा दिया कि गहन शोध आधारित पत्रकारिता द्वारा जागरूक दर्शकों के लिए रुचिकर होते हुए भी आर्थिक तौर से सफल कार्यक्रम बनाया जा सकता है।

तो ऐसा क्या है, जो आमिर जानते हैं, लेकिन अन्य लोग नहीं? क्या यह कि लोगों को प्रभावशाली तरीके से सुनाई गईं दिलकश कहानियाँ पसंद आती हैं? इसमें कुछ भी ऐसा नहीं है, जो सब लोग नहीं जानते। लेकिन जो बात आमिर को सबसे अलग करती है, वो यह कि उन्हें अच्छी व बुरी कहानियों की पहचान है और वह उनमें सबसे

बेहतरीन को परदे पर जीवित कर देते हैं—भले ही परदे का आकार कुछ भी हो। यह उनकी विशिष्ट योग्यता है। इसका संधान न तो प्रयोगसिद्ध परिचित वित्तीय तर्कों से संभव है और न ही कामयाब शैलियों का सख्ती से पालन करने से हो सकेगा। वो खूब पढ़ते हैं। शायद उन्हें इसी से मदद मिलती है।

इसमें सबसे महत्त्वपूर्ण है उनकी उद्‌देश्य के प्रति ईमानदारी, फिर चाहे वह 'डेल्ही बेली' जैसी विशिष्ट नटखट कॉमेडी ही क्यों न हो। लोग उनके चयन का सम्मान करते हैं। वे आमिर की ईमानदारी पर शर्त लगाने को भी तैयार हो जाएँगे। आमिर फिल्मों में वही बदलाव करते हैं, जो हम देखना चाहते हैं।

और स्टारडम का क्या? वो हमारे सबसे बड़े स्टार हैं? यह व्यक्तिनिष्ठ प्रश्न है, वैसे ही जैसे स्टारडम स्वयं है। 2000 के शुरुआती वर्षों में बाजार का तर्क था, 'जो दिखता है, वो बिकता है।' आपको उदारवाद पूर्व की भारतीय सड़कों पर लगे बोर्डों पर वही नायक फिल्मों से लेकर गोरा करनेवाली क्रीम तक सबकुछ बेचते दिखाई देंगे। वहीं वर्ष 2001 में 'लगान' व 'दिल चाहता है' के बाद संभवत: अपने कॅरियर की चोटी पर पहुँचे आमिर फिल्मों और प्रचलित सार्वजनिक जीवन दोनों स्थानों से गायब हो गए। वर्ष 2005 में वह वापस लौटे। इस दृष्टि से देखें तो वह वैसे सुपर स्टार नहीं हैं, जिन्हें हम आमतौर पर जानते हैं।

मुझे अभी भी लगता है कि उनमें कहीं गहरे में नर्गिसपन की मात्रा अपने समकालीन

सी.एन.एन.-आई.बी.एन. 'रियल हीरो अवॉर्ड्स 2012' के अवसर पर मुकेश अंबानी (बिल्कुल बाएँ), आमिर खान, नीता अंबानी व सचिन तेंदुलकर।

सोफे पर आराम फरमाते आमिर।

व्यक्तियों से कहीं अधिक है। वह अपनी सार्वजनिक छवि और काम को दूसरों से कहीं अधिक गंभीरता से लेते हैं। उनकी प्रसिद्धि लोगों की स्मृति में लंबे समय तक बनी रहती है। मुझे लगता है कि अब से पाँच दशक बाद एक बड़े वैश्विक उत्सव में आमिर खान की फिल्मों का विस्तृत सिंहावलोकन किया जाएगा। लेकिन मैं यह नहीं कह सकता कि उनके प्रतिस्पर्धियों में से किसी के भी साथ ऐसा होगा। और मैं यह भी नहीं कह सकता कि वह इसके बारे में सोचते भी होंगे या नहीं। प्राय: जो लोग अपने जीवन के गहरे अर्थ को समझते हैं, वे इसकी परवाह भी नहीं करते।

अंतिम बार जब मैंने उनका साक्षात्कार किया तो वो यह सोच रहे थे कि अपने टेलीविजन दर्शकों तक आकाशवाणी पर साप्ताहिक 'फोन-इन शो' के दौरान भारतीय ऑर्गेनिक किसानों की सूची कैसे पहुँचा सकते हैं ? अपने बिजनेस सहयोगियों व चार्टेड अकाउंटेंट से मीटिंग, अपने शो के अगले एपिसोड के बारे में एडिटर से बात करने और दो लंबे अंतराल लेकर मेरे साथ साक्षात्कार में बैठने के बीच आखिरकार आमिर पाली हिल अपार्टमेंट स्थित उस सोफे तक पहुँच गए, जहाँ वह राजस्थान से आए उस डॉक्टर से बातचीत करने लगे, जो आम लोगों तक जेनरिक दवाइयों को सरलता से पहुँचाने के तरीके सुझाने आए थे। इसके बाद इस अभिनेता को 'धूम-3' के लिए तैयार की गई पोशाक को आजमाने जाना था। इतना काम, वह भी एक ही दिन में! आप कह सकते हैं कि एक मीडिया कर्मी किसी मूवी स्टार की बातें बढ़ा-चढ़ाकर बता रहा है। ऐसा विरले ही कभी होता होगा। लेकिन इस मामले में वह वाकई विरले हैं···।

—मयंक शेखर प्रसिद्ध फिल्म आलोचक और लेखक हैं।

□

सत्यमेव जयते :
भारत के नाम एक प्यार भरी पाती

''यह शो मेरे दिल के बहुत करीब है। मेरे विचार से, हमें इस शो की आवश्यकता अपने समाज में दबाए गए मुद्दों को उठाने और उनके उन्मूलन के लिए है।''

आमिर के पहले टी.वी. शो के संबंध में मुंबई में आयोजित प्रेस कॉन्फ्रेंस के दौरान आमिर और स्टार इंडिया के सी.ई.ओ. उदय शंकर।

पिछले पृष्ठ पर : ध्यानपूर्वक देखते हुए खुद में रहस्यमयी मुसकराहट बिखेरते आमिर।

क्या यह किसी मूवी स्टार के लिए संभव है कि वह 1.2 अरब लोगों की मानसिकता बदल सके? भारत जैसे सिनेमा-आसक्त देश में शायद इस प्रश्न का उत्तर 'हाँ' में होगा। विगत वर्षों में कई लोकप्रिय फिल्मी सितारों ने भारतीय सिनेमा-प्रेमियों की मानसिकता को बदला है। यदि इसे गंभीरता से उपयोग किया जाए तो इससे समाज में सकारात्मक परिवर्तन आ सकते हैं। आज जहाँ अधिकांश प्रतिष्ठित व्यक्तियों को संदेह से देखा जाता है, अभिनेताओं के लिए यह और भी आवश्यक हो जाता है कि वह अपनी प्रसिद्धि व प्रभुत्व का अच्छे कार्यों में उपयोग करें। एक अभिनेता ने इस आवश्यकता को समझा और इसपर काम भी किया। इसे संभव बनानेवाले अभिनेता हैं आमिर खान।

भारतीय टेलीविजन की पहुँच विवाद से परे है। इसमें बहुत बड़ी आबादी तक पहुँचने की क्षमता है; बल्कि इसमें उन क्षेत्रों व इलाकों तक पहुँचने की भी क्षमता है, जहाँ 70 एम.एम. का परदा अभी अव्यावहारिक सपना है। आमिर भारतीय टेलीविजन की इस ताकत को समझते हैं। इसलिए, जब स्टार टी.वी. के सी.ई.ओ. उदय शंकर ने उनसे पूछा कि वे टेलीविजन पर क्या करना चाहते हैं, तो वह सोच में पड़ गए। लेकिन एक बात स्पष्ट थी कि वो इस दमदार माध्यम का उस तरह उपयोग करना चाहते थे,

जैसा आज तक किसी ने न किया हो। उस साक्षात्कार में उन्होंने बताया, ''मैंने सोचना शुरू किया और एक प्रारंभिक तसवीर मेरे दिमाग में बन गई।'' 'लगान' के निर्माण पर बनी डॉक्यूमेंट्री 'चले चलो' का निर्देशन करनेवाले अपने विश्वसनीय मित्र सत्यजित भटकल के साथ मिलकर उन्होंने विषय खोजना शुरू कर दिया। दो वर्षों तक वे फिल्मों से दूर रहे और इस दौरान उन्होंने भारत का दिल टटोला। एक छोटी सी टीम के साथ मिलकर उन्होंने शोध किया, खोज की तथा विभिन्न राज्यों की जनता से मिले। इसके बाद जैसे ही 'सत्यमेव जयते' का प्रस्ताव आधिकारिक तौर पर चैनल के सामने रखा गया, उसे तुरंत अनुमति मिल गई।

टेलीविजन से उन्हें नई उड़ान मिली और उनका एकजुटता के सूत्रधार की भूमिका निभाने का मौका एक कदम और नजदीक आ गया। अपने इस अभूतपूर्व टेलीविजन शो द्वारा अपनी कल्पना को साकार करने में आमिर अंत:करण तक लिप्त हो गए। समाज के उत्थान हेतु उनकी इस शानदार शुरुआत ने उन्हें भारत का पहला सक्रियतावादी-सुपर स्टार बना दिया।

इस शो से संबंधित बहुत बड़ा होर्डिंग बनाया, जिस पर बड़े अक्षरों में लिखा था—'जब दिल पे लगेगी तो बात बनेगी।' इसमें आमिर का एक सक्रियतावादी का नया ही रूप दिखाई दिया। वर्ष 1989 में 'कयामत से कयामत तक' के अपने पहले बिलबोर्ड, जहाँ आमिर को पड़ोस के लड़के के रूप में दरशाया गया था, यह उससे बहुत अलग था। प्रोग्राम के लॉञ्च पर आमिर ने कहा, ''यह शो मेरे जीवन का एक महत्त्वपूर्ण कदम है और यह मेरे दिल के बहुत करीब है। यह मेरा अब तक का सबसे महत्त्वाकांक्षी प्रोजेक्ट है।'' उन्होंने प्रेस कॉन्फ्रेंस के दौरान एक रिपोर्टर से कहा, '' 'सत्यमेव जयते' भारत के लिए मेरी प्यार भरी पाती है। इसके लिए बनाए गीत में भी मैंने अपने देश को एक व्यक्ति ही माना है। यह शो मेरे देश के प्रति मेरा प्यार है।'' आमिर एक प्रभावशाली व्यक्ति हैं। यद्यपि उनके 'क्राय' (चाइल्ड रिलीफ एंड यू) के साथ लंबे समय से जारी संबंधों एवं बाल शिक्षा के क्षेत्र में उनके प्रयासों से कम ही लोग परिचित हैं; लेकिन 'सत्यमेव जयते' में उनकी ये मानवीय खूबियाँ प्रत्यक्ष दिखाई देती हैं। उनके द्वारा लद्दाख में आई बाढ़ के समय उनका वहाँ सहायता भेजना, जहाँ '3 ईडियट्स' का कुछ हिस्सा शूट हुआ था, एक और दृष्टांत है, जो भारत के लोगों के प्रति उनकी अत्यधिक भावुकता को बयाँ करता है।

उनके शो में भारत की कुछ घृणित सामाजिक समस्याओं, जैसे—कन्या भ्रूण-हत्या, बाल यौन उत्पीड़न, झूठी शान के लिए हत्या, दहेज, घरेलू हिंसा, चिकित्सीय अपराध, विकलांगों के प्रति असंवेदनशीलता, कीटनाशक विषाक्तता, मद्यपान, छुआछूत, वरिष्ठ नागरिकों की दुर्दशा, जल संकट, जाति व्यवस्था में व्याप्त भयानक असमानता आदि

एक थिएटर में अपनी फिल्म का प्रचार करते आमिर। उनके नजदीक ही (बाईं ओर) फिल्म आलोचक और ट्रेड विश्लेषक तरण आदर्श बैठे हैं।

को प्रकाश में लाया गया। हालाँकि इनमें से बहुत सी समस्याओं को मुख्तः महिलाओं से संबंधित मामले माना जाता है। लेकिन इस संबंध में आमिर की सोच कुछ अलग है, ''हमें इस बात को मानना चाहिए कि समस्या पुरुषों में है। महिलाएँ इसलिए पीड़ित होती हैं, क्योंकि पुरुष उनसे चुनने का अधिकार छीन लेते हैं; ...अधिकार यह चुनने का कि वे कैसे जिएँ, प्यार करें और सपने देखें।'' वो मानते हैं कि यह पुरुषवादी सोच राष्ट्र की प्रगति में बाधक है। उन्हें यह जानकर बहुत दुःख हुआ कि बहुत सी महिलाएँ भी इसी पुरुषवादी सोच को मानती और इसे बढ़ावा देती हैं। इस स्वीकृति से यह चक्र चलता रहता है। इस शो के रचयिता, निर्माता व होस्ट के तौर पर आमिर ने कोई कमी नहीं रखी और लोगों को इन मुद्दों के प्रति संवेदनशील बनाने में अपनी स्टार शक्ति और विश्वसनीयता का भरपूर उपयोग किया। ये वे समस्याएँ हैं, जिनके समाज में होने की जानकारी हम सभी को है, लेकिन हम कभी इसे स्वीकार नहीं करते। आमिर ने लोगों से माँग की कि वे इन्हें सामने लाएँ और इन कठोर सच्चाइयों के विरुद्ध अपनी आवाज उठाएँ। आमिर के इस साहसिक कार्य में उनके लाखों लोगों के प्रिय आदर्श की छवि धूमिल करने की क्षमता है; लेकिन उनके सामने इससे कहीं अधिक बड़ा—भारतीय

समाज के उद्धार का—लक्ष्य मौजूद है। लेखक-निर्देशक राजकुमार हीरानी कहते हैं कि आमिर शर्त लगाकर कहते हैं कि जो लोग मनोरंजन की खोज में उनके पास आते हैं, वे इन अधिक गंभीर विषयों पर भी उनका साथ देंगे। उनके शो पर टिप्पणी करते हुए अभिनेता सलमान खान कहते हैं, ''मैंने 'सत्यमेव जयते' देखा है। एक अच्छा आदमी अच्छा काम कर रहा है। इसमें कोई लालसा नहीं है। ऐसा नहीं है कि पहले कभी लोगों ने ऐसा किया नहीं है। बस, यह कभी नजर में नहीं आया। लेकिन जब आमिर ने इन मुद्दों को उठाया है तो लोग इसे गंभीरता से लेंगे।''

आमिर मानते हैं कि देश की युवा पीढ़ी बहुत बदलाव ला सकती है। हालाँकि उनके लिए छोटे परदे पर आने का उनका मकसद लोकप्रियता या यश की कामना नहीं है। वो चाहते हैं कि हर व्यक्ति को उन विभिन्न सामाजिक समस्याओं के बारे में जानकारी मिले, जिन्हें भारत के लोग बिना किसी प्रतिकार के लगातार झेलते चले आ रहे हैं। लोगों को यह धारणा नई लगी ? दरअसल ऐसा है नहीं। इससे पहले भी सामाजिक मुद्दों और जनता की माँग पर ऐसे कई शो बनाए गए हैं। लेकिन 'सत्यमेव जयते' को जो बात अन्य सभी से अलग बनाती है, वह है इसका दर्शकों के समक्ष प्रस्तुतीकरण का तरीका।

इस कार्यक्रम को विभिन्न राज्यों में शूट किया गया है, जिनमें केरल, राजस्थान, दिल्ली, कश्मीर व पंजाब शामिल हैं। यह उन बहुत कम टेलीविजन कार्यक्रमों में से एक

आमिर के टी.वी. शो 'सत्यमेव जयते' के निर्देशक और 'लगान' में उनके प्रोडक्शन एक्जिक्यूटिव रहे सत्यजित भटकल।

अपने नजदीकी मित्र प्रसून जोशी के साथ दिल खोलकर हँसते आमिर।

है, जिसमें देश के सुदूर उत्तर-पूर्वी हिस्से पर भी बात की गई। दर्शकों के बीच इस शो की संकल्पना व्यक्त करने से पहले ही इसके प्रचार ने जोर पकड़ लिया था। आलोचक, जनता, मीडिया और टेलीविजन विशेषज्ञ इसके संबंध में अपने विचार प्रकट करने और इससे उत्पन्न अपेक्षाओं पर बात करने लगे थे। लेकिन जिस बात ने इस रियलिटी शो को बाकियों से अलग किया, वह यह तथ्य था कि इसका आधार समाज को निरंतर पीड़ा पहुँचानेवाली अति गंभीर समस्याओं का समाधान प्रदान करने की उत्सुकता थी।

आमिर ने यह शो अपने नियम व शर्तों पर किया। इस शो को 'स्टार इंडिया' ने प्रायोजित किया था; लेकिन आमिर ने शर्त रखी कि इसका प्रसारण उसी समय देश भर में प्रसारित होनेवाले दूरदर्शन के राज्य-अधिकृत स्टेशनों पर भी किया जाए। यह शो हिंदी में बनाया गया था; लेकिन अधिसंख्य लोगों तक इसकी पहुँच बनाने के लिए इसे कुछ भारतीय भाषाओं में अनूदित करने के साथ ही इसमें अंग्रेजी सबटाइटल की व्यवस्था भी की गई। जोखिम उठाने और अपने काम में विश्वास रखनेवाले के रूप में ख्यात आमिर ने अपने इस शो को रविवार को प्रात: 11 बजे प्रसारित करने का फैसला किया। जबकि कोई नहीं जानता था कि भारतीय लोग अपनी रविवार की छुट्टीवाली सुबह के 90 मिनट किसी ऐसे विषय से भयभीत होना चाहेंगे, जिसे वे छिपाए रखते हैं। लोगों को सिर्फ झटका देना या व्याकुल करना ही उनका मकसद नहीं था, बल्कि वह चाहते थे कि लोग इन मुद्दों पर चर्चा करें, जिन्हें समाज में जान-बूझकर नजरअंदाज

समाज सुधारक आमिर 'सत्य' की ओर इंगित करते हुए।

किया जाता रहा है।

इस शो ने आँकड़ों और वृत्तांतों के माध्यम से आम जनता को समाज की बुराइयाँ दिखाकर चकित कर दिया। उन्होंने दर्शकों का मन रखने के लिए संदेश को चाशनी में लपेटकर नहीं दिया। 'सत्यमेव जयते' ने वही दिखाया, जो आमिर जनता को दिखाना चाहते थे। प्रत्येक एपिसोड में किसी एक मुद्दे के सभी पक्षों पर विस्तार से चर्चा होती। उनकी बुद्धिमत्ता इस बात में दिखती है कि उनके शो में किसी को सीधे तौर पर जिम्मेदार नहीं माना जाता। उन्होंने किसी व्यक्ति पर निजी प्रहार नहीं किया, बल्कि उनका निशाना वे सभी थे, जो इस सामाजिक बुराई में बराबर के भागीदार थे। उन्होंने इस शो से सामूहिक जिम्मेदारी को बढ़ावा दिया। उनका दृढविश्वास है कि अगर इन बुराइयों से लड़ने के लिए हमने कुछ नहीं किया तो इनके लिए बहुत हद तक हम सब भी जिम्मेदार हैं।

तेरह एपिसोड का यह कार्यक्रम 6 मई, 2012 की एक उनींदी सुबह शुरू हुआ, जिसने लोगों को उनकी नींद से जगा दिया। एक उच्चस्तरीय सर्वे के अनुसार, 'सत्यमेव जयते' की रेटिंग 4.27 तक जा पहुँची। इसमें दूरदर्शन की रेटिंग भी शामिल है। वास्तविकता में, इसका पहला ही एपिसोड 8.96 करोड़ दर्शकों द्वारा देखा गया। टेलीफोन की बाढ़ का भी यही हाल था। देश भर से लगभग एक लाख दर्शकों ने फोन मिलाने की कोशिश की, जिनमें से केवल बारह लोगों का ही फोन लगा और वे इस ऐतिहासिक कार्यक्रम का हिस्सा बन सके। इस शो की फिल्म इंडस्ट्री, राजनेताओं, सामाजिक कार्यकर्ताओं और आम लोगों ने खूब सराहना की।

जहाँ अन्य शो टी.आर.पी. पर निर्भर रहते हैं, 'सत्यमेव जयते' का मूल आधार देश भर के लोगों के दिलों को छूना था। इसमें जिस क्षेत्र से जुड़े मुद्दों के घावों को कुरेदा जाता, वहीं स्थिति भीड़ में छूटे साँप से मची भगदड़ जैसी हो जाती। सबसे महत्त्वपूर्ण बात यह है कि इस शो ने अनेक भारतीयों के दृष्टिकोण में परिवर्तन लाने में सफलता प्राप्त की। कई दर्शकों ने स्वीकार किया कि उन्होंने इससे पहले कभी ऐसी सामाजिक

समस्याओं पर ध्यान नहीं दिया था, जिन्हें इन तेरह एपिसोडों में उठाया गया। वे इस बात से सहमत थे कि इस शो ने प्राय: विस्मृत मुद्दों की ओर उनकी रुचि को फिर जाग्रत् कर दिया है।

छोटे परदे पर अपने क्रांतिकारी टॉक शो की शुरुआत पर आयोजित प्रेस कॉन्फ्रेंस के दौरान आमिर खान।

कुछ खास मुद्दों पर प्रसारित हुए एपिसोडों के बाद उनमें आए विभिन्न बदलावों में इस शो का असर देखा जा सकता है। उदाहरण के लिए, बाल यौन उत्पीड़न पर प्रसारित एक एपीसोड के बाद लोकसभा को बच्चों को उत्पीडन से सुरक्षा देने से संबंधित लंबे समय से रुके बिल को पास करने के लिए मजबूर होना पड़ा। वहीं एक खंड में पिछड़ी जातियों के शोषण पर चर्चा के बाद तत्कालीन प्रधानमंत्री डॉ. मनमोहन सिंह को इस संबंध में मीटिंग बुलानी पड़ी। कुछ राज्य सरकारों के सिंहासन उस समय डोल गए, जब उनके अधिकारियों के सामने इन कठोर तथ्यों को पेश किया गया। आमिर की इस हाई-वोल्टेज हिमायत का असर केवल समाज के ऊँचे व ताकतवर तबके पर ही नहीं, बल्कि राजनेताओं से लेकर सबसे निचले स्तर का व्यक्ति भी इससे प्रभावित हुआ। कन्या भ्रूण-हत्या संबंधी खंड का तो राजस्थान के बुदनिया गाँव के मुखिया पर इतना असर हुआ कि उन्होंने लिंग-जाँच और गर्भपात की इच्छा रखनेवाले परिवारों पर नजर रखने के लिए पुलिस तैनात कर दी। अंतत: सरकार ने जयपुर के छह सोनोग्राफी सेंटरों के लाइसेंस रद्द कर दिए और कन्या भ्रूण-हत्या के चौबीस अन्य मामलों में संदेहास्पदों को नोटिस जारी किए गए। बतौर निर्माता आमिर कहते हैं, "मेरा काम अपने विश्वास के अनुरूप एक शो बनाना था और मैं अपनी टीम के प्रयासों से बहुत प्रसन्न हूँ।"

29 जुलाई, 2012 को शो के प्रथम सीजन का अंतिम एपिसोड प्रसारित हुआ। इसके बाद हुए गणित में कुछ आश्चर्यजनक आँकड़े सामने आए। इस शो ने टी.वी. दर्शकों की 50 करोड़ की अधिकतम सीमा प्राप्त कर ली और इससे कहीं अधिक करोड़ों लोगों ने इसे रेडियो पर सुना। इसके एपिसोड ऑनलाइन देखे गए और इससे संबंधित समाचार-पत्रों में छपी खबर पढ़ी। इसकी पहुँच इतनी विस्तारित थी कि आमिर के इस प्रयास से भारतीय समाज में धरातल पर हुए बदलावों से हुए कुल वास्तविक लाभ की

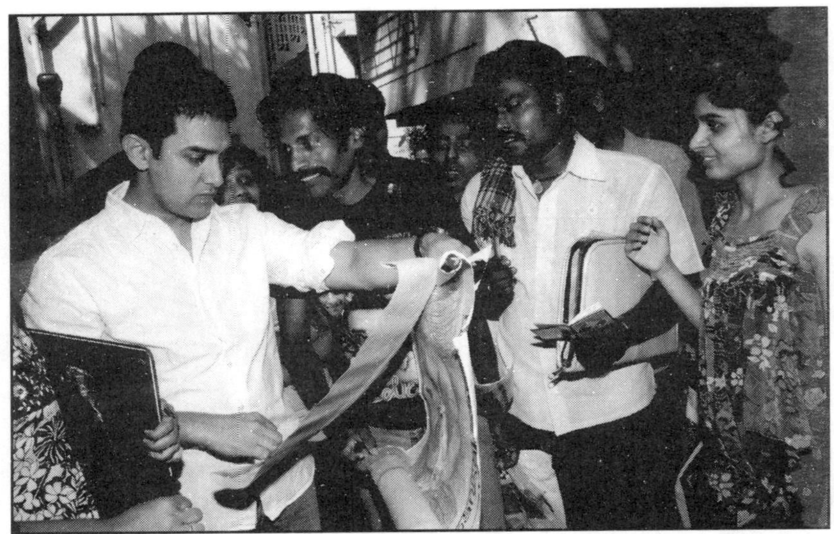

बांद्रा स्थित अपने घर में 45वें जन्मदिन पर मिली बधाइयों को निहारते अपने फैंस से घिरे आमिर।

गणना करना शायद संभव नहीं होगा।

1 मई, 2013 को आमिर ने एक गैर-सरकारी संस्था 'स्नेहालय फाउंडेशन' द्वारा निर्मित आश्रय स्थल 'सत्यमेव जयते' भवन का दौरा किया, जहाँ उन्होंने घरेलू हिंसा एवं दहेज के लिए सताई महिलाओं के बीच एक दिन बिताया। इस आश्रय स्थल का शुभारंभ आमिर ने ही जनवरी 2013 में किया था।

इस पूरे समय सबसे अच्छी बात यह रही कि उनकी प्रसिद्ध सार्वजनिक छवि कहीं नहीं दिखाई दी। उन्होंने वहाँ जो भी संबंध बनाए, वे एक मानव के दूसरे मानव से, एक भारतीय के दूसरे भारतीय के साथ थे। वहाँ उन्होंने लोगों से बात की, उनके साथ हँसे, उनके दुःख साझा किए और उनके साथ रोए भी। भारत के सुदूर हिस्सों से आए अजनबियों से मिलकर वो भावुक हो गए। वहाँ उन्होंने कुछ अच्छे मित्र भी बनाए। उनके संबंध में आमिर का मत था, "मैं संभवत: आपकी सारी समस्याएँ नहीं सुलझा सकूँगा; लेकिन मैं आपको अच्छा महसूस करवाने के लिए आपका हाथ थाम सकता हूँ और आपको गले लगा सकता हूँ।" अंतत: चिंता ही है, जिसका कोई परिणाम निकलता है।

आप चाहे उनकी तारीफ करें या आलोचना, लेकिन भारतीय समाज के कठोर सत्यों से आपका परिचय करानेवाली उनकी ताकत को नकारा नहीं जा सकता। जब उन्होंने इन्हें अपने शो के पटल पर रखा तो निस्संदेह इसने समाज के हर तबके का ध्यान अपनी ओर आकर्षित किया। इस शो में इस समाज-सुधारक के निशाने पर केवल कोई

फिल्म सिटी, मुंबई में आयोजित एक प्रेस कॉन्फ्रेंस में 'कयामत से कयामत तक' की सिल्वर जुबली मनाते आमिर।

खास वर्ग या समाज का कुछ विशेष हिस्सा ही नहीं, बल्कि पूरा देश था। वह भारतीयों को अपने रविवार की सुबह गंभीर, पर थकाऊ टॉक शो में व्यस्त रखने की चुनौती के स्थान पर फिल्म बनाने की सरल राह भी चुन सकते थे। इसीलिए वो ऐसी सार्वजनिक हस्ती हैं, जो सबसे अलग हैं।

इस शो के प्रति उनकी इतनी आस्था थी कि उन्होंने इस संबंध में 'हिंदुस्तान टाइम्स' में लेख लिखना भी शुरू कर दिया। जैसे उन्होंने बाल यौन उत्पीड़न संबंधी लेख में लिखा, ''बच्चे हमें बहुत ध्यान से देखते हैं। यदि हम चाहते हैं कि वे अपने मन की बात हमें बताएँ तो हमें यह सुनिश्चित करना होगा कि वे जानते हों कि हमें उनपर भरोसा है। हम केवल उन्हें सुनेंगे ही नहीं, बल्कि उसपर विश्वास भी करेंगे।'' उनके इस प्रश्न ने कि क्या अभिभावक अपने बच्चों की बात सुनते भी हैं, सबको अवाक् कर दिया। आमिर पूछते हैं, ''क्या हम अपने बच्चों की बात सुनते भी हैं? क्या हममें उनकी बात सुनने की योग्यता है?'' आमिर समझाते हैं कि यह बातचीत सदा जारी रहनी चाहिए और इस तरह के मामले में आपसी भरोसा सबसे बड़ी चीज होता है।

विख्यात लेखिका शोभा डे ने अपने कॉलम 'पॉलिटिकली इन्करेक्ट' में अपने पाठकों से माँग की कि वे आमिर की टेलीविजन पर दर्शक जुटाने की इस लगभग असंभव कोशिश में उनका साथ देते हुए उन्हें 'भारत पिता' बनता देखें। वह मानती थीं

पुस्तकों के घेरे में आमिर को पढ़ना पसंद है और उन्हें बहुत से विषयों में रुचि है।

कि 'सत्यमेव जयते' ऐसा शो है, जिसमें आमिर ने बिना किसी फिल्मी मनोरंजन मूल्यों के अस्थिर भारतीय दर्शकों के देखने के तरीके में परिवर्तन लाने की कोशिश की है। वह कहती हैं, ''आमिर अपने लिए एक नई जगह बनाना चाहते हैं; ऐसी जगह, जहाँ किसी अन्य का दखल न हो। अपने इस उद्देश्य की पूर्ति हेतु उन्होंने कोई गेम शो नहीं बनाया, बल्कि खुद गेम चेंजर बनने उतर आए।''

'स्टार इंडिया' के सी.ई.ओ, उदय शंकर इस शो के बारे में कहते हैं कि 'सत्यमेव जयते' ऐसी कहानियों पर आधारित है, जिसने टेलीविजन कार्यक्रमों की गुणवत्ता बढ़ाने के साथ ही हमारे दर्शकों को भी गहन अनुभव प्रदान किया।

शैलजा वाजपेयी ने 'टेलिस्कोप' के अपने कॉलम में लोगों के 'सत्यमेव जयते' देखने का कारण लिखा—''यह कार्यक्रम आँसुओं से भरपूर है और इसने हमें हमारी बेचारगी का आभास कराया, लेकिन इसमें दिखाई सच्ची मानवीय कहानियाँ लोगों को हमेशा पसंद आती हैं।'' वो मानती हैं कि हमने इसे देखा, क्योंकि यह हमें बहुत अपना-सा लगा। उन्होंने हमसे आगे कहा, ''यह आपके बारे में था उनके बारे में था, और रास्ता चलते हर व्यक्ति के बारे में था।''

'टाइम' पत्रिका का हालिया अंक पढ़कर हॉलीवुड स्टार टॉम हैंक ने आमिर की प्रशंसा की। उन्होंने कहा, ''मैं आमिर खान के कामों की सराहना करता हूँ।'' उन्होंने कहा कि ऐसे बहुत ही कम सेलिब्रिटी होते हैं, जो देश में परिवर्तन लाने के

अपने 45वें जन्मदिन पर बांद्रा में अपने घर के बाहर हुए प्रेस सम्मेलन को संबोधित करते आमिर।

लिए पहल करते हों। वह मानते हैं कि आमिर ने इस शो से बहुत विलक्षण काम किया है। उन्होंने सभी से आमिर खान के इस महान् कार्य में समर्थन देने को कहा। हैंक जानते हैं कि समाज से मिले सम्मान का बदला चुकाना बहुत कठिन कार्य होता है। वो आमिर की सराहना करते हैं, जिन्होंने एक सेलिब्रिटी के तौर पर अपनी प्रबल शक्ति को पहचाना। आमिर उन बहुत थोड़े से कलाकारों में से हैं, जो लोगों द्वारा खुद पर लुटाए प्यार का बदला चुकाने में विश्वास रखते हैं। उन्होंने अपने शो में लोगों पर अपने प्रभाव का इस तरीके से उपयोग कर बदलाव के उत्प्रेरक की भूमिका निभाई, जिसके चलते उन्हें हैंक का समर्थन और सराहना प्राप्त हुई।

इस शो से केवल भारतीय जनता ही प्रभावित नहीं हुई, बल्कि इसका आमिर पर भी बहुत सकारात्मक असर हुआ। इस प्रोजेक्ट द्वारा उन्हें जीवन को बहुत नजदीक से देखने का मौका मिला। आमिर अपना अनुभव बताते हैं, ''यह मेरी भारत के लोगों से जुड़ने की कोशिश है और इससे अधिक यह मेरे लिए खुद से जुड़ने का माध्यम बना। मुझे लगता है कि अब मैं अपने देश को बेहतर ढंग से समझने लगा हूँ। मेरे लिए यह जीवन का सबसे अधिक शिक्षित करनेवाला अनुभव रहा। मैंने लोगों से बहुत कुछ सीखा और लोगों से जुड़कर मुझे बहुत अच्छा लगा।''

'सत्यमेव जयते' केवल एक टेलीविजन शो ही नहीं है। यह एक आंदोलन है, जो तेरह सप्ताहों में देश भर में फैल गया और इसने लोगों को सोचने पर मजबूर कर दिया। इसने भारतीयों को अपने आस-पास फैली बुराइयों की जिम्मेदारी के खिलाफ खड़े होने का हौसला दिया। इससे अधिक महत्त्वपूर्ण यह रहा कि उन्होंने इसे रहने के लिए बेहतर जगह बनाने का संकल्प लिया।

अब यह शो सामान्य टेलीविजन निर्माताओं के लिए न्यूनतम मानदंड बन गया है। गैर-सोप ओपेरा निर्माता आमिर ने रियलिटी शो को नया दृष्टिकोण प्रदान किया। उनके मूल कार्य के प्रभाव व प्रेरणा की व्याख्या हेतु उनकी ओपेरा विन्फ्रे से तुलना करना सर्वथा अनुचित है। आमिर का काम कहीं अधिक बड़ा है। जहाँ एक ओर

टेलीविजन पर अपने नए महत्त्वाकांक्षी वेंचर की घोषणा पर उदय शंकर के साथ आमिर।
पिछले पृष्ठ पर : रामलीला मैदान में अन्ना हजारे के न्यायोचित आंदोलन से समानानुभूति जताते आमिर।

'द हिंदू' ने इस अभिनेता की प्रशंसा करते हुए कहा कि उन्होंने प्रसन्नता व दुःख की समानानुभूति के आधार पर भारतीयों को आपस में जोड़ा है। यह कहना अतिशयोक्ति नहीं होगी कि अब आमिर व क्रिकेट दोनों ही देश को जोड़ने का कार्य कर रहे हैं। वहीं दूसरी ओर उन्होंने कुछ आरामपसंद आत्माओं की बेपरवाही खत्म कर उन्हें काम पर लगाया। अक्तूबर 2012 में अनुसूचित जाति हेतु बने राष्ट्रीय आयोग ने एक कार्यक्रम में अपने शो द्वारा सामाजिक असमानता के प्रति जागरूकता फैलाने के लिए आमिर व उदय शंकर को पुरस्कृत किया। दिल्ली की मुख्यमंत्री, श्रीमती शीला दीक्षित ने उदय शंकर से लोगों में जागरूकता फैलाने और किसी भी बुराई के खिलाफ टीम के रूप में खड़े होने के लिए प्रोत्साहित करनेवाले इस शो को फिर से आरंभ करने की प्रार्थना की। लीक से हटकर पहल करनेवाले पहले इस प्रभावकारी टी.वी. शो को प्रतिष्ठित सी.एन.एन.-आई.बी.एन. 'इंडियन ऑफ द ईयर-स्पेशल अचीवमेंट अवॉर्ड, 2012' से नवाजा गया।

आमिर ने राजकुमार हीरानी की 'पी.के.' पूर्ण होने के बाद 'सत्यमेव जयते' के दूसरे सीजन पर काम शुरू करने की योजना बनाई है। वह कहते हैं, ''यह शो मुझे बहुत प्रिय है। मुझे लगता है कि हमें अपने समाज द्वारा छिपाए जा रहे मुद्दों को उठाने और उनके उन्मूलन हेतु ऐसे कार्यक्रमों की आवश्यकता है।''

उनकी टीम ने अगले सीजन के लिए शोध कार्य आरंभ भी कर दिया है।

आमिर न तो गांधीवादी हैं और न ही युवा अन्ना हजारे। क्या उन्हें आधुनिक 'मंगल पांडे' का नाम दिया जा सकता है, जिन्होंने इक्कीसवीं सदी के भारत में समाज में व्याप्त बुराइयों व बीमारियों के खिलाफ विद्रोह की शुरुआत कर दी है? क्या कोई और भी ऐसा ही समझता है?

□

'धूम-3' की प्रचार वस्तुओं के व्यापारिक लॉञ्च पर हैट से ट्रिक दिखाते आमिर।

श्रेष्ठता को आभार

—विकास चंद्र सिन्हा

वरिष्ठ प्रकाश पादुकोण, किसी भी एकल खेल में देश के पहले विश्व चैंपियन थे। वर्ष 1980 में उन्होंने बैडमिंटन के ग्रैंड स्लैम कहे जानेवाले—डैनिश व स्वीडिश ओपन, ऑल इंग्लैंड चैंपियनशिप और उसके बाद विश्व चैंपियनशिप जीती थीं। वो लगभग दस वर्षों तक विश्व के सर्वोच्च दस खिलाड़ियों में रहे। उनसे पहले भारत को केवल टीम वाले खेलों में ही सफलता मिली थी, जिनमें ओलंपिक के दौरान हॉकी में मिली जादुई जीत और कभी-कभार क्रिकेट में मिलने वाली जीतें शामिल थीं। लेकिन विश्व स्तर पर मिली छुटपुट एकल जीत में वर्ष 1952 में के.डी. जाधव को मिला इकलौता ओलंपिक कांस्य और वर्ष 1960 के ओलंपिक में मिल्खा सिंह की हुई जीत तथा 1958 व 1964 में विलियम जोंस की जीती वर्ल्ड एमेच्योर बिलियर्ड्स चैंपियनशिप ही थीं।

प्रकाश पादुकोण भारतीय खेलों के शीर्षस्थ खिलाड़ियों में से हैं; लेकिन इसके साथ ही वह भारत के अब तक के सबसे सज्जन व सादा प्रसिद्ध व्यक्ति रहे हैं। एन.डी. टी.वी. पर प्रसारित शेखर गुप्ता के 'वॉक द टॉक' में उनका साक्षात्कार देखना बहुत सुखद रहा। इस साक्षात्कार में उनकी कही बात के इस उद्धरण से उनके महान् चरित्र का खुलासा होता है।

शेखर—आपने सुना होगा कि लोग हमेशा प्रकाश की क्षमता की बात करते हैं। आप सबको महान् या कुछ कम महान् बताते हैं, लेकिन खुद को इन सबसे दूर रखते हैं?

प्रकाश—मेरे बताए लोगों से यदि तुलना करें तो आप जानते हैं कि रूडी (हारटोनो) ने ऑल इंग्लैंड आठ बार जीता है, (मार्टिन) फ्रॉस्ट आठ बार फाइनल तक पहुँचे हैं, चार बार जीते हैं और मैं अब तक फाइनल में केवल दो बार ही पहुँचा हूँ।

शेखर—लेकिन आप वहाँ बहुत कठिनाइयों के बाद पहुँचे हैं…।

प्रकाश—नहीं, ऐसा सभी के साथ है; लेकिन अगर भारतीयों से तुलना की जाए

तो हमें यहाँ जो सुविधाएँ मिलती हैं, मुझे लगता है, मैंने ठीक ही किया है। मैं खुद को दुनिया में सबसे बेहतर नहीं मानता। लेकिन अगर सुविधाओं की बात करें तो मैंने अपनी तरफ से सबसे अच्छा किया।

परंतु इन सब का आमिर या फिल्मों से क्या संबंध है? प्रकाश की तरह ही आमिर भी अपने पेशे में लंबे समय पर सबसे ऊपर रहे। वह उस खान तिकड़ी का हिस्सा हैं, जिनका हिंदी सिनेमा में दो दशकों से शासन जारी है। प्रकाश की तरह वह भी एक विजेता ही हैं—हिंदी फिल्म अभिनेताओं की श्रेष्ठता की जंग शाहरुख खान व सलमान खान के बीच मीडिया में चल रही है। आमिर बहुत अधिक फिल्म पुरस्कारों में शामिल नहीं होते, जिससे वार्षिक कैलेंडर में उनकी उपस्थिति नगण्य ही होती है। यह रुख कई अन्य सितारों के लिए तो आत्मघाती रहेगा। चमक-दमक वाली फिल्मी पार्टियों द्वारा सबकी नजरों के सामने रहकर अपनी स्टार इमेज बनाए रखने के फिल्मी सितारों के ठेठ आचरण की जगह उन्हें शूट के बाद पुस्तकों के साथ अधिक आरामदेह महसूस करनेवाले के रूप में जाना जाता है।

भले ही वह श्रेष्ठता की दौड़ में नहीं हों, लेकिन उन्होंने फिल्म देखनेवालों के दिमाग में अपनी 'मिस्टर परफेक्शनिस्ट' की प्रभावशाली पदवी बना रखी है। यही वह कारण है कि साथ काम करने में जटिल कलाकार की छवि के बावजूद फिल्मकार अपने चुनौतीपूर्ण प्रोजेक्ट उन्हीं के पास लाते रहते हैं। यह स्थिति पिछले दो दशकों से आमिर के स्थिर शानदार प्रदर्शन का बेहतरीन साक्ष्य है। उनकी शुरुआती फिल्मों को

'गुलाम' के लिए आधी रात को हुए शूट के दौरान आमिर।

छोड़ दें तो उनके सभी प्रोजेक्ट चाहे वित्तीय तौर पर सफल न भी रहे हों, विशिष्ट जरूर थे। डेविड लाइट ने उनकी इस विशेषता पर 'खलीज टाइम्स' में लिखे अपने लेख में इशारा किया—"बॉलीवुड में आमिर खान की फिल्म से लगी उम्मीदों जैसी अन्य कोई सिनेमेटिक घटना नहीं होती। दमदार तिकड़ी के अन्य दो खान की नई फिल्म की घोषणा पर उनके फैंस के बीच उत्सुकता होना सुनिश्चित है। लेकिन जब परफेक्शनिस्ट मैदान में उतरता है तो ऐसी रहस्यपूर्ण उत्तेजना व्याप्त हो जाती है, जो किसी विशेष श्रेणी के फैंस तक सीमित न रहकर समाज में हर तबके के सिने दर्शकों में एक जैसी होती है। आमिर के प्रोडक्शंस ने अपने लिए श्रेष्ठता की यह प्रामाणिकता प्राप्त कर ली है।"

किसी प्रोजेक्ट में आमिर खान का नाम उस पर गुणवत्ता की मुहर लगा देता है। विशिष्ट गुणवत्तावाले प्रोजेक्ट के प्रति रुझान और काम करने से आमिर असफल फिल्में भी देनेवाले बॉलीवुड के अशोक कुमार, दिलीप कुमार व अमिताभ बच्चन जैसे महान् अभिनेताओं-सितारों से कुछ कदम आगे हो गए हैं। सितारों की पूजा करनेवाले भारत की मतांध संस्कृति को देखते हुए आमिर के लिए अपनी स्टार शक्ति को बटोरे एक ओर खड़े रहना बहुत प्रलोभक रहा होगा। इसी कारण चमक-दमक के स्थान पर हमेशा सिनेमेटिक गुणवत्ता का ध्यान रखनेवाले और प्रोजेक्ट स्वीकारने में अपने बनाए नियमों से समझौता न करनेवाले आमिर के नजदीक रहना हमेशा स्फूर्तिदायक होता है। सेलिब्रेटी आमतौर पर अपनी स्टार प्रतिष्ठा बनाए रखने के लिए अपने चयनित क्षेत्र के

'सरफरोश' के संवेदनशील रोमांटिक गीत 'जो हाल दिल का' में सोनाली बेंद्रे के साथ आमिर।

भी छोटे रोल ठुकरा देते हैं। हमारे देश में ऐसा बहुत होता है। प्रकाश पादुकोण ने शेखर गुप्ता द्वारा किए साक्षात्कार में अपनी उपलब्धियों पर बात करते हुए इस बिंदु को बहुत बारीकी से उठाया था। उनके दिमाग में श्रेष्ठता की एक निश्चित अवधारणा है, जो किसी स्टार मूल्यांकन की मोहताज नहीं। आमिर हमें बारंबार यह सूक्ति याद दिला देते हैं।

आमिर ने वर्ष 1988 में रिलीज हुई 'कयामत से कयामत तक' से हमारी चेतना को झंकृत किया; लेकिन इसके बाद उनकी 'लव लव लव', 'दीवाना मुझ सा नहीं', 'तुम मेरे हो' और कुछ ऐसी ही औसत दर्जे की फिल्में आईं। वर्ष 1990 में रिलीज हुई उनकी फिल्म 'दिल' उनके लिए निर्णायक मोड़ साबित हुई। इसके बाद से आमिर प्रोजेक्ट चुनने में सावधानी बरतने के अलावा एक बार में केवल एक ही फिल्म करते हैं। इसके बाद रिलीज हुई उनकी फिल्में—'दिल है कि मानता नहीं' (1991), 'जो जीता वही सिकंदर' (1992), 'हम हैं राही प्यार के' (1993), 'अंदाज अपना-अपना' (1994), 'रंगीला' (1995), 'राजा हिंदुस्तानी' (1996), 'इश्क' (1997), 'गुलाम' (1998), 'सरफरोश' (1999) और 'अर्थ' (1999) से उनकी साख गुणवत्तापूर्ण सिनेमा पेश करनेवाले की बन गई। ये सभी फिल्में केवल धड़ाधड़ हिट ही नहीं रहीं, बल्कि इनमें से कुछ कल्ट फिल्मों में शामिल हुईं। वास्तविकता में वर्ष 1990 के आस-पास रिलीज हुई 'दौलत की जंग' (1992), 'इसी का नाम जिंदगी' (1992), 'परंपरा' (1992), 'बाजी' (1995), 'अकेले हम अकेले तुम' (1995) और 'आतंक ही आतंक' (1995) जैसी असफल फिल्मों की उत्तम गुणवत्ता ने ही यह निश्चित किया और आमिर के कंधों पर 'मिस्टर परफेक्शनिस्ट' का उपनाम धीरे से आकर बैठ गया।

'मन' (1999) और 'मेला' (2000) की समीक्षात्मक व व्यावसायिक असफलता ने आमिर को फिर से सोचने पर मजबूर किया और उनके कॅरियर के सबसे रचनात्मक हिस्से की शुरुआत की। वो अपने प्रोजेक्ट में फिल्म निर्माण के सभी पहलुओं में रुचि लेते हैं और वर्ष 2001 में रिलीज हुई 'लगान' से वह निर्माता भी बन गए। ब्रिटिश राज में क्रिकेट टीम बनानेवाले किसी गाँव की कहानी कमोबेश परंपरा से हटकर थी, बावजूद इसके यह फिल्म सिनेमाई दृष्टि से मील का पत्थर साबित हुई। इसके बाद उन्होंने पीछे मुड़कर नहीं देखा। एक पंक्ति में—'दिल चाहता है' (2001), 'मंगल पांडे' (2005), 'रँग दे बसंती' (2006), 'फना' (2006), 'तारे जमीं पर' (2007), 'गजनी' (2008), 'जाने तू या जाने न' (2008), '3 ईडियट्स' (2009), 'पीपली (लाइव)' (2010), 'डेल्ही बेली' (2011), 'धोबी घाट' (2011) और 'तलाश' (2012) जैसी चमत्कारिक फिल्मों की झड़ी लग गई, जिनमें आमिर अभिनेता, निर्माता व निर्देशक के रूप में दिखाई दिए।

इन फिल्मों ने प्रत्येक भारतीय फिल्म दर्शक के दिमाग में उनकी गुणवत्ता प्रदान

करनेवाले की साख बना दी। 'लगान' के बाद उनका कॅरियर के मामले में संतोष दोगुना हो गया। उन्होंने बॉक्स ऑफिस में सफलता के पैमाने पर दोनों खानों को पीछे छोड़ दिया। उनकी '3 ईडियट्स' और 'गजनी' ने सलमान की 'मैंने प्यार किया' और 'हम आपके हैं कौन···' और शाहरुख की 'दिलवाले दुल्हनिया ले जाएँगे' जैसी मेगा-ब्लॉकबस्टर्स को कड़ी टक्कर दी। 'लगान' और '3 ईडियट्स' हर भारतीय के दिल में घर कर गईं और ऐसी समयातीत क्लासिक बन गईं, जिससे न केवल सिनेमेटिक इतिहास में आमिर का स्थान सुरक्षित हो गया, बल्कि ये फिल्में 'मदर इंडिया', 'गाइड', 'आनंद', 'शोले,' 'दीवार' जैसी बॉलीवुड की कुछ नामचीन चुनिंदा फिल्मों के समूह में भी शामिल हो गईं।

उस इंडस्ट्री में जहाँ अधिकांश अभिनेता-सितारे किसी तय श्रेणी में अपनी पहचान बनाते हैं, वहाँ आमिर ने इस श्रेणीवाद को ही निरर्थक बना दिया। उन्होंने रोमांटिक, एक्शन, हास्य, रहस्य और खलनायक जैसी विभिन्न श्रेणियों में काम किया है। 'द वॉल स्ट्रीट जर्नल' वेबसाइट पर अपने लेख में राजीव मंत्री ने उनके इस गुण पर लिखा—''खान फॉर्मूला फिल्मों के लिए पहचानी जाने वाली इंडस्ट्री में निरंतर अनियंत्रित रहे। जैसे पूँजीपति देखभाल कर किसी बिजनेस में पैसा लगाता है, उसी तरह फिल्म निर्माता बॉक्स-ऑफिस पर क्या चलेगा, इसी राह पर चलते थे। आमिर खान ने बतौर अभिनेता और हाल ही में बतौर निर्माता व निर्देशक अपनी हर फिल्म से पुरानी धारणाओं को नष्ट कर दिया, खासतौर पर 'लगान' द्वारा, जो वर्ष 2001 में ऑस्कर के लिए नामांकित

आमिर के फिल्मी कॅरियर में निर्देशक इंद्र कुमार ने महत्त्वपूर्ण भूमिका निभाई।

हुई। पिछले दो दशकों से अधिक से उनकी फिल्मों में विस्मयकारी वैविध्यता जारी है, जिसकी तुलना केवल वर्ष 1970 के दशक के अभिनेता संजीव कुमार की कृतियों से ही हो सकती है। लेकिन आमिर अपने कॅरियर में संजीव कुमार से कहीं अधिक लोगों के बीच प्रिय रहे हैं। उनकी रचनात्मक विविधता की तुलना सुपर स्टार राजेश खन्ना की सन् 1969 से 1972 के बीच की स्वप्निल पारी और 1975 से 1977 के बीच उल्कापिंड की तरह उदय हुए अमिताभ बच्चन के मेगास्टारडम से हो सकती है। वे दोनों ही इसके बाद अपनी परदे की छवि से बँध गए; लेकिन आमिर इस जाल में नहीं फँसे और उनपर अपने महान् सहभागियों की तरह खुद को अपनी फिल्मों में दोहराने का आरोप नहीं लग सकता। 'आइ.बी.एन. लाइव.कॉम' पर एक लेख में नवनीत मुंद्रा ने कहा, ''अपने अन्य प्रतिस्पर्धियों से जो चीज आमिर को अलग करती है, वह ये कि वे अपरंपरागत विषय चुनते हैं, मौलिक चरित्र निभाते हैं और इसके बाद भी उनकी फिल्में व्यावसायिक रूप से सफल रहती हैं और अंतत: उत्कृष्ट कृतियों में शामिल हो जाती हैं।''

ए.बी.सी.एल. की अमिताभ बच्चन, आमिर व माधुरी दीक्षित अभिनीत तथा इंद्र कुमार (बाएँ से तीसरे) द्वारा निर्देशित फिल्म का मुहूर्त शॉट; लेकिन यह फिल्म पूरी न हो सकी।

आमिर के इतने लंबे समय तक टिके रहने की योग्यता कैसे प्रतिपादित की जा सकती है—उनकी फिल्मों की गुणवत्ता से किरदारों में वैविध्यता से या बॉक्स-ऑफिस के सफलता प्रतिशत से? सिनेमा के बहुत से छात्र ऑटर सिद्धांत को मानते हैं, जिसके

अनुसार फिल्म अपने निर्देशक के निजी रचनात्मक दृष्टिकोण को दरशाती है; क्योंकि वही इसका मुख्य रचनाकार होता है। वे मानते हैं कि ऑटर निर्देशक फिल्म-निर्माण के सभी पहलुओं को खींच निकालने की क्षमता रखता है। जबकि बहुत से लोग सिनेमा का आकलन दर्शकों की प्रतिक्रिया द्वारा करते हैं। वे मानते हैं कि बड़े फिल्मकार अपने दर्शकों को समझते हैं और उनको वही दिखाते हैं, जो लोग देखना चाहते हैं। वैसे, दोनों ही दृष्टिकोण सही हैं; लेकिन इन दोनों के मध्य का मार्ग ही बेहतरीन सिनेमा पेश करता है। यदि एक ओर फिल्म निर्माता उत्पादकता का स्तर ऊँचा बनाए रखे तो वह मास्टरपीस तो बना देगा, लेकिन ऐसा जिसे कोई दर्शक नहीं मिलेगा। वर्ष 1980 के आस-पास ऐसी ही फिल्में बनी थीं। वहीं दूसरी ओर, अगर वह दर्शकों के मन-मुताबिक चले तो एक जबरदस्त ब्लॉकबस्टर बनेगी; लेकिन ऐसी, जो बॉलीवुड के आम चलन में शामिल है। आमिर इस कीमियागीरी को समझ गए और यही उनकी आश्चर्यजनक सफलता का कारण है। 'द वॉल स्ट्रीट जर्नल' के अनुसार, "श्री खान कला व वित्त के बीच संतुलन में माहिर हैं। वह आलोचकों को प्रसन्न करने के साथ ही दर्शकों का झुंड भी खींच लाते हैं।"

'बाजी' के दौरान ममता कुलकर्णी के साथ आमिर।

केवल महान् फिल्मकार ही कला व वित्त के बीच ठीक संतुलन बना पाते हैं। दिग्गज फिल्मकार राज कपूर के पुत्र और 1970 से 1980 के बीच के लोकप्रिय स्टार ऋषि कपूर ने 'टाइम्स' पत्रिका से बात करते हुए सीधे शब्दों में कहा, "लोग जो देखना

'आतंक ही आंतक' की शूटिंग के दौरान बंबई के माफिया डॉन के गेटअप में आमिर।

चाहते हैं और आप उन्हें जो दिखाना चाहते हैं, इनके बीच संतुलन साधने के लिए मेरे पिता जैसा प्रतिभाशाली होना आवश्यक है।'' आमिर भी उतने ही प्रतिभाशाली हैं। वो एक ऐसे अभिनेता हैं, जिनमें फिल्मकार की संवेदना मौजूद है। एक ओर जहाँ उनकी वी. शांताराम, गुरु दत्त व राजकपूर जैसे महान् अभिनेता-फिल्मकारों में गिनती हो सकती है, वहीं उन्हें दिलीप कुमार व अमिताभ बच्चन जैसे स्टार अभिनेताओं में भी रखा जा सकता है। वह फिल्म में केवल अपना रोल ही नहीं, बल्कि पूरी फिल्म के रचनात्मक कथ्य को जानना चाहते हैं। वो फिल्म से जुड़े हर कार्य में शामिल होना चाहते हैं। इसी बात पर उनका कई निर्देशकों से टकराव रहता है। 'तारे जमीं पर' का प्रारंभिक विचार देनेवाले और उनके पुराने मित्र अमोल गुप्ते से संभवत: उनका सबसे मार्मिक कथित टकराव, जिसका अंत आमिर के निर्माता के साथ निर्देशन की बागडोर भी सँभालने से हुआ, अंतत: आमिर की अंत:प्रेरणा ही सही साबित हुई।

'द वॉल स्ट्रीट जर्नल' ने फिल्म-निर्माण को उद्यमिता के समतुल्य बताते हुए लिखा—''एक फिल्म निर्माता की भूमिका किसी उद्यम के पूँजीपति जैसी ही होती है। अच्छे निर्माता किसी बढ़िया उद्यमी की तरह हैं, जो जानते हैं कि यह केवल पैसा लगाना ही नहीं है और न ही यह केवल बड़े सितारे और उत्तम संगीत देना है। इसी तरह, उद्यम में केवल धन लगाने या शुरुआत में पैसे फूँकने से ही सफलता सुनिश्चित नहीं हो जाती और न ही यह आवश्यक होता है कि उद्यमी के पास इंडस्ट्री में काम करने का लंबा अनुभव या क्षेत्र विशेषज्ञता हो। किसी उद्यमी की तरह ही अभिनेता व निर्देशक पटकथा पर काम करके उस बिजनेस योजना को वास्तविक बनाते हैं।'' किसी भी उद्यम में सफलता के तीन प्रमुख तत्त्व हैं—विजन होना एवं सही रणनीति तैयार करना, उद्यमी के इस विजन व रणनीति पर चलनेवाली टीम बनाना और अंत में, उनका भलीभाँति कार्यान्वयन करना। आमिर इसी तरह काम करते हैं। वो सावधानीपूर्वक पटकथा चुनते हैं, समान विचारोंवाले लोगों को साथ जोड़ते हैं और आज तक उन्होंने जिस भी टीम के साथ काम किया है, उसने उनके विचारों को समझने और कार्यान्वित करने में नए रास्ते तैयार किए हैं।

नवनीत मुंद्रा लिखते हैं—''आमिर की सफलता का बड़ा कारण पटकथा की विलक्षण व निर्दोष समझ है।'' पटकथा चुनने में आमिर बहुत मीन-मेख निकालते हैं। इस मामले में उन्होंने अपनी पत्नी किरण राव का भी लिहाज नहीं किया, जिनकी पहली फिल्म 'धोबी घाट' के निर्माता आमिर खुद थे। वह खुले तौर पर कहती हैं, ''अपनी पटकथा बचाने के लिए मुझे उनसे लड़ाई लड़नी पड़ी।'' आमिर पटकथा पढ़ने के बाद उसे अस्वीकृत करने के लिए कुख्यात हैं; लेकिन ऐसा करने से पहले वह उसे पूरी बारीकी से पढ़ते हैं। आमिर द्वारा ऐसे ही अस्वीकार किए गए लेखक ने 'ओपन' पत्रिका

में मनु जोसेफ से कहा, ''मैं उस समय कुछ भी नहीं था; लेकिन आमिर ने मेरे साथ कहानी पर चर्चा करने में लंबा वक्त गुजारा। उन्होंने बहुत से प्रश्न पूछे। उन्हें कई संशय थे, 'क्या यह ठीक लगेगा? क्या लोगों को यह सच लगेगा?'''मैं दर्शकों को जानता हूँ, वो इसे स्वीकार नहीं करेंगे।' मुझे जानते भी नहीं थे। लेकिन हम पटकथा पर बात करते-करते शौचालय भी चले गए, यहाँ तक कि मूत्र-विसर्जन के समय भी हम साथ खड़े चर्चा कर रहे थे। लेकिन अंत में उन्होंने 'न' कह दिया।'' लेकिन इस पागलपन के पीछे भी सिद्धांत है। आमिर ने मनु जोसेफ को बताया, ''जब मैं पटकथा चुन रहा होता हूँ तो पहले दर्शकों के बारे में नहीं सोचता, अपने बारे में सोचता हूँ। मुझे वो पसंद आनी चाहिए। तब मैं दर्शकों के बारे में सोचता हूँ। मैं यह जानने को उत्सुक रहता हूँ कि दूसरों को बोर किए बिना हम यह कहानी कैसे सुना सकते हैं? फिल्म से मेरा केवल यही सरोकार होता है। उसका संदेश मेरे लिए महत्त्वपूर्ण नहीं है। महत्त्वपूर्ण यह है कि मैं आपको बोर न करूँ। मैं जानता हूँ कि आपको बस मनोरंजन चाहिए। और इसे प्रदान करना ही प्रत्येक फिल्म का उत्तरदायित्व है।

मनोरंजन की परिभाषा देते हुए वह कहते हैं, ''वो कुछ भी, जो आपके दिमाग, दिल, चेतना या अवधान को कार्यशील करे।'' वो अधिकृत तौर पर कहते हैं, ''मेरी सभी फिल्मों में समाज के लिए संदेश नहीं है'''मैं वह फिल्में करता हूँ, जिन्होंने मेरा दिल छुआ है और फिर आगे बढ़ जाता हूँ।'' यह है आमिर की कीमियागिरी-कला व वित्त के बीच का ऐसा संतुलन, जो केवल जानकार ही साध सकते हैं।

जैसा आमिर ने 'फर्स्टपोस्ट' को बताया कि वो अपने साथ काम करनेवाली टीम चुनने में भी इतने ही नुक्ताचीन हैं। स्पष्ट है कि वो बहुत प्रश्न पूछनेवाले व्यक्ति हैं, जो अपने प्रोजेक्ट से केवल अभिनेता के तौर पर ही नहीं, बल्कि पूरी तरह जुड़ जाता है। वह राज कपूर शैली के 'तमाशबीन' नहीं हैं, जिनका हुकुम सेट का कानून बन जाता था, न ही वह अमिताभ बच्चन जैसी सर्वोच्च प्रतिभावाले अभिनेता हैं, जो किसी भी अन्य जानकारी से अनभिज्ञ होने पर भी दमदार अभिनय करते हों। उन्हें अपने रोल के संबंध में लगातार अपनी टीम से बात करते रहनी पड़ती है, ''मैं किरदार की हद में रहता हूँ। मेरे दिमाग में किरदार की पहले से ही कोई छवि नहीं बनी रहती। मैं इस तरह काम नहीं करता।'''मैं उस संगठित शैली को पसंद करता हूँ, जहाँ हम सब कहानी जानते हैं और हम सब किरदारों के रूप में उससे जुड़कर उसे वास्तविक बनाते हैं।'' वह अनिवार्य रूप से सेट पर मौजूद अन्य लोगों के कार्य से अनिवार्य रूप से जुड़ जाते हैं। उनकी दखलंदाजी की बहुत सी कहानियाँ मशहूर हैं, जिनमें सबसे विख्यात है अपने काम के लिए पहचाने जानेवाले महेश भट्ट व राम गोपाल वर्मा जैसे निर्देशक से जुड़ी घटनाएँ।

आमिर कुछ नया करने की कला में माहिर हैं। 'द वॉल स्ट्रीट जर्नल' पर अपने

ब्लॉग में महेश मूर्ति लिखते हैं—"आमिर एक बड़े ब्रांड हैं, जिनसे जुड़कर छोटे नवोत्पाद भी बड़े हो जाते हैं।" वो आगे कहते हैं, "उनकी शैली है कि वो नए बदलाव बड़े पैमाने पर नहीं करते। वो बस, थोड़ी मात्रा में औरों से अलग या जैसा बॉलीवुड में कहते हैं, 'जरा हट के' करते हैं। और वह इसे इतनी सटीकता से करते हैं कि हर बार बाजार में उनकी तूती बोलने लगती है। '3 ईडियट्स' कुछ समय पहले आई एक सामान्य पुस्तक का शानदार प्रस्तुतीकरण है, न कि कॉलेज जीवन पर बनी कोई कहानी। दस वर्ष पहली बनी एक हत्या रहस्य आधारित फिल्म 'मेमेंटो' को 'गजनी' के रूप में सँवारा गया। 'तारे जमीं पर' भी विशिष्ट बालक पर बनी कोई पहली फिल्म नहीं है, बल्कि इनमें केवल फिल्म के निर्माण पक्ष को नवीन दृष्टि से देखा गया है। मेरे मित्र अनुराग कश्यप और शशांक घोष ने झाड़ियाँ साफ कर रास्ता बनाया। और आमिर उस रास्ते पर चले। मेरे विचार से, यह ठीक भी है। इस पारिस्थितिक प्रणाली में सबकी अपनी भूमिका है।" उनका प्रचार भी सबसे नवीन व प्रभावशाली होता है। '3 ईडियट्स' में मुख्य किरदार फिल्म के बीच में गायब हो जाता है। इस गायब होने को आमिर ने फिल्म के प्रचार का माध्यम बनाया और मीडिया को राजहंस आमिर को खोजने के काम में लगाया गया। आमिर रूप बदलकर घूमे और जिन भी लोगों से वह मिले, उनके पास 'ए.के.' छपा सोने का सिक्का छोड़ आए। ये सिक्के फिल्म के प्रीमियर में प्रवेश के पास थे। 'तलाश'

फिल्म 'मेला' के एक दृश्य में आमिर खान।

के संगीत लॉन्च पर उन्होंने इस फिल्म में महत्त्वपूर्ण भूमिका निभानेवाले होटल 'लिडो' का पुनर्निर्माण कर दिया, जिसमें फिल्म के सभी जूनियर कलाकार भी शामिल थे, ताकि फिल्म का सटीक अहसास अनुभूत हो सके।

किसी भी बिजनेस के सफल या असफल होने में उसके मालिक के व्यक्तित्व की बड़ी भूमिका होती है। फिल्म-निर्माण में भी ऐसा ही है। आमिर की उत्सुकता व उनकी अवलोकन की शक्ति उनको मिला सबसे महान् उपहार है। उन्होंने मनु जोसेफ से कहा, ''मैं लोगों से मिलने, उनके रंग-ढंग देखने को उत्सुक रहता हूँ। मुझे लोगों में बहुत दिलचस्पी है।'' उन्हें अपने दर्शकों से जुड़ने पर बहुत गर्व है। इसे वो अपने लोगों के लिए सहज झुकाव मानते हैं। उन्हें परिभाषित करनेवाली दूसरी बात उनका सादापन है। मनु जोसेफ आगे लिखते हैं—''आमिर अपनी फिल्में बहुत सावधानीपूर्वक चुनते हैं, यह तथ्य बताता है कि वह विचारशील अभिनेता हैं। लेकिन इससे उनमें निहित बौद्धिक आत्मसंयम भी दिखाई देता है, जो शायद उनको अपनी दुनिया से मिला उपहार है। उनकी फिल्में सरल व समझ आनेवाली हैं, इसलिए नहीं कि उनमें कोई कलात्मक समझौता हुआ है। बल्कि इसलिए, क्योंकि वह बहुत सादा हैं।' सभी प्रतिभा-संपन्न कलाकारों की तरह आमिर में भी नर्गिसपन मौजूद है; लेकिन यह नर्गिसपन किसी स्टार का नहीं बल्कि, अपने पीछे अर्थवान् कार्य छोड़ने का नर्गिसपन है। उनमें असुरक्षा का भाव है, जो उन्हें काम में लगाए रखता है। जब वह युवा थे तो टेनिस स्टार बनना

किरण राव की बतौर निर्देशक पहली फिल्म 'धोबी घाट' के एक दृश्य में आमिर।

चाहते थे; लेकिन उन्हें उसे छोड़ना पड़ा, क्योंकि वह उतना अभ्यास नहीं कर सकते थे। 'फर्स्टपोस्ट' से बातचीत में उन्होंने इससे मिली सीख के बारे में बताया, "लेकिन बतौर अभिनेता मैं रोजाना अभ्यास न करने की गलती नहीं कर सकता। मैं किसी के पीछे नहीं रह सकता।" 'फोर्ब्स' पत्रिका के लेख में सुब्रतो बागची से कही इस बात में उनमें अपने कार्य के प्रति जोश के साथ साहस की धारणा भी दिखाई देती है, "वही करो, जो आपको पसंद हो, सफलता की चिंता मत करो। साहस करो। अपनी जिंदगी अपनी शर्तों पर जिओ।"

वर्ष 2000 में दीवाली के विशेष एपिसोड में अमिताभ बच्चन के साथ के.बी.सी. के सेट पर आमिर।

आमिर का फिल्म-निर्माण के प्रति पूर्णतावादी रवैया सरल है; लेकिन एकाग्र चित्त अभिनय शैली, अपने काम से लगाव और आत्मविश्वास से भरपूर होना यह दरशाता है कि उनके हर प्रोजेक्ट का केंद्रबिंदु उनका स्टार होना नहीं, बल्कि उनकी फिल्म होती है। वह ऐसे सुपर स्टार हैं, जो कभी अपनी फिल्मों से बड़े नहीं हुए। यह विशेषता तब और मुखर होकर दिखती है, जब उन्होंने बतौर निर्माता व एंकर टेलीविजन सीरीज 'सत्यमेव जयते' में काम किया, जिसमें गंभीर पत्रकारिता व चैट शो के समन्वय से भारत की सबसे घिनौनी सामाजिक समस्याओं को प्रकाश में लाया गया। इस शो के लिए आमिर की भूरि-भूरि प्रशंसा हुई; लेकिन इसके वास्तविक स्टार इसमें शामिल अतिथि थे, जिन्होंने समाज के छिपाए कुछ गूढ रहस्यों को सबके सामने उघाड़ दिया। यदि इसकी अमिताभ

बच्चन के टेलीविजन गेम शो 'कौन बनेगा करोड़पति' के होस्ट की शानदार पारी से तुलना करें तो यह शो अपने आप में कुछ खास नहीं था; लेकिन इसमें अमिताभ बच्चन की प्रभावशाली उपस्थिति ने ही भारत को इसके प्रति रुझान पैदा किया। वहीं दूसरी ओर, 'सत्यमेव जयते' में आमिर की उपस्थिति सादा व न्यून-दर्शित रही। उनके द्वारा आमंत्रित अतिथियों की कहानी ही इस शो का वास्तविक आकर्षण है।

'टाइम' पत्रिका में बॉबी घोष के लेख में आमिर जोर देकर पूछते हैं, ''किसी मनोरंजनकर्ता का काम क्या है?'' और इसका उत्तर देते हुए वह खुद ही कहते हैं, ''उसका काम समाज को सभ्य बनाना है, उनकी सोच को बदलना है, लोगों के बीच का सामाजिक सौहार्द मजबूत करना है।'' सभ्यता की यह खोज ही आमिर की श्रेष्ठता को संबोधित गीत है।

अब हम वापस वहीं चलते हैं, जहाँ से शुरू किया था—प्रकाश पादुकोण पर सभ्यता की सच्ची इकलौती मूर्ति। 'लाइवमिंट' के एक लेख में प्रकाश ने अपनी सफलता का रहस्य बताया, ''एक खिलाड़ी के तौर पर मुझे मिली सफलता का कारण है—मेरे द्वारा खेले गए प्रत्येक मैच और शॉट के पीछे बहुत अधिक विचार व अभ्यास का होना। और यही वह क्षण है, जब आप समझ पाते हैं कि आप अकेले कुछ नहीं कर सकते थे। मेरे पीछे ऐसे बहुत से लोग हैं, जो बिना थके, निरंतर मेरे लिए काम करते हैं...और अंत में, जोश कभी भी पैसे की जगह नहीं ले सकता। लेकिन यह जरूरी है कि आप स्वयं से पूछें कि आप इस काम को रोजाना करना चाहते हैं या नहीं? क्या आप इस काम को करने में दुनिया भर में श्रेष्ठ हो सकते हैं? आप जो भी करना चाहते हैं, उसका दुनिया के बड़े हिस्से पर कोई प्रभाव होगा? और विश्वास कीजिए, इससे आपको जीवन और अधिक सार्थक लगने लगेगा। श्रेष्ठता-प्राप्ति के लक्ष्य का मार्ग सरल नहीं होता; लेकिन इस अँधेरी गुफा के बाद रोशनी की चमक जरूर दिखाई देती है। इसी भाव को आमिर ने अपनी फिल्म '3 ईडियट्स' में दरशाया, जहाँ उनका किरदार बारंबार कहता है, ''काबिल बनो तो सफलता झक मारकर पीछे आएगी।''

श्रेष्ठता की अविचल खोज के लिए आपको धन्यवाद आमिर।

(विकास चंद्र सिन्हा आई.आई.टी. व आई.आई.एम. के पूर्व छात्र हैं, जो आमिर के अपने पेशे के प्रति समर्पण के प्रशंसक हैं।)

□

गूँज

नदिया की स्वतंत्र धार
कल-कल निनाद है सहस्रधार
बड़ा तीव्र वेग साहस अपार···

भँवर बन उमड़ा जब
उमड़ा जब धूमड़ा जब
इक सोच समुची हिला गया
कर दीप्तिमान प्रदीप्तिमान
समाज तुझमें समा गया
सच्चाई की पतवार थाम
जब गूँज बन निर्झर बहा
तेज दीप्त प्रवाह बेध
प्रशस्त राह दिखा गया

तू शाखों की उत्तुंग पात
है उदीप्तिमान है शक्तिमान
समग्र समष्टि का अभिमान

—रैना

आमिर खान की फिल्में

फिल्मों के नाम	वर्ष	सह-कलाकार	निर्देशक	निर्माता	संगीम
यादों की बारात	1973	धर्मेंद्र, जीनत अमान, विजय अरोड़ा, अजित खान, तारिक खान	नासिर हुसैन	नासिर हुसैन	आर.डी. बर्मन
होली	1984	आशुतोष गोवारिकर, ओम पुरी, श्रीराम लागू, दीप्ति नवल, नसीरुद्दीन शाह, राहुल रानाडे	केतन मेहता		रजत ढोलकिया
कयामत से कयामत तक	1988	जूही चावला, रीमा लागू, दलीप ताहिल, आलोकनाथ, राजेंद्रनाथ जुत्शी, गोगा कपूर	मंसूर खान	नासिर हुसैन	आनंद-मिलिंद
राख	1989	सुप्रिया पाठक, पंकज कपूर, नैना बालसवर, जगदीप	अदित्य भट्टाचार्य	आसिफ नूर	रंजीत बरोट
लव लव लव	1989	जूही चावला, गुलशन ग्रोवर, दलीप ताहिल, रजा मुराद, ओम शिवपुरी	बब्बर सुभाष	बब्बर सुभाष	बप्पी लाहिड़ी
अव्वल नंबर	1990	देव आनंद, आदित्य पंचोली, नीता पुरी, एकता सोहिनी, परीक्षत सहनी, राम मोहन	देव आनंद	देव आनंद	बप्पी लाहिड़ी
तुम मेरे हो	1990	जूही चावला, राजेंद्रनाथ जुत्शी, अजीत वचानी, सुधीर पांडे	ताहिर हुसैन	ताहिर हुसैन, निखत खान, फैसल खान, जोहरा बेगम	आनंद-मिलिंद
दिल	1990	माधुरी दीक्षित, सईद जाफरी, देवेन वर्मा, अनुपम खेर, जॉनी लीवर	इंद्र कुमार	इंद्र कुमार, अशोक ठकेरिया	आनंद-मिलिंद
दीवाना मुझ सा नहीं	1990	माधुरी दीक्षित, जयनेंद्र, खुशबू	वाई. नागेश्वर राव	अजीत पुरुषोत्तम, बी.एल. रामचंद्र	आनंद-मिलिंद
जवानी जिंदाबाद	1990	फरहा नाज, जावेद जाफरी, उत्पल दत्त, असरानी, सुषमा सेठ	अरुण भट्ट	जय मेहता	आनंद-मिलिंद

अफसाना प्यार का	1991	नीलम, दीपक तिजोरी	एम.आर. शाहजहाँ	मनोज सेकसरिया, संजय सेकसरिया	बप्पी लाहिड़ी
दिल है कि मानता नहीं	1991	पूजा भट्ट, अनुपम खेर, टीकू तलसानिया, दीपक तिजोरी	महेश भट्ट	गुलशन कुमार, मुकेश भट्ट	नदीम–श्रवण
दौलत की जंग	1992	जूही चावला, शफी इनामदार, परेश रावल, कादर खान, किरण कुमार, दलीप ताहिल	एस.ए. केदार	जलील अहमद	आनंद–मिलिंद
जो जीता वही सिकंदर	1992	आयशा झुल्का, दीपक तिजोरी, ममिक सिंह, पूजा बेदी, कुलभूषण खरबंदा	मंसूर खान	नासिर हुसैन	जतिन–ललित
इसी का नाम जिंदगी	1992	फरा नाज, असरानी	कालिदास	रतन मुखर्जी	बप्पी लाहिड़ी
परंपरा	1993	सुनील दत्त, विनोद खन्ना, अनुपम खेर, रवीना टंडन, नीलम कोठारी, अश्विनी भावे, रम्या कृष्णन, सैफ अली खान	यश चोपड़ा	फिरोज ए. नडियावाला	शिव–हरी
हम हैं राही प्यार के	1993	जूही चावला, कुणाल खेमू, बेबी अशरफ, मास्टर शारुख	महेश भट्ट	ताहिर हुसैन, जीनत हुसैन, राज खंडेलवाल	नदीम–श्रवण
अंदाज अपना-अपना	1994	सलमान खान, रवीना टंडन, करिश्मा कपूर, परेश रावल, महमूद, टीकू तलसानिया	राजकुमार संतोषी	विनय कुमार सिन्हा, शांति सिन्हा	तुषार भाटिया
बाजी	1995	ममता कुलकर्णी, परेश रावल, अवतार गिल, कुलभूषण खरबंदा, रजा मुराद, पुनीत इस्सर	आशुतोष गोवारीकर	सलीम अख्तर	अनु मलिक

आंतक ही आंतक	1995	रजनीकांत, जूही चावला, अर्चना जोगलेकर, कबीर बेदी, ओम पुरी, पूजा बेदी, दिलीप ताहिल, रजा मुराद, गोगा कपूर	दिलीप शंकर	मंगल	बप्पी लाहिड़ी
रंगीला	1995	जैकी श्रॉफ, उर्मिला मातोंडकर, रीमा लागू, गुलशन ग्रोवर	राम गोपाल वर्मा	राम गोपाल वर्मा	ए.आर. रहमान
अकेले हम अकेले तुम	1995	मनीषा कोइराला, मास्टर आदिल, रोहिणी हट्टंगड़ी, परेश रावल, सतीश शाह, देवेन वर्मा, राकेश रोशन, शाफी इनामदार	मंसूर खान	रतन जैन	अनु मलिक
राजा हिंदुस्तानी	1996	करिश्मा कपूर, सुरेश ओबेरॉय, अर्चना पूरन सिंह, फरीदा जलाल, टीकू तलसानिया, मोहनीश बहल, कुणाल खेमू, प्रमोद माथुर, जॉनी लीवर, नवनीत निशान, वीरू कृष्णन	धर्मेश दर्शन	अली मोरानी, करीम मोरानी, बंटी सूरमा	नदीम–श्रवण
इश्क	1997	जूही चावला, काजोल, अजय देवगन	इंद्र कुमार	गोर्धन तनवानी	अनु मलिक
गुलाम	1998	रानी मुखर्जी, रजत कपूर, दिलीप ताहिल, शरत सक्सेना, दीपक तिजोरी, मीता वसिष्ठ	विक्रम भट्ट	मुकेश भट्ट	जतिन–ललित
सरफरोश	1999	नसीरुद्दीन शाह, सोनाली बेंद्रे, मुकेश ऋषि, आकाश खुराना, स्मिता जयकर	जॉन मैथ्यू मैथन	जॉन मैथ्यू मैथन	जतिन–ललित
मन	1999	मनीषा कोइराला, शर्मिला टैगोर, अनिल कपूर, दिलीप ताहिल, रानी मुखर्जी, दीप्ति भटनागर	इंद्र कुमार	इंद्र कुमार, अशोक ठकेरिया	दर्शन राठौर, संजीव राठौर, नरेश शर्मा

अर्थ	1999	नंदिता दास, कुलभूषण खरबंदा, किटू गिडवानी, रघुवीर यादव, राहुल खन्ना, आरिफ जकारिया	दीपा मेहता	ऐनी मेसन, दीपा मेहता, डेविड हैमिल्टन, जामु सुघंद	ए.आर. रहमान
मेला	2000	फैसल खान, ट्विंकल खन्ना, जॉनी लीवर, ऐश्वर्या राय, असरानी, टीकू तलसानिया, टिन्नू वर्मा	धर्मेश दर्शन	उमेद जैन, राकेश मिस्त्री	अनु मलिक, सुरेंद्र सोढ़ी
लगान	2001	ग्रेसी सिंह, रैचेल शैली, पॉल ब्लैकथॉर्न, सुहासिनी मुलय, कुलभूषण खरबंदा, रघुवीर यादव, राजेश विवेक, राज झुत्सी, प्रदीप रावत, अखिलेंद्र मिश्रा, दया शंकर पांडे, राजेंद्र गुप्ता, श्रीवल्लभ व्यास, यशपाल शर्मा, अमीन हाजी, आदित्य लखिया, जावेद खान, ए.के. हंगल	आशुतोष गोवारिकर	आमिर खान	ए.आर. रहमान
दिल चाहता है	2001	प्रीति जिंटा, सैफ अली खान, अक्षय खन्ना, सोनाली कुलकर्णी, डिंपल कपाड़िया	फरहान अख्तर	रितेश सिदवानी, फरहान अख्तर, प्रवीन तलरेजा	शंकर-एहसान-लॉय
मंगल पांडे : द राइजिंग	2005	रानी मुखर्जी, टोबी स्टीफंस, कोरल बीड, अमीषा पटेल, किरण खेर, वर्षा उषगाँवकर, मुकेश तिवारी, अमीन हजी, देवेंदु भट्टाचार्य, सुर्बत दत्त, अहसान बख्श	केतन मेहता	बॉबी बेदी, दीपा साही	ए.आर. रहमान
रंग दे बसंती	2006	सिद्धार्थ, शर्मन जोशी, कुणाल कपूर, अतुल कुलकर्णी, आर. माधवन, सोहा अली खान, ऐलिस पट्टेन	राकेश ओमप्रकाश मेहरा	राकेश ओमप्रकाश मेहरा, रोनी स्क्रूवाला, डेविड रीड	ए.आर. रहमान
फना	2006	काजोल, तब्बु, ऋषि कपूर, किरण खेर	कुणाल कोहली	अदित्य चोपड़ा, यश चोपड़ा	जतिन-ललित
तारे जमीन पर	2007	दर्शील सफारी, टिस्का चोपड़ा, विपिन शर्मा, तनय छेदा	आमीर खान	आमीर खान	शंकर-एहसान-लॉय
गजनी	2008	असिन, जिया खान, प्रदीप सिंह रावत, रियाह खान, टिन्नू आनंद	ए.आर. मुरुगदास	टैगोर मधु, मधु मंतेना वर्मा	ए.आर. रहमान

थ्री इडियट्स	2009	करीना कपूर, बोमन इरानी, आर. माधवन, शर्मन जोशी, ओमी वैद्य, मोना सिंह	राजकुमार हिरानी	विधु विनोद चोपड़ा	शांतनु मोइत्रा
धोबी घाट	2011	कृति मल्होत्रा, प्रेटिक बब्बर, मोनिका डोगरा	किरण राव	आमिर खान किरण राव	गुस्तावो सांतालल्ला
तलाश	2012	रानी मुखर्जी, करीना कपूर, राजकुमार यादव, नवाजुद्दीन सिद्दीकी	रीमा कागती	रितेश सिधवानी, फरहान अख्तर, आमिर खान	राम संपथ
धूम 3	2013	अभिषेक बच्चन, कटरीना कैफ, उदय चोपड़ा, जैकी श्रॉफ, टैबेट बेथेल	विजय कृष्ण आचार्य	यश राज फिल्म्स	प्रितम
पीके	2014	अनुष्का शर्मा, सुशांत सिंह राजपूत, बोमन ईरानी, सौरभ शुक्ल, संजय दत्त	राजकुमार हिरानी	राजकुमार हिरानी, विधु विनोद चोपड़ा, सिद्धार्थ रॉय कपूर	अजय अतुल, शांतनु मोइतरा, अंकित तिवारी
दिल धड़कने दो	2015	अनिल कपूर, फरहान अख्तर, शेफाली शाह, प्रियंका चोपड़ा, रणवीर सिंह, अनुष्का शर्मा, राहुल बोस	जोया अख्तर	रितेश शिदवानी, फरहान अख्तर	शंकर–एहसान–लॉय
दंगल	2016	साक्षी तंवर, फातिमा सना शेख, सन्या मल्होत्रा, राजकुमार राव, जायरा वसीम, सुहानी भटनागर, विक्रम सिंह, अपरशक्ति खुराना, गौतम गुलाटी	नितीश तिवारी	आमिर खान, किरण राव, सिद्धार्थ रॉय कपूर	प्रीतम